股权控制 创始人手册

新公司法下股权实操200问

董冬冬　田林　著

REAL EQUITY OPERATION
UNDER THE NEW COMPANY LAW
200 QUESTIONS

法律出版社 | LAW PRESS
北京

图书在版编目（CIP）数据

股权控制创始人手册：新公司法下股权实操200问／董冬冬，田林著. -- 北京：法律出版社，2024
ISBN 978-7-5197-8867-4

Ⅰ. ①股… Ⅱ. ①董… ②田… Ⅲ. ①股权管理－手册 Ⅳ. ①F271.2-62

中国国家版本馆CIP数据核字（2024）第037807号

股权控制创始人手册
——新公司法下股权实操200问
GUQUAN KONGZHI CHUANGSHIREN SHOUCE
—XIN GONGSIFA XIA GUQUAN SHICAO 200 WEN

董冬冬 田 林 著

责任编辑 陈昱希 赵雪慧
装帧设计 鲍龙卉

出版发行 法律出版社
编辑统筹 法规出版分社
责任校对 晁明慧
责任印制 耿润瑜
经　　销 新华书店

开本 710毫米×1000毫米 1/16
印张 24.25 **字数** 367千
版本 2024年3月第1版
印次 2024年3月第1次印刷
印刷 天津嘉恒印务有限公司

地址：北京市丰台区莲花池西里7号（100073）
网址：www.lawpress.com.cn
投稿邮箱：info@lawpress.com.cn
举报盗版邮箱：jbwq@lawpress.com.cn

销售电话：010-83938349
客服电话：010-83938350
咨询电话：010-63939796

书号：ISBN 978-7-5197-8867-4
定价：69.00元

凡购买本社图书，如有印装错误，我社负责退换。电话：010-83938349

董冬冬

现任北京瀛和律师事务所创始合伙人、管委会主任。山东东营人，法学硕士，复旦大学管理学院EMBA（2011），上海高级金融学院EMBA（2016），亚杰商会摇篮12期学员，中欧创业营第12期学员。连续主导创办北京盈科（上海）律师事务所、上海瀛东律师事务所、北京瀛和律师事务所等三家200人规模的京沪律所。带领团队长期为国内外知名企业提供常年法律顾问服务。著有《谁的青春不热血》《股权控制战略》《股权设计与股权激励》《运营驱动：律所发展与律师成长》等人文与商业书籍。

先后对外担任两届上海市静安区人大代表，中国政法大学法律学院兼职硕士导师，上海财经大学法学院兼职硕士生导师，上海大学人才创业导师，连续两届当选上海市静安区领军人才，北京市第十二次律师代表大会代表。

田林

北京瀛和律师事务所平台企业法律合规和公共政策中心主任。山东临沂人。中国人民大学法学博士、日本名古屋大学法学硕士。曾任全国人大常委会法制工作委员会行政法室副调研员，从事立法实务工作十五年，参与食品安全法、中医药法、药品管理法、劳动合同法、资产评估法、行政处罚法、行政诉讼法等三十多部法律的制定修订工作。后曾任美团法律政策研究院副院长、美团公共事务部高级总监，三年期间负责平台用工（骑手劳动关系和社保待遇）、平台佣金、平台数据、行政处罚和信用监管等专项问题的政策研究和政府沟通工作。在全国人大工作期间，曾翻译出版《日本环境法概论》《日本现行行政法》，发表核心期刊论文十余篇。

前　言

随着时代变迁，公司治理的现实问题总是层出不穷、常变常新，相伴随的是《公司法》等法律法规的修订和律师实务的迭代升级。从这种问题意识出发，我们在前期已有的《股权架构设计与股权激励》《股权控制战略》等著作基础上继续深化思考，认为创作一本新《公司法》下的股权实操手册是非常有必要的，并期望其能够满足公司创始人、实控人、高管、律师等学法用法、完善公司股权架构设计的现实需要。

遵循求真务实、简洁明快的写作宗旨，本书有以下三个特点：

一是采用实务问答形式。法律规定往往较为原则、宏观，难免会挂一漏万，然而现实中公司创始人、实控人、大小股东在公司治理和股权实操中会面临各种各样需要解答的具体法律问题。本书从司法案例、律师实务中精选出200个企业股权实操过程中遇到过的真问题，每个问题的回答都争取只讲干货、直截了当，必要时候引述最新法条，注重提出商业实操建议，希望能够起到案头工具书的作用，帮助公司创始人、实控人、高管、律师等从过往实务经验中获得一些启发、找到解决问题的思路。

二是从创业过程视角统一安排章节。尽可能按照“公司初创—公司治理—公司终止”的全生命周期来编排问题，中间穿插安排了“股权激励”“股权重大事项”等专题章节。本书共分为五章。第一章“公司初创”，提供了创立新公司的股权基本知识，为公司创立者提供指引。第二章“公司治理”，注重关注在公司治理过程中常出现的问题，有针对性地提示公司高管等通过组织架构和制度规范做好风险防控。第三章“股权激励”，讲解了股权激励的相关知识，包括股权激励的设计、要素、方案选择、工具选择、激励效果评估、激励策略、陷阱和风险。第四章“股权重大事项”，讲解了股权投融资、股权回购、公司上市等涉及公司股权转让的相关内容。第五章“公司终止”，主要回答了公司出现僵局后股东、投资人的退出机制。随笔部分以案例探讨的形式总结出公司股权治理的启示，以供企业管理者参考借鉴。

三是充分结合新《公司法》的修订精神。鉴于2023年12月29日第十四届全国人民代表大会常务委员会第七次会议表决通过了新修订的《公司法》，本书股权实操相关问题中涉及《公司法》条文的内容，都与时俱进作了更新，并在问答中专门标注“新《公司法》”，所有涉及《公司法》条文引用的内容均以新《公司法》为准（仅过往案例中有必要保持原样的会保留并作出特别说明），提请读者特别关注、放心使用。

本书写作过程中充分汲取了北京瀛和律师事务所公司治理实务的经验养分，感谢周晓林、杨明慧、蔡璇、孔晓青、戴金花、张星等多位律师提供素材和参与校对！同时还要感谢律师界、法官界各位同仁的前期研究成果，为本书提供了很好的参考借鉴。例如，《天同码（商事卷）》为本书寻找相关现实案例提供了很好指引，金杜律师事务所编的《创始人手册》也为本书的问题意识和答案探究提供了有益启发。书中精选的很多问题带有普遍性，很多律师或者学者都曾经有过研究关注，可以说过往各位专家的研究视角或者案例点评都对本书成稿有益，即使不是以学术著作标准引注的方式，发挥了特别有价值的参考作用之处，书中也都尽可能点名致敬。最后，还要感谢中央民族大学研究生曹悦在实习过程中全面参与了新书的素材整理、成稿校对工作，感谢中国政法大学研究生杨清、李妍、苏新然参与了各5个问题的素材整理工作。

由于作者能力不足，书中肯定还有不够周全之处，敬请各位读者批评指正。

法律法规的规范简称说明

本书对于法律法规统一使用简称,法律法规的规范简称说明如下:

法律法规全称	本书规范简称
《中华人民共和国宪法》	《宪法》
《中华人民共和国民法典》	《民法典》
《中华人民共和国公司法》	《公司法》
《最高人民法院关于适用〈中华人民共和国公司法〉若干问题的规定(一)》	《公司法司法解释(一)》
《最高人民法院关于适用〈中华人民共和国公司法〉若干问题的规定(二)》	《公司法司法解释(二)》
《最高人民法院关于适用〈中华人民共和国公司法〉若干问题的规定(三)》	《公司法司法解释(三)》
《最高人民法院关于适用〈中华人民共和国公司法〉若干问题的规定(四)》	《公司法司法解释(四)》
《最高人民法院关于适用〈中华人民共和国公司法〉若干问题的规定(五)》	《公司法司法解释(五)》
《最高人民法院关于适用〈中华人民共和国民事诉讼法〉的解释》	《民事诉讼法司法解释》
《中华人民共和国市场主体登记管理条例》	《市场主体登记管理条例》
《中华人民共和国市场主体登记管理条例实施细则》	《市场主体登记管理条例实施细则》
《全国法院民商事审判工作会议纪要》	《九民纪要》
《中华人民共和国企业所得税法》	《企业所得税法》
《中华人民共和国合伙企业法》	《合伙企业法》

续表

法律法规全称	本书规范简称
《最高人民法院关于适用〈中华人民共和国担保法〉若干问题的解释》	《担保法司法解释》
《中华人民共和国劳动合同法》	《劳动合同法》
《中华人民共和国税收征收管理法》	《税收征收管理法》
《中华人民共和国企业破产法》	《企业破产法》
《最高人民法院关于适用〈中华人民共和国民法典〉合同编通则若干问题的解释》	《民法典合同编通则司法解释》

目　录

一 公司初创

1. 初创公司时应有的股权认识是什么？

美团创始人王兴曾经这样阐释“企业家精神”：知道自己的目标是什么，想着如何实现目标，不管自己现在拥有什么，哪怕手上什么都没有。但从法律人的角度来看，创始人准备发起成立一家公司，都是充满奋斗精神、准备以企业为家的，这样一批人法律上不可能什么都没有。其实，法律赋予创业者、企业家非常重要的“法律武器”就是公司股权，有了这样一个法律认可和保护的权利，创业者、企业家就能更好地组织调动人才、资金、技术等各种资源，投入为客户、为社会创造价值的工作中去。因此，开公司、做企业必须懂股权，只有股权清晰、合理，才能充分调动各方积极性，实现快速有力的发展。

一般而言，无论是有限责任公司还是股份有限公司，股权都归属于股东。从字面意思上讲，“股东”可拆分为“股”和“东”两个字，“股”指的是企业的股权，“东”也就是通常所说的“东家”。在法律概念上，股东是指向公司出资或认购股份，享有资产收益等股东权利，并对企业债务依法承担责任的个人或单位。

按照不同的区分标准，发起成立公司时需知的股东类型包括：(1)隐名股东与显名股东，其划分依据为股东实际出资情况和是否有工商登记。隐名股东，是指为了规避法律风险或出于其他原因，借用他人名义设立企业或以他人名义出资，但没在企业的章程和工商登记中记载名字的出资人。显名股东，是指在公司隐名投资过程中，约定将隐名股东的出资以自己名义出资、登记的一方当事人。(2)个人股东与机构股东，其划分依据为股东主体的身份。个人股东，是指以自然人身份成为股东。机构股东的出资主体是法人或其他组织。(3)创始股东与一般股东，其划分依据为取得股东资格的时间和条件。创始股东在企业创立之初就拥有股份，是企业的创始人。一般股东大多是后续加入企业的，例如，通过购买股票或投资的方式。(4)控股股东与非控股股东，根据股东持股比例能否达到控制企业重大决策事项的程度来区分。

商业实操建议

（1）对于创始人而言，组建团队、拉人入伙，实际上是对合作伙伴的充分认可，代表着创始人愿意将公司最重要的资源，即“股权”与其分享。公司股东依法享有资产收益、参与重大决策和选择管理者等权利。拉人入伙不可有借债心态，不可有依附心态，创始人千万不要从心态上输了，继而轻易丢掉公司主导权。尤其是公司初创阶段，重点要看合作伙伴未来能够给公司作出哪些贡献。

（2）对于受邀加入公司创建团队的其他股东而言，需要清晰意识到自己享有多少出资比例也就是股权比例，也将会和创始人一样获得相应的利益、承担相应的风险。组建公司和股权投资都是非常严肃的事情。有限责任公司的股东以其认缴的出资额为限对公司承担责任；股份有限公司的股东以其认购的股份为限对公司承担责任。公司成立之后，股东不能随便撤资，否则公司将面临罚款，股东个人还要承担相应的法律责任。

（3）为使创业伙伴权益得到充分保障，有必要及时签订股东出资协议。发起成立公司的过程中，合作创业屡见不鲜，有人出钱，有人出技术，最终组成一个“黄金组合”。但在公司筹备过程中，也有可能出现注册失败的情况，此时就很有可能发生股东要求全额退还出资的纠纷。如果在公司未成立前，股东之间签订了含有出资份额、出资时间、公司发起过程中的费用负担等内容的股东协议，就能够最大程度避免出现争议。公司发起人为达成共同成立公司的目的而签订的股东出资协议或公司设立协议，属于自然人之间的合同约定，依法受到法律保护。

2. 股份可以代持吗？

股份可以代持。

根据《公司法司法解释(三)》的规定,有限责任公司的实际出资人与名义出资人订立合同,约定由实际出资人出资并享有投资权益,以名义出资人为名义股东,实际出资人与名义股东对该合同效力发生争议的,如没有违反法律规定,人民法院应当认定该合同有效。可见,尽管法律上还没有明确规定,但我国司法审判实践中承认股权代持的合法性。只要实际出资人与名义股东之间的协议不存在违反法律规定的情形,股权代持协议就是有效并受法律保护的。

股权代持协议源自商业世界的现实需要,创始人经常会遇到一种情况:创始团队其他成员或投资人由于某种原因不愿意或者没有办法直接持有股权,而要求创始人帮忙代持。股权代持又叫作委托持股、隐名投资或假名出资。股权代持是指实际出资人与他人约定,以该他人名义代实际出资人履行股东权利义务的一种股权或股份处置方式。即使当事人双方签订了股权代持协议,股份还是股权所有者的,只是将股权交于其他人代持股份,由其代替行使股东权益而已。其本质是这部分股权上的权益归属于实际出资人,创始人只是代为持有,并根据实际出资人的指示和要求行使权利。

现实案例

万一没有股权代持协议,该如何认定股份代持?

现实情况纷繁复杂,名义股东持有公司一定比例的股权,如果公司以外的第三人主张自己才是股权的实际出资人,在名义股东未与第三人订立书面代持协议的情况下,法院如何确认争议股权的归属?认定标准和法律依据是什么?根据最高人民法院作出的“余某林、进和株式会社股东资格确认纠纷再审审查与审判监督民事裁定书”[(2020)最高法民申3329号]的精神,余某林(名义股东)不能证明其有出资设立广州进和公司的真实意向,进和株式会社则有其向余某林汇款的记录,其主张的事实具有高度可能性,因而能够确认:进和株式会社是案涉股权的实际出资人,余某林是名义出资人,理据充分。

商业实操建议

(1)股份可以代持,但从避免不必要的纠纷、保护实际出资人权益的角度出发,一定要规范签署股权代持协议,明确代持期间双方的权利和义务关系。

(2)如案例所示,现实生活中没有签署股权代持协议的情况也是存在的。无书面协议情况下该如何确认争议股权的归属,是个复杂度极高的问题。无论名义股东还是实际出资人,如何举证才能最大程度上获得法院法官的"内心确信",证明其主张事实的高度可能性,需要寻求专业律师的帮助。

3. 隐名股东有哪些法律风险?

显名股东,具有公示公信的法律效力。相比之下,隐名股东的身份能否得到法律承认和相应的股东权利保障呢?尽管"隐名股东"这样的词汇并未出现在我国法律法规之中,但我国《公司法司法解释(三)》将"隐名股东"表述为"实际出资人"是给予明确保护的,实际出资人与名义出资人(即显名股东)签订的股权代持协议,只要没有法律规定的无效情形,都会受到法律认可和保护。

然而,股权代持对内涉及企业、股东之间的复杂关系,对外涉及公司债权人,很容易产生如下风险:

(1)股权代持协议无效的风险。为了规避法律法规相关规定,如《公司法》股东人数限制的规定、国家部委管理性规定等,或者规避股权激励、资产隔离、关联交易、竞业限制等情形,商业场景下的灵活变通才催生了股权代持的操作。法律上虽然认可和保护股权代持协议,但是需要注意的是,股权代持不得违反法律、行政法规的强制性规定,例如,规避关于国家公职人员禁止投资或入股的规定、外商投资准入的规定,保险、证券等特定行业的准入禁止性规定的股权代持协议归于无效。

(2)显名股东失控的风险。多数情况下,隐名股东都会找信任者担任显名股东,在台前作为“提线木偶”代行股东权利,自己则躲在幕后当“操控人”。这种关系很大程度上是道德约束下形成的信任,但面临巨大股权财产利益诱惑的时候,显名股东很容易产生“失控”想法,进而侵害隐名股东的权益。例如,显名股东向隐名股东隐瞒股权收益、显名股东违背隐名股东的意愿决定公司事项、显名股东擅自处置实际属于隐名股东的股权等。

(3)隐名股东身份转化难的风险。隐名股东可以享有投资权益,但隐名股东想要走到“台前”,将自己的身份“转正”为显名股东可不是那么容易的。如果隐名股东想要公司变更股东、签发出资证明书、记载于股东名册、记载于公司章程并由公司登记机关办理登记,必须经过公司其他股东半数以上同意。

(4)对外责任承担不明的风险。显名股东登记于公司登记机关,并具公示效力,据此,第三人有理由相信登记在显名股东名下的股权就是其财产。当显名股东个人对外负有债务的时候,其名下任何财产都有可能被法院强制执行。此时,隐名股东如果想要以双方之间的股权代持关系来阻却该强制执行,从司法实践案例来看往往难以实现。为防止纠纷,保障隐名股东的合法权益,隐名股东应当与显名股东签署完善的股权代持协议,对双方的权利义务作出明确规定。

现实案例

隐名股东“显名”,必须经过其他股东半数以上同意吗?

在江苏省高级人民法院审理的(2013)苏商终字第0084号案件中:2010年,林某、张某与实业公司另外两位股东吴某、李某签订代持协议,约定为简化注册手续,拟设立的投资公司中,林某、张某股份由李某代持。2012年,林某、张某以李某把持公司、损害其利益为由,诉请确认其股东身份并办理相应工商变更登记手续。吴某出具不同意林某、张某为投资公司股东的声明。江苏高院认为:《公司法司法解释(三)》中规定的实际出资人“经公司其他股东半数以上同意”才能“显名”办理工商登记,是针对有限责任公司其他股东并不知道实际出资人存在,其所认同的合作伙伴是名义出资人的情形,但如果有限责任公司其他股东在公司成立之初就明知其合作伙伴包括实际投资人在内,只是出于公司注册便利考虑,达成由名义出资人代持其股权协议的话,只要协议未对实际出资人变更登记为股东的条件进行限制,即使其他股东嗣后明确表示不同意实际出资人成为公司股东,也不影响实际出资人股东身份的确认。因此,判决投资公司应为林某、张某办理股东变更登记手续,李某应履行必要的协助义务。

商业实操建议

(1)对于隐名股东而言,公司设立之初就让公司其他股东明知其存在,对于今后需要时办理工商登记成为显名股东会非常便利,也是非常重要的法律风险防范措施。

(2)投资并不一定取得股东权,可能只是取得投资收益权。如果隐名股东希望享有参与公司管理的权利,建议在股权投资协议中明确规定,获得公司其他股东的确认。

4. 显名股东有哪些法律风险?

一般而言,显名股东享受到的法律保护会更明显,而且显名股东往往能够借助股份代持获得更多的表决权,增加对公司的控制力,因此创始人等对于股份代持往往是很开放、欢迎的态度。但由于涉及对内对外各种关系的处理,现实中很多显名股东只是隐名股东的“傀儡”,却要承担身为股东的明显法律后果。显名股东应当充分意识到自身具有如下不可忽视的法律风险:

(1)隐名股东出资不实,显名股东可能被要求履行出资义务的风险。根据《公司法司法解释(三)》的规定,公司债权人以登记于公司登记机关的股东未履行出资义务为由，请求其对公司债务不能清偿的部分在未出资本息范围内承担补充赔偿责任，股东以其仅为名义股东而非实际出资人为由进行抗辩的，人民法院不予支持。显名股东（名义股东）根据前款规定承担赔偿责任后，向实际出资人追偿的，人民法院应予支持。

（2）造成股权不清晰、影响公司上市的风险。由于境内上市或重大资产重组中都会要求拟上市公司或所涉财产股权明晰，不存在重大权属纠纷，因此需要在上市或收购前解除代持关系，还原实际股东身份，并作出充分信息披露。

（3）高额纳税风险。税务机关一般将代持关系还原的股权转让认定为普通的股权转让，并会按照公允的评估价值计算缴纳股权转让所得税。隐名股东取回自己所投资的股权，可能须缴纳一定税款，在股权代持还原的时候，股权的价值有可能已经远超代持发生时的投资成本，即使按原始投资成本作为转让价格，也面临着被税务局调整纳税的风险，若无特别约定，纳税义务是由显名股东承担的。如果隐名股东取得股权收益后，怠于承担缴税义务，会导致显名股东存在被追缴税款的风险。

（4）难以还原代持、退出公司的风险。根据《公司法司法解释（三）》的规定，实际出资人未经公司其他股东半数以上同意，请求公司变更股东、签发出资证明书、记载于股东名册、记载于公司章程并办理公司登记机关登记的，人民法院不予支持。因此，即使显名股东与隐名股东协商一致，要求解除代持，一般情况下仍需公司其他股东半数以上同意，否则无法进行股东变更。另外，股东投资公司后，除非事先约定回购条款、减资条款等，否则并不可当然退出公司，这也导致显名股东无法根据自身情况选择是否退出公司。

商业实操建议

（1）对于显名股东而言，也需要规范的股权代持协议予以保护，例如，在协议中明确代持期限、约定由代持人代缴税款等。

（2）显名股东为了保障自己不受债务牵连，建议在进行代持前核实隐名股东出资的实缴情况。

5. 不能当股东的人可以成为隐名股东吗?

实践中确实存在灵活变通的情况,但需要知道的是,违反法律法规强制性规定的股权代持协议无效,相应地实际出资人或者说"自以为是"的隐名股东很难受到法律保护。

自然人作为股东一般应当具备完全民事行为能力。无民事行为能力人和限制民事行为能力人因继承取得股权而成为公司股东的,其权利和义务应当由法定代理人代为行使。例如,未成年人能否因为继承成为公司股东呢?根据《公司法》和《国家工商行政管理总局关于未成年人能否成为公司股东问题的答复》的规定,自然人股东死亡后,其未成年继承人可以继承股东资格,其股东权利可以由法定代理人代为行使,但是公司章程另有规定的除外。

自然人作为股东,还需要符合相应资格,排除法律法规禁止的情形。例如,法律法规禁止从事营利性活动的人、不得在其他经济组织兼职的人,包括国家公务员、商业银行工作人员等不得成为公司股东。此外,已经设立一个一人有限责任公司的自然人,不能成为另外一个一人有限责任公司的股东。

法人作为股东,也需要符合相应资格,排除法律法规禁止的情形。例如,会计师事务所、审计事务所、资产评估机构、律师事务所,以及党政机关、司法行政部门以及党政机关主办的社会团体(如协会、基金会、公益组织)不得成为公司股东。此外,国家对外商投资实行准入前国民待遇加负面清单管理制度,外商投资准入负面清单规定禁止投资的领域,外国投资者不得投资。外商投资企业作为法人的股东资格,也需要根据投资领域具体判断。

一般而言,因为法律强制性规定而不具备股东资格的自然人、法人,也不建议通过股份代持的方式绕开监管,成为隐名股东。不仅其作为隐名股东的权利难以受到法律保护,而且一经发现,可能需要承担行政处罚等法律后果。例如,外国投资者投资外商投资准入负面清单规定禁止投资领域的,将由有关主管部门责令其停止投资活动,限期处分其股份、资产或者采取其他必要措施,恢复到实施投资前的状态;其有违法所得的,还要没收违法所得。

现实案例

外商投资企业隐名股东委托国内自然人代为注册、通过股权转让方式回收股权并获主管审批机关批准的,其依委托代理投资协议要求确认公司股东身份,应予支持。

广东广州荔湾区法院审理的(2010)荔法民二涉初字第11号案件中,2007年,台资企业商贸公司及法定代表人于某经政府相关审批机构批准,与大陆公民罗某、吴某签订委托代理投资协议,通过签订借款合同及股权转让协议等一系列法律行为,代表商贸公司代理投资百货公司。2010年,因罗某拒绝依约协助商贸公司办理股东变更登记手续致诉。

法院认为:(1)委托代理投资协议明确约定,足以证实罗某和吴某只是商贸公司的投资代理人,百货公司注册资本由商贸公司承担,以借款方式借给罗某和吴某资金进行代理投资该公司。在实际履行合同过程中,罗某和吴某通过与于某签订借款合同及与他人签订股权转让协议等一系列法律行为,代表商贸公司进行代理投资百货公司,然后罗某和吴某分别与商贸公司签订还款协议和股权转让协议,再将各自名下股权转让给商贸公司。罗某和吴某未对百货公司真正出资,转让款实际上由商贸公司支付,商贸公司才是百货公司唯一的实际投资者,罗某和吴某只是百货公司名义股东,并未真正参加过公司股东会议,亦未参与公司经营管理,故罗某和吴某将各自名下股权转让给商贸公司的行为,只是为了配合商贸公司实现委托代理投资协议回收股权所履行的手续而已,而非真正法律意义上的股权转让行为,两被告没有真实的转让,当然亦不可取得转让对价。(2)因商贸公司以委托代理投资方式已实际投资百货公司,并通过股权转让形式,将罗某、吴某分别持有的百货公司股权全部回收,且股权转让协议已征得了相关政府主管部门同意,商贸公司请求确认其公司股东身份的主张符合《最高人民法院关于审理外商投资企业纠纷案件若干问题的规定(一)》第14条的规定,即"当事人之间约定一方实际投资、另一方作为外商投资企业名义股东,实际投资者请求确认其在外商投资企业中的股东身份或者请求变更外商投资企业股东的,人民法院不予支持。同时具备以下条件的除外:(一)实际投资者已经实际投资;(二)名义股东以外的其他股东认可实际投资者的股东身份;(三)人民法院或当事人在诉讼期间就将实际投资者变更为股东征得了外商投资企业审批机关的同意",故判决确认商贸公司享有百货公司100%股权,百货公司、罗某、吴某协助商贸公司办理股东变更登记手续,将相应出资变更至商贸公司名下。

商业实操建议

(1)未成年人原则上是可以通过股权继承成为公司股东的,但是法律有例外规定。基于有限责任公司人合性较强的特点,法律允许公司章程对股权继承作出特别规定,排除股东资格的当然继承。所以,有限责任公司创始人在制定公司章程时,可以考虑加入股东去世后股权的转让与回收条款,以避免继承纠纷带来的不确定因素与经营决策风险。

(2)外商投资企业中代持股份的实际出资人,在请求法院将自己变为显名股东方面的规则,与非外商投资企业的有限责任公司的规则有所不同,更为困难和复杂的一点在于,需要经过审批机关同意。外商投资企业隐名股东请求确认其股东身份,诉讼期间未获得审批机关同意的,法院只能确认其实际出资人的身份,只能享受投资权益,不能享受股东权利。

6. 隐名股东能以内部约定对抗外部债权人吗?

隐名股东不能以内部约定对抗外部债权人申请执行。

根据《公司法》等法律规定,公司应当将股东的姓名或者名称及其出资额向公司登记机关登记;登记事项发生变更的,应当办理变更登记。未经登记或者变更登记的,不得对抗第三人。依该条规定,依法进行登记的股东具有对外公示效力，隐名股东在公司对外关系上不具有公示股东的法律地位，不能以其与显名股东之间约定对抗外部债权人对显名股东主张的正当权利。因此，当显名股东因其未能清偿到期债务而成为被执行人时，债权人依工商登记中记载的股权归属，有权向法院申请对该股权强制执行。

现实案例

最高人民法院审理的（2013）民二终字第111号“某银行与某粮油公司等执行异议纠纷案”中，法院依银行申请，强制执行粮油公司所持期货公司股权。交易中心以其系期货公司实际出资人为由提起案外人执行异议之诉。法院认为：根据本案查明事实，期货公司工商登记记载的股东为粮油公司，银行依生效判决向法院申请冻结并强制执行粮油公司在期货公司的股权，有事实和法律依据。故本案中，交易中心是否为期货公司实际出资人，不影响银行实现其请求对期货公司股权进行强制执行的权利主张。交易中心关于停止对粮油公司所持有期货公司股权强制执行的请求，无事实和法律依据，不予支持。

商业实操建议

需要注意的是，股权代持协议仅具有内部效力，对于外部第三人而言，股权登记具有公信力，隐名股东对外不具有公示股东的法律地位，不得以内部股权代持协议有效为由，对抗外部债权人对显名股东的正当权利。

7. 实际出资人想要显名，应如何取得股东资格？

实际出资人有可能通过司法程序取得股东资格。

股东资格是投资人取得和行使股东权利并承担股东义务的基础。但实践中,有些公司创始人由于种种原因,虽然出资创办了企业,却不是以本人名义,而是用亲友、同学或者其他人的名义进行,隐名股东的情况大量存在。实际出资人从法律意义上讲并非公司股东,不享有公司股东权利,原则上不得凭借隐名出资关系直接向公司主张股东权利,仅有权依据隐名出资合同或代持股协议向显名股东主张合同权利。隐名股东想要显名行使股东权利却遇到障碍时,需要司法程序介入对争议股权作出确认,也就是要确认隐名股东在公司的股东身份,这一过程通常俗称"显名"。

依据《公司法》的相关规定,有限责任公司股东资格的确认,涉及实际出资数额、股权转让合同、公司章程、股东名册、出资证明书、工商登记等。确认股东资格应当综合考虑多种因素,在具体案件中对事实证据的审查认定,应当根据当事人具体实施民事行为的真实意思表示,选择确认股东资格的标准。

对于隐名股东的法律地位,首先要看股权代持协议是否违反法律的强制性规定。如果隐名股东与名义股东签订的协议是为了规避法律的强制性规定,如隐名股东不能投资公司,为了规避该强制性规定而让名义股东作为投资人成立公司,这类协议肯定会被认定为无效,隐名股东不会享有股东权利,公司也会面临一系列股份变更、减资、退股等法律问题。如果隐名股东并未违反强制性法律规定,而且隐名股东只是出于某些原因让名义股东出资,但公司绝大多数股东知道这种情况,应认定隐名股东具有股东资格,公司应办理股东名册变更登记。

隐名股东如想显名或确认股东资格,首先,必须先到人民法院确认,并且在认定过程中隐名股东必须有共同设立公司或通过受让取得公司股权的相应意思表示。如果隐名关系的双方仅为资金往来关系,提供资金一方并没有成立公司或实际取得股权的意思,那么双方关系的实质应为借款关系,提供资金一方并不能取得公司的股东身份。其次,隐名股东身份的确认需有其他股东认可其股东身份的意思表示。基于有限责任公司的人合性,如果其他股东并不知道隐名股东的存在,也不同意与其存在共同投资关系,该隐名股东往往不能被显名确认为公司股东。

现实案例

隐名出资人与名义出资人之间的关系确认纠纷

最高人民法院作出的“博智资本基金公司与鸿元控股集团有限公司其他合同纠纷民事判决书”[(2013)民四终字第20号]认为:“股权归属关系与委托投资关系是两个层面的法律关系,前者因合法的投资行为而形成,后者则因当事人之间的合同行为形成,保监会的规章仅仅是对外资股东持股比例所作的限制,而非对当事人之间的委托合同关系进行规制,因此,实际出资人不能以存在合法的委托投资关系为由主张股东地位,受托人也不能以存在持股比例限制为由否定委托投资协议的效力。”

商业实操建议

(1)隐名股东应当保留好公司设立过程中的重要文件,方便成为显名之时确认股东资格的证据。在设立公司的过程中会有许多法律文件对公司的股东身份、持股比例进行明确,成为公司股权确认的主要证据,如公司股东发起人协议、公司章程、出资证明书、股东会会议纪要、公司经营过程中形成的决议文件、公司股东名册、工商部门登记文件等,这些都可作为判断其是否享有公司股权的证据。

(2)需要注意隐名股东显名的司法裁判标准,从过去只以工商部门登记文件为准,已过渡到现今内外有别的原则。法院不再一律以工商部门登记中注明的股东作为确认股权归属的标准,而是从形式上的审查过渡到实质上的认定,如果公司的股权确认不牵涉纠纷当事人、公司之外的第三人,法院会根据案件查明的事实证据综合进行裁判;如果牵涉第三人,则会从维护社会交易秩序稳定原则出发,以工商登记部门的文件为准作出判决,以维护第三人的合理信赖利益。

8. 外籍隐名股东如何显名?

在《外商投资法》框架下,外籍股东想显名,实际与中国籍股东显名差异不大。《外商投资法》实施后,《最高人民法院关于审理外商投资企业纠纷案件若干问题的规定(一)》第14条确立的“外籍隐名股东的股东资格确认及变更登记”的三项司法审查标准应作如下调整:(1)外籍隐名股东已实际投资;(2)名义股东以外的其他股东半数以上认可隐名股东股权并同意变更登记;(3)对于外商投资准入负面清单内的限制类领域,人民法院及当事人在诉讼期间应征得外商投资企业主管机关的同意;对于负面清单外的准入类领域,无须征得外商投资企业主管机关的同意。

现实案例

上海市第一中级人民法院审理的(2020)沪01民终3024号案件中,2009年,原告Carson(美国籍)与第三人张某、程某(二人均为中国籍)决定在国内新设一家贸易公司从事对美贸易。鉴于当时的政策,原告无法与国内自然人成立合资公司,三方遂决定以第三人张某、程某两人名义成立被告公司。2009年11月,原告Carson与第三人张某、程某签订一份《股份协议书》,约定以第三人张某、程某名义成立被告上海纽鑫达进出口有限公司,但实际投资比例为:原告占51%,第三人张某占25%,第三人程某占24%。同月,原告通过第三人程某向第三人张某打款人民币(以下币种同)458,762元。原告和第三人程某均表示,该款项中的26万元系原告以第三人张某名义缴纳的出资,但被告和第三人张某对此予以否认。2009年11月11日,被告成立,注册资本100万元,第三人张某占股51%、第三人程某占股49%。2012年10月,原告与第三人张某、程某又签订一份《股份协议书》,约定被告收购案外

A 公司,根据三人对被告的持股比例,三人对 A 公司的占股比例为:原告占 51%,第三人张某占 25%,第三人程某占 24%。2018 年 8 月,被告向原告出具一份《出资证明书》,载明原告于 2009 年向被告缴纳出资 51 万元。审理中,被告和第三人张某认为该《出资证明书》系第三人程某事后擅自在空白盖章页上伪造。原告诉请法院将第三人张某持有的被告 26%的股权确认为原告所有,并依法划转登记至原告名下。

上海市浦东新区人民法院认为,首先,被告虽辩称原告未向被告出资或认缴出资,但《股份协议书》及分红方案等一系列证据均印证原告实际享有被告 51%的股权,其中 26%的股权由第三人张某代持。其次,《出资证明书》和转款凭证等均证实原告已履行了对被告的出资义务,原告参与了被告的经营管理,履行了作为大股东的权利义务。因此,原告确系被告的隐名股东,第三人张某代持了原告 26%的被告股权。我国《外商投资法》对外商投资实行准入前国民待遇加负面清单管理制度。本案中,被告的经营领域不属于外商投资负面清单范围内,将原告变更登记为被告的股东,不存在法律或政策上的障碍。同时,根据国民待遇原则,被告的另一股东,即第三人程某明确认可原告的股东身份,符合《公司法》关于隐名股东显名需要经过公司其他股东半数以上同意的规定。综上,浦东法院于 2020 年 1 月 2 日作出一审判决:确认登记在第三人张某名下的被告 26%的股权系原告所有,被告应将该 26%的股权变更登记到原告名下,第三人张某应当予以配合。被告不服一审判决,上诉至上海市第一中级人民法院,二审驳回上诉,维持原判。

商业实操建议

虽然合法的股权代持受到法律保护,但实际股东实现其权益的基础是合同关系,而非股东身份。实务中,股权代持显名并不容易实现,可能会遇到很多阻碍,必要时可以向专业律师寻求帮助。

9. 公司股东作为实际出资人请求显名，需要经其他股东过半数同意吗？

不需要。

根据《公司法司法解释（三）》第24条第3款的规定，公司隐名股东要求显名登记，须经公司其他股东半数以上同意，其法理基础在于维护有限责任公司的人合性，旨在规制股东身份变更的情形。若实际出资人本身即是公司股东、参与公司决策经营，实际出资人主张将隐名代持股权登记至其名下，只涉及股权份额的调整，不存在破坏有限责任公司人合性的问题，不应受到公司其他股东是否同意的限制。

现实案例

田某向上海市闵行区人民法院诉称：2016年3月3日，其与陈甲约定，田某以160万元的价格购买陈甲所持有的乐超公司10%的股份。双方于同日签订《股权代持协议》，约定田某将上述股权委托陈甲代持。协议同时明确田某作为上述股权投资的实际出资者，对乐超公司享有实际的股东权利并有权获得相应的投资收益。《股权代持协议》签订后，田某于2016年3月10日以前向陈甲支付了全部160万元的股权受让款。根据代持协议的约定，在田某认为条件具备时，有权要求陈甲将股权转移到自己或者指定的任何第三方名下。然而，在田某要求陈甲向自己转移股权时，陈甲却以各种理由拒绝向田某转移股权。故田某起诉请求：（1）判令确认陈甲名下持有的乐超公司10%的股权属田某所有；（2）判令乐超公司就上述股权确认事项办理相应的工商变更登记手续，陈甲须予以配合。

上海市闵行区人民法院作出一审判决：（1）确认登记于第三人陈甲名下

被告上海乐超投资管理有限公司10%的股权属于原告田某所有。(2)被告上海乐超投资管理有限公司于判决生效之日起30日内至市场监督管理部门,办理股权变更登记将在第三人陈甲名下被告上海乐超投资管理有限公司10%的股权变更登记至原告田某名下;第三人陈甲协助办理。

乐超公司、陈甲提起上诉,上海市第一中级人民法院于2021年3月30日作出二审判决:(1)撤销上海市闵行区人民法院(2019)沪0112民初45740号民事判决;(2)驳回被上诉人田某的一审诉讼请求。田某申请再审,上海市高级人民法院作出再审判决:(1)撤销上海市第一中级人民法院(2021)沪01民终82号民事判决;(2)维持上海市闵行区人民法院(2019)沪0112民初45740号民事判决。

商业实操建议

公司股东作为实际出资人请求将其他股东代持的股份予以显名的主要争议在于,该种情形下是否应适用《公司法司法解释(三)》规定的"其他股东半数以上同意"规则。司法实践中,在实际出资人已经作为股东参与经营管理的情况下,请求将其他股东代持的股份予以显名,不受上述规则的限制。

10. 成为控股股东的条件与要求是什么?

控股股东可以分为绝对控股股东和相对控股股东。绝对控股指的是股东出资额占有限责任公司资本总额50%以上,或者持有的股权占股份有限公司股本总额的50%以上。相对控股是指在企业全部实收资本中,某经济成分的出资人拥有的实收资本所占比虽未大于50%,但根据协议规定拥有企业的实际控制权;或者相对大于其他任何一种经济成分的出资人所占比例。根据《公司法》等法律规定,股东具备以下任何一项条件,即可被视为控股股东:(1)股东持有企业股份比例超过 50%,并拥有表决权,能参与对企业事项的管理决策。(2)股东持有企业股份不足 50%,但企业章程约定其特殊管理权限,能对企业的股东大会决议形成重大影响。

公司的控制权是能够对股东大会的决议产生重大影响或者能够实际支配公司行为的权力。现在法律上越来越强调“实际控制人”的概念,但需要注意的是,公司实际控制人不一定就是指控股股东。根据公司实际控制的情况,一般分为:单一控制、共同控制及无实际控制人。在认定实际控制人时有 3 个量化指标可以参考:(1)持股超过 50%或可以实际支配公司表决权超过 30%;(2)通过实际支配公司表决权能够决定公司董事会半数以上成员的选任;(3)通过可以实际支配的公司表决权足以对公司股东大会的决议产生重大影响而进行认定。共同控制一般需要相关方签署一致行动协议,且每人都必须直接持有公司股份或者间接支配公司股份的表决权,并能提供充分的事实和证据证明多人共同拥有公司控制权的真实性、合理性和稳定性。对于公司股权结构分散,不存在控股股东,单一股东无法控制股东大会和董事会,且股东之间不存在一致行动协议、不保证一致行动的,可以考虑认定为公司无实际控制人。

现实案例

新宏泰的实际控制人经历三年将新宏泰从民企变更为国企

新宏泰是江苏无锡的一家电网设备公司,主营业务是断路器关键部件、低压断路器及刀熔开关的研发、生产与销售。2016 年成功在上交所实现 IPO,融资 3.15 亿元。实控人赵某新父子在禁售期刚刚结束就开始谋划大幅减持,而接手的是无锡国资委,在减持之前实控人及其一致行动人持股比例合计为 58.38%,如何将公司卖掉而又不影响股价是个技术活。赵某新父子想到的方案非常高明。首先,收购方是无锡国资委控股的当地国企,监管和市场都比较容易接受。其次,温水煮青蛙,逐步减持股份,2020 年 12 月股份转让后,赵某新父子及一致行动人沈某持股比例降低至 32.84%,而无锡国资委控股的无锡产业发展集团和无锡国盛资产管理公司合计持股比例达到了27.91%。再次,为了避开要约收购线,赵某新父子等直接在二级市场减持,让自己的持股比例降到比无锡国资委低。赵某新还承诺帮助无锡国资委改组董事会,让国资委提名的董事占董事会席位的多数,并且董事长由国资委提名,这就意味着无锡国资委掌控了董事会。最后,赵某新还承诺不会谋求控股权,也不会帮助其他人和企业谋求控股权。这一系列操作下来,无锡国资委通过27.91%的股份彻底拿下新宏泰的控股权,并通过董事会席位从管理上掌控了这家公司。

商业实操建议

对一家上市公司而言,无论是监管方还是大众投资人,都希望公司实控人变更能够稳定有序进行。公司的实际控制人变更往往意味着公司控制权的巨大变化,在资本市场上既有宝万之争的"野蛮人"案例,也有类似新宏泰这样的平稳过渡,关键区别在于新的实控人(公司购买方)是否得到老的实控人(公司出售方)的支持配合,对于新老实控人双方以及社会大众而言,和平谈判显然强于野蛮收购,新宏泰的案例非常值得借鉴。

11. 股权控制应知必会的"核心持股比例线"都有哪些?

股权的合理分配能够充分吸引投资人和合伙人,也能有效奖励创始团队成员。但股权分配不当,不仅难以产生效果,还可能妨碍创业者对企业的管控。股权分配合理与否,与持股比例划分是否科学有密切关系。2015年年底,宝能系掀起的万科股权收购战中,深圳地铁、华润集团、恒大集团先后入场,舆论战、资本战等轮番上演,董事会暗流涌动,最终引得监管层出手。该案例也充分显示出持股比例的重要性。一般而言,创始人应当充分了解以下核心持股比例所代表的意义:

(1)股东代表诉讼线和临时提案资格线——1%。1%的股权看似微小,但也有其实际意义。股东掌握1%的股权,就获得代位诉讼权,达到了新《公司法》规定的“股东提案资格线”。当企业合法权益受到不法侵害,而企业却未起诉时,股东即可以自身名义代表企业提起诉讼,同时要求董事会、监事会向法院提起诉讼。但需要注意,只有有限责任公司股东以及在股份有限公司连续180日以上单独或合计持有公司1%以上股份的股东,才拥有股东代表诉讼资格。同时需要注意,新《公司法》降低了股份有限公司股东提案资格线对于持股比例的要求。新法规定,单独或者合计持有公司1%以上股份的股东,可以在股东会会议召开10日前提出临时提案并书面提交董事会。

(2)大股东减持限制线——2%。大股东减持限制线是指:第一,上市企业内,大股东减持股权时,连续90天内的减持不得超过2%。第二,属于上市企业的科创板上市企业,在实现盈利前,企业的控股股东、实际控制人自企业股票上市之日起的3个完整会计年度内,不得减持首发前股份。第4、5个会计年度内,每年减持不得超过2%。

(3)股份有限公司股东查账线——3%。根据新《公司法》规定,连续180日以上单独或者合计持有公司3%以上股份的股东要求查阅公司的会计账簿、会计凭证的,适用有限责任公司股东的权限和申请程序规定。例如,可以委托会计师事务所、律师事务所等中介机构进行查阅;同时还规定,公司章程对持股比例有较低规定的,从其规定。

(4)重大股权变动警示线——5%。根据证监会的规定,在上市企业内,持有股份在5%及以上的股东,其股权发生变动时,需要对公众披露权益变动书。5%的重大股权变动警示线,意味着上市企业股东持股达到5%时,就应向社会公众全面披露信息。在股份有限企业中,通过任何方式持有或共同持有5%及以上股权的股东,即可认定为企业重要股东,能对企业治理产生一定影响力。因此,股份企业如果希望引入战略投资者来积极参与企业管理,其所获得的股权比例必须不低于5%。

(5)股东会会议召集线——10%。根据《公司法》规定,单独或合计持有10%以上股份的股东,有权提议召开股东会临时会议和董事会临时会议。特定情况下,他们还有权请求人民法院解散公司。掌握10%股权的股东,能在企业治理方面做出特别行为。例如,该类股东能通过法律赋予的提议权召开股东会、董事会会议,有途径表达自己对特别事务的关注。由于股东会和董事会的意见,对企业经营管理具有关键性作用,通过召集特别会议的形式进行讨论决策,持股10%的股东参与企业治理的程度会得到进一步加深。

(6)权益变动报告线——10%或20%。根据证监会等的规定,当投资人增加其在上市企业股份,达到或超过该企业发行股份的20%但未超过30%的,应按法规指定的样式,编制详细权益变动报告书。因此,20%股权可以视为上市企业"权益变动报告线"。新三板企业的权益变动报告线更低。当投资人所持有股份达到10%时,即需履行报告和发布义务。

(7)激励总量控制线——10%。相关法律法规要求,上市企业用于授予激励对象的股份激励总额,不得超过企业总股本的10%。对非上市企业,法律并未强制规定股权激励总额上限,企业可以酌情根据自身需要,确定用于激励的股份总额。

(8)股东重大影响线——20%。有限责任形式企业中,以持有股权20%为界限,采取不同的投资会计核算方式。股东持股比例20%以下的,应采用"成本法"进行核算,即按长期股权投资实际成本计价。持股比例在20%~50%(包括20%和50%)的,应采用"权益法"核算,即按长期股权投资在企业权益资本中所占比例计价。

(9)科创板激励上限——20%。根据相关法律法规要求,科创板上市企业在有效期内的股权激励计划,所涉及的标的股票总数,累计不得超过企业总股本的20%。

(10)首发公众股比线——25%。根据法律法规要求,我国股份公司制企业在申请公开上市时,其公开发行的股份要达到公司股份总数的25%以上。

(11)收购要约线——30%。根据法律法规规定,当投资者持有或共同持有一家上市企业已发行股份的30%时,如继续进行收购,应依法向该企业所有股东发出收购全部或部分股份的要约。要约应规定:当被收购企业股东承诺出售的股份数额超过预定收购股份数额时,收购者需按比例进行收购。30%的股权线,更多站在从上市企业公众股东利益角度设立。当新投资人收购并持有超过该条"红线"的股权后,将很可能成为企业实际控制人。

公众股东需要通过要约这一法定机会,来选择是否继续持有该企业的股票。因此,在上市企业内,30%股权线也被看成实际控制线。

(12)股东制造麻烦线——34%。《公司法》中,所有涉及有限责任企业、股份企业重大事项,如修改公司章程、增减注册资本、企业合并、分立、解散或变更形式决议,以及上市公司在一年内购买、出售重大资产或者担保金额超过公司资产总额30%的决议,都需超过2/3表决权的股东通过。这意味着,如果股东持有了1/3以上的表决权,就能造成上述决议无法获得通过的结果。因此,1/3以上的股权控制线,就成为股东合法“制造麻烦”的门槛线。通常情况下,习惯用34%来描述这一数字,实践中,只要能体现1/3以上的数字即可,例如33.4%甚至33.34%等,都可以看成“否决性控制线”。

(13)控股线——51%。根据《公司法》,股份企业的股东大会作出普通决议(即除涉及企业修改章程、增减注册资本、企业的合并、分立、解散或者变更企业形式之外的决议),只需参加会议股东所持表决权过半数通过即可。控股线意味着,只要股东持有超过50%的表决权,就基本能掌握该企业所有经营决策权,从而基本形成对企业的绝对控制。

(14)完美控制线——67%。即便股东掌握了超过50%的股份,也并非完美控制了一家企业。由于“股东制造麻烦线”的存在,如果有股东掌握1/3,即33%以上的表决权,还是能围绕企业重大决议如章程修改、资本增减、企业合并分立或变更企业形式等制造负面影响。想要完美控制企业,大股东必须达到2/3以上的表决控制权。习惯中,人们用67%这个数字来表示2/3以上这一完美控制线。但事实上,只要超过66.7%的百分比,即可达到这一效果。

12. 不参与管理的小股东如何了解公司经营状况?可以要求查账吗?

小股东可以要求查账,这是行使股东知情权的合法方式。

股东知情权是股东享有对公司经营管理等重要情况或信息真实了解和掌握的权利，是股东依法行使资产收益、参与重大决策和选择管理者等权利的基础性权利。根据《公司法》的规定，股东（无论大小）有权查阅、复制公司章程、股东会会议记录、董事会会议决议、监事会会议决议和财务会计报告。股东还可以要求查阅公司会计账簿。股东要求查阅公司会计账簿的，应当向公司提出书面请求，说明目的。公司有合理根据认为股东查阅会计账簿有不正当目的，可能损害公司合法利益的，可以拒绝提供查阅，并应当自股东提出书面请求之日起 15 日内书面答复股东并说明理由。公司拒绝提供查阅的，股东可以诉请人民法院要求公司提供查阅。

虽然股东可以要求查阅公司会计账簿，但能否查询公司的会计凭证，包括记账凭证和原始凭证，2023 年前法律上并无明文规定，因此各地法院判决并不统一。支持的法院认为，会计账簿的真实性和完整性只有通过原始会计凭证才能反映出来。不支持的法院认为，股东知情权和公司利益的保护需要平衡，故不应当随意超越法律的规定，扩张解释股东知情权的范畴，只因法律均未明文规定赋予股东查阅公司原始凭证的权利。2023 年《公司法》修订后，第 57 条明确新增规定了股东有权查阅会计凭证，并进一步明确股东查阅会计账簿、会计凭证，可以委托会计师事务所、律师事务所等中介机构进行；股东还可以要求查阅、复制公司全资子公司相关材料。

现实案例

公司股东能否请求审计？

股东知情权行使方式限于法定的查阅、复制相关资料，除公司章程有特别规定外，不得请求公司接受其审计安排。

江苏省无锡市中级人民法院审理的（2006）锡民再终字第 0028 号案件中，1997 年，冷轧公司与韩国公司成立合营企业镀锌公司、薄板公司，并在两企业中均以实物出资形式承担 25%的注册资本，约定合营企业任何一方有权在任何时候安排独立的会计师对企业账簿进行审计。2003 年，因出资欠款纠纷,冷轧公司多次要求镀锌公司、薄板公司提供财务报告未果而起诉,并要求安排独立会计师对公司全面审计和安排评估师对企业整体资产进行评估,诉讼中冷轧公司又因未履行生效判决被强制执行在镀锌公司、薄板公司的所有股权。法院认为:(1)股东知情权是股东享有的对公司经营管理等重要情况或信息真实了解和掌握的权利。冷轧公司起诉时,系镀锌公司、薄板公司股东,其主张起诉日前的股东知情权应予支持。(2)冷轧公司与镀锌公司、薄板公司就投资欠款发生争议,并向法院起诉,但并不因此说明其欲行使知情权具有恶意或目的不正当,故对在法律规定和当事人起诉范围内的知情权应予保护,但对其要求安排独立会计师对公司全面审计和安排评估师对企业整体资产进行评估的诉请,法律对此未有规定,亦超出当事人约定,该项诉请不予支持。最终,法院判决冷轧公司有权查阅公司成立之日至一审起诉之日的相关公司资料。

商业实操建议

(1)珍视自身依法享有的查账权。哪怕持股比例只有0.001%,也依法享有股东知情权。

(2)必要时提请专业人士协助。如果股东自己没有财务知识,即使把这些账簿放在其面前可能也看不出什么问题以及该怎么办?根据《公司法司法解释(四)》的规定,人民法院审理股东请求查阅或者复制公司特定文件材料的案件,对原告诉讼请求予以支持的,应当在判决中明确查阅或者复制公司特定文件材料的时间、地点和特定文件材料的名录。股东依据人民法院生效判决查阅公司文件材料的,在该股东在场的情况下,可以由会计师、律师等依法或者依据执业行为规范负有保密义务的中介机构执业人员辅助进行。2023年《公司法》修订,也将股东可以委托会计师事务所、律师事务所等中介机构参与查账的权利在法律中予以确认。

(3)公司拒绝查账时,应当有合理根据认为股东查阅会计账簿有不正当目的。根据《公司法司法解释(四)》的规定,主要是指能够有证据证明:股东自营或者为他人经营与公司主营业务有实质性竞争关系业务的,但公司章程另有规定或者全体股东另有约定的除外;股东为了向他人通报有关信息查阅公司会计账簿,可能损害公司合法利益的;股东在向公司提出查阅请求之日前的三年内,曾通过查阅公司会计账簿,向他人通报有关信息损害公司合法利益的等情形。

13. 大股东进行关联交易等损害公司利益的行为,其他股东应当如何应对?

我国《公司法》对于关联交易并不禁止,但是要特别警惕公司的实控人、高管等利用其关联关系交易来损害公司利益。根据《公司法》的规定,公司的控股股东、实际控制人、董事、监事、高级管理人员对公司负有勤勉忠实义务,应当采取措施避免自身利益与公司利益冲突,不得利用职权牟取不正当利益,执行职务应当为公司的最大利益尽到管理者通常应有的合理注意义务。公司的控股股东、实际控制人、董事、监事、高级管理人员不得利用其关联关系损害公司利益;违反前款规定,给公司造成损失的,应当承担赔偿责任。

当公司关联交易侵害公司利益、公司又怠于向侵权人行使救济权时,其他股东为保护公司利益和自身利益理应享有获得救济的权利。从股东权利的特点看,股东权包括事前对公司重大问题的集体决定权、对公司事后的受益权和监督权,但不包括代表公司行使日常经营的权利。因此,在大股东滥用权利的关联交易中,其他股东不属于关联交易行为中的任何一方。相对于控股股东,其他股东因为具有地位弱小的特点,赋予其对关联交易的救济权无须公司批准,依据股东自己的意思表示就能行使。

作为股东救济权的权利有以下几种:第一,变更权。股东有权根据自己的意思表示请求法院变更关联交易权利和义务的内容。第二,撤销权。股东有权根据自己的意思表示请求法院撤销关联交易。第三，无效确认权。股东有权依单方意思表示请求法院确认关联交易无效。不正当关联交易最本质的特征就是关联人与公司的实际控制人，包括董事、大股东、经理等共同谋划损害公司利益，使关联人获利。在性质上属于恶意串通，损害国家、集体或者第三人利益的合同。这种合同应当是绝对无效合同，不存在撤销和变更的问题。第四，代位权。当关联交易对公司造成重大损失，公司怠于向关联人行使请求权时，股东可依自己的意思代表公司向关联人行使请求权。第五，要求公司回购股权。根据《公司法》规定，当有限责任公司出现以下情况时，股东可以要求公司回购股权：(1)公司连续 5 年不向股东分配利润，而公司该 5 年连续盈利，并且符合本法规定的分配利润条件的；(2)公司合并、分立、转让主要财产的；(3)公司章程规定的营业期限届满或者章程规定的其他解散事由出现，股东会会议通过决议修改章程使公司存续的。要求公司回购股权是保底止损的手段，但实践中，出现关联交易损害中小股东利益的情况后，往往会要求通过其他诉讼处理纠纷。

现实案例

如何认定是否构成关联交易？

2021 年 8 月 31 日，最高人民法院就再审申请人(一审原告、二审上诉人)西安乙汽轮机有限公司与被申请人(一审被告、二审被上诉人)高某华、程某公司关联交易损害责任纠纷一案作出(2021)最高法民再 181 号民事判决书。最高人民法院认为：《公司法》保护合法有效的关联交易，并未禁止关联交易，合法有效关联交易的实质要件是交易对价公允。参照《公司法司法解释(五)》的精神，应当从交易的实质内容即合同约定、合同履行是否符合正常的商业交易规则以及交易价格是否合理等进行审查。第一，高某华、程某设立甲公司后，其利用关联交易关系和实际控制乙汽轮机公司经营管理的便利条件，主导乙汽轮机公司与甲公司签订若干采购合同。案涉诉讼双方均认可交易模式为甲公司在市场上采购加工定制产品后，转售给甲公司的唯一客户乙汽轮机公司。乙汽轮机公司提交的送货单能够证明生产加工单位可直接向乙汽轮机公司发货,进一步证明能够从市场上直接采购到生产所需的零部件。在这种交易模式中,乙汽轮机公司本可以在市场上采购相关产品,而通过甲公司采购产品则增设不必要的环节和增加了采购成本,由甲公司享有增设环节的利益。第二,黄某和仁友公司在本案中具有利害关系,仅凭其出具的两份《情况说明》无法认定本案存在大型汽轮机公司受对外协加工单位限制的情形,不足以证明高某华、程某所称设立甲公司是为了避开同业公司对外协厂家限制的主张。此外,在取消与甲公司关联交易后,乙汽轮机公司亦通过市场直接采购的方式购买了相关产品,高某华、程某未能对此作出合理解释。第三,高某华、程某亦未能进一步提供证据证明其主张降低乙汽轮机公司采购成本的抗辩事实成立。综上,乙汽轮机公司关于高某华、程某将本可以通过市场采购的方式购买相关产品转由向甲公司进行采购而增加购买成本,乙汽轮机公司所多付出的成本,损害了乙汽轮机公司权益的主张,有事实和法律依据。乙汽轮机公司关于案涉交易对价高于市场价且不具备公允性的上诉主张,最高人民法院予以采信。

商业实操建议

在关联人侵害行为发生后,除特殊情况下关联人承认侵害事实,自愿承担侵权责任的外,股东必须通过诉讼行使救济权。法律上赋予中小股东多种诉讼救济渠道,必要时可以及时向专业律师寻求帮助。

(1)诉请控股股东承担赔偿责任。根据新《公司法》第21条的规定,控股股东滥用股东权利给其他股东造成损失的,其他股东有权直接诉请控股股东承担赔偿责任。

(2)诉请确认公司决议无效。根据新《公司法》第25条的规定,公司股东会、董事会的决议内容违反法律、行政法规的无效。在最高人民法院审理的(2017)最高法民终416号案件中,最高人民法院明确认为,不能仅因涉及关联交易认定股东会决议当然无效;公司决议是否系股东滥用股东权利,以及是否损害公司或其他股东利益,需要依据《公司法》相关规定判定。因此,中小股东不能仅以决议涉及关联交易为由主张决议无效,而应着重证明控股股东滥用权利且损害了公司或其他股东利益。

(3)诉请撤销公司决议。根据新《公司法》第26条的规定:“公司股东会、董事会的会议召集程序、表决方式违反法律、行政法规或者公司章程,或者决议内容违反公司章程的,股东自决议作出之日起六十日内,可以请求人民法院撤销。但是,股东会、董事会的会议召集程序或者表决方式仅有轻微瑕疵,对决议未产生实质影响的除外。”例如,在北京市高级人民法院审理的(2021)京民再159号案件中,法院认为应对公司章程中关于限制股东关联交易的规定进行适当扩大解释,从而强化公司规范意识,保护公司中小股东的合法权益。因此,公司作出的涉及关联交易的股东会决议内容违反公司章程的规定,应当予以撤销。

(4)诉请公司回购股权。新《公司法》第89条新增了一种“股东回购请求权”的适用情形,即“公司的控股股东滥用股东权利,严重损害公司或者其他股东利益的,其他股东有权请求公司按照合理的价格收购其股权”。虽然该款规定也要求对滥权行为和损害事实进行举证,但是相较于原《公司法》规定的异议股东回购请求权的有限适用情形,新增股东回购请求权的行使条件更具概括性,即只要控股股东实施了滥权行为且损害公司或其他股东利益达到严重程度,其他股东便可要求公司回购,而滥权行为具体为何在所不问,不当关联交易自然也落入该条规定的保护范围内。

(5)提起股东代表诉讼。根据新《公司法》第189条的规定,董事、高级管理人员有违法执行公务的情形,有限责任公司的股东、股份有限公司连续180日以上单独或者合计持有公司1%以上股份的股东,可以书面请求监事会向人民法院提起诉讼;监事有前条规定的情形的,前述股东可以书面请求董事会向人民法院提起诉讼。从司法实践的情况看,股东代表诉讼应是最为常规的中小股东维权途径。中小股东可以直接依据《公司法司法解释(五)》第1条第2款和第2条的规定,提起股东代表诉讼,请求撤销关联交易合同或确认合同无效。值得注意的是,在(2021)最高法民终656号案中,最高人民法院对《公司法司法解释(五)》第2条的适用进行了扩大解释,允许股东通过代表诉讼请求解除关联交易合同。

14. 大股东控制的公司欠巨额债务,没参与经营的小股东要承担责任吗?

股东没参与公司经营对于公司债务也应承担责任。但是,以认缴的出资额或认购的股份为限承担责任。如果公司涉嫌违法犯罪,股东不知情且未参与的,一般不承担刑事责任。

《公司法》赋予公司法人独立人格,表现在公司和股东的关系上:公司有独立的法人财产,以其全部财产对公司的债务承担责任。公司的注册资本是经依法登记,全体股东认缴的出资额。公司成立后,股东不得抽逃出资。股东以其认缴的出资额为限对公司承担责任。公司产生的盈利,使公司的资产总额逐渐增多,此时资产均为公司所有,未经法定程序,不能分配给股东。公司产生的债务,由公司独立偿还,公司以全部资产偿还公司债务,无特殊情况,股东不承担连带责任。

是否参与经营不构成理由,即使是没参与经营的小股东,根据《公司法》等的规定,因出资问题、违法清算、担保问题导致的债务承担也不可避免。股东未履行或未全面履行出资义务,需在未出资本息范围内,对公司不能清偿的债务,承担补充赔偿责任。股东抽逃出资,需在抽逃出资范围内,对公司不能清偿的债务,承担补充赔偿责任。此外,因违法清算导致的债务承担,例如,未在法定期限内成立清算组,给债权人造成损失的,股东在损失范围内承担赔偿责任;股东怠于履行清算义务,导致无法清算的,需对公司债务承担连带清偿责任。公司解散后,股东恶意处置财产给债权人造成损失,其对公司债务承担相应赔偿责任。比较常见的是因担保保证导致的债务承担:公司举债过程中,股东以个人名义承诺对公司债务承担担保责任的,在公司违约中承担相应的担保责任。

现实案例

控股股东作为清算义务人怠于履行清算义务时，是否应承担连带清偿责任？

福建省厦门市思明区人民法院审理的(2008)思民初字第6153号“某贸易公司侵权纠纷案”中，当控股股东作为清算义务人怠于履行清算义务时，法院判令控股股东对公司拖欠的债务承担连带清偿责任。法院认为：商贸公司对实业公司享有合法债权。控股股东苏某对实业公司负有清算义务，但一直没有实质性开展清算工作。当控股股东作为清算义务人怠于履行清算义务时，人民法院应根据公平和诚信原则，综合双方的举证能力、证明距离等因素，采取举证责任部分倒置的原则，推定控股股东怠于履行义务导致公司据以清算的财产、账册、重要文件等灭失，无法对公司的债权债务进行正常的清理，造成债权人的债权无法得以清偿，从而判令控股股东对公司拖欠的债务承担连带清偿责任。

商业实操建议

作为股东就要有参与经营管理的觉悟，无论是否参与经营都要承担同样的股东义务，参与经营管理相对来说更能够熟悉公司情况，从而减少自身风险。

15. 新《公司法》的修订赋予了小股东哪些对抗控股股东的权利？

在股份有限公司股权结构中，中小股东在数量上占了绝对优势，可是由于其地位较弱,中小股东基本没有什么话语权,其利益受到公司控股股东损害的事情时有发生。

新《公司法》规定:“公司股东对公司依法享有资产收益、参与重大决策和选择管理者等权利。”这是新《公司法》对股东权利保护的一般原则性规定。此外,新《公司法》还规定了若干具体的股东权利,包括:(1)出席或委托代理人出席股东会会议行使表决权;(2)依法转让股份或股权的权利;(3)股东的知情权;(4)建议和质询权;(5)股利分配权;(6)剩余财产分配权;(7)提议召开临时股东会会议的权利。新《公司法》对于小股东权益保护,还特别作出倾斜保护的规定,具体体现在:

一是根据新《公司法》第 89 条的规定,控股股东滥用股东权利,严重损害公司或者其他股东利益的,其他股东有权请求公司按照合理的价格收购其股权。在大股东控股且损害公司利益的情况下,中小股东为了保护自己的权益,可以通过要求公司收购其股权的方式,退出公司治理,从而打破僵局。

二是根据新《公司法》第 110 条的规定,股东有权查阅、复制公司章程、股东名册、股东会会议记录、董事会会议决议、监事会会议决议、财务会计报告,对公司的经营提出建议或者质询。该条规定是对股东知情权特别是对中小股东知情权的保护。在大股东控股的治理模式之下,很多决定权并不在中小股东,且中小股东若不实际参与公司经营管理很难接触到这一决议形成的各类文件,该条规定从法律的角度明确保障了中小股东的权益。

三是根据新《公司法》第 115 条的规定,单独或者合计持有公司 1%以上股份的股东,可以在股东会会议召开 10 日前提出临时提案并书面提交董事会。该条规定将股东临时提案资格线从 3%降低到 1%,并且规定公司不得提高临时提案股东的持股比例,有利于倾斜保护中小股东的权益。

四是根据新《公司法》第 219 条、第 224 条的规定,公司与其持股 90%以上的公司合并,被合并的公司不需经股东会决议,但应当通知其他股东,其他股东有权请求公司按照合理的价格收购其股权或者股份。公司减少注册资本,应当按照股东出资或者持有股份的比例相应减少出资额或者股份,法律另有规定、有限责任公司全体股东另有约定或者股份有限公司章程另有规定的除外。这一规定的目的在于对大小股东权利的平等保护，并注重保护中小股东要求公司以合理价格回购股份退出公司的权利，保护中小股东的经济利益。

现实案例

限制股东知情权的合理边界

无论是新法还是旧法都对股东行使知情权有一定的限制，即要求股东说明目的。然而，在公司治理的实践中，股东经营公司同类业务或者在其他同类业务公司中担任董事或高级管理人员的情形非常普遍。如果仅仅因为上述情形就认定股东存在不正当目的，拒绝股东行使知情权，再加上大股东可“资本多数决”的这一优势，中小股东利益的保护就越发艰难。例如，原告设立某科技有限公司，根据企业登记的经营范围，其与被告某建筑科技有限公司近似，但某科技有限公司的经营地域在上海，被告某建筑科技有限公司的经营地域在厦门。同时，被告也未提供证据证明两家公司在客户、项目招投标等方面存在竞争关系，而只是单纯地依靠企业登记的经营范围来认为原告有不正当目的而拒绝其行使股东知情权，明显缺乏说服力。不能简单以股东经营公司同类业务，或者在其他同类业务公司中担任董事或高级管理人员，就认定股东存在不正当目的而拒绝股东行使知情权，而应判定是否形成实质的竞争关系。

商业实操建议

（1）就中小股东而言，要时刻关注公司治理的情况，确保自己能够充分行使自己的股东权利，一旦发现有股东违法作出股东会决议并侵犯其合法权益时，及时取证并通过法律手段解决问题。

（2）为避免日后因程序瑕疵影响决议效力，建议严格遵守程序要求。在会议召集和主持、会议时间通知、议题确定等方面需严格遵循相关法律及本公司章程的有关规定。同时决议的内容应当严格限制在相关法律及公司章程赋予内部的组织机构的职权范围内,公司的组织机构不得任意扩大职权范围,不得越界行使职权,公司监察机构也需要积极发挥监督作用。

16. 企业注册资本越多越好吗?

注册资本并非越多越好。注册出资额应当匹配股东的资金能力和可预期资金能力。股东如果盲目认缴巨额资本,超出股东经济实力,只会加大股东的责任和压力,影响公司的公信度和竞争力。

我国《公司法》与其他国家一致,遵循资本确定原则,又称为资本法定原则。要求企业设立时必须在章程中对注册资本的数额进行明确,并由企业股东全部认缴。资本确定,是为保证企业注册资本的真实性,保障企业债权人和交易相对人的交易安全。以有限责任公司为例,股东以出资额为限对外承担有限责任,如果注册资本没有在公司章程中确定,股东出资额也就无法确定,其有限责任也就无从谈起,有限责任公司也就失去了存在的基础。

同样是在资本确定原则下,还有认缴登记制和实缴登记制的区分。历史上,我国曾实行企业注册资本实缴登记制。2013 年《公司法》修订开始,我国以认缴登记制取代了实缴登记制,由股东在企业章程中自行约定出资额、出资方式、出资期限等。企业注册资本认缴登记制的实行,是为了在企业设立的时候少占用企业资金,提高资金的运作效率,减少企业登记的行政审批程序和审批成本,提高全民创业热情。但不少人对认缴登记制存在认识误区,认为既然是认缴,那就将注册资本定得越高越好,将认缴时间定得越长越好。2023 年,新《公司法》修订在认缴制和实缴制中间进行了平衡,实际规定了"限期实缴制"。第 47 条规定:"有限责任公司的注册资本为在公司登记机关登记的全体股东认缴的出资额。全体股东认缴的出资额由股东按照公司章程的规定自公司成立之日起五年内缴足。法律、行政法规以及国务院决定对有限责任公司注册资本实缴、注册资本最低限额、股东出资期限另有规定的,从其规定。”

商业实操建议

企业股东需要避免以下误区:

(1)认缴≠只认不缴

股东认缴期限届满时,股东应足额缴纳认缴的出资额。虽然公司股东认缴从理论上不受时间的限制,定100年甚至更长也可以。但认缴期限的设定应当在合理范围内,以提高公司的公信力,使交易相对方产生信任。

(2)认缴≠认缴越多越好

如果为使人产生公司资本雄厚的“信任感”,认缴的金额是不是越多越好?答案是否定的。认缴制只是缴纳时间延后,注册资本过高也会给股东带来较大的风险。尤其当公司资产不足以清偿公司债务时,股东有义务按照承诺的注册资本清偿剩余债务。

17. 新《公司法》下,股东可以更改或延长出资期限吗?

原则上可以通过修改公司章程来延长出资期限,但是有限定条件。

判断延迟股东出资期限的股东会决议是否有效,关键在于辨明延迟出资期限的根本目的以及实施相应行为的时间。在不存在滥用股东权利、损害公司或其他股东利益的前提下,出于对公司经营现状、股东经济实力等情况的考量,在股东出资期限届至前,通过股东会作出合法有效的决议延迟出资期限一般并无不妥。但如果延迟出资的决议于相应债务产生之后作出,可能会被认为存在逃避公司债务、侵害债权人的合法权益等主观恶意的情况下，即便延迟出资的股东会决议已作出且办理了相应变更手续，也不能以此为由对债权人进行抗辩。

需要注意的是，因为认缴资本及出资期限是通过公司章程来规定的，所以如果要进行变更，那么就需要修改章程；修改章程的话，就需要通过召开股东会议，并须经代表2/3以上表决权的股东通过才可以变更。新《公司法》下，尽管仍然实行注册资本认缴制，但明确规定了全体股东认缴的出资额由股东按照公司章程的规定，自公司成立之日起5年内缴足。即使公司章程能够进行修改，更改延长出资期限，但是必须在法定框架内也就是公司成立之日起5年内缴足出资。

现实案例

上海市第二中级人民法院审理的（2019）沪02民终10503号“王某杰与上海力澄投资管理有限公司、郭某星等民间借贷纠纷案”中明确，在注册资本认缴制下，公司债务产生后，公司以股东（大）会决议或其他方式延长股东出资期限的，债权人以公司不能清偿到期债务为由，请求未届修改后出资期限的股东，在未出资范围内对公司不能清偿的债务承担补充赔偿责任的，人民法院应予支持。

商业实操建议

尽管法律层面可以，但是商业实操方面，建议不要随意延长股东的出资期限。变更延长原来承诺的出资义务将导致巨大的经营风险和不利后果，不仅会给公司带来财务和法律压力，还会损害公司的声誉和公信力，甚至带来和债权人的诉讼纠纷。建议股东做好财务管理，尽量按计划履行出资义务，按时足额缴纳出资款项，以确保公司的稳定发展和良好运营。

18. 新《公司法》下，股东可以被要求提前缴纳出资吗?

原则上讲，注册资本认缴制下，股东享有期限利益，不可以被随意要求提前缴纳出资，但法定情况下，股东可以被依程序要求提前缴纳出资。

在注册资本认缴制下，股东资格的取得并不以出资期限届满、认缴出资已经部分或全部实缴为前提。关于出资期限，可以由股东之间自由约定，只要不超过5年缴足出资的法定期限皆可，并应形成于章程之中通过企业法人登记向外公示。所谓股东出资享有的期限利益，是指在出资期限届满前，股东可以期限未届满为由拒不履行出资义务，公司不能以此为由追究股东的出资责任。对外部债权人来说，债权人一般也不能以公司不能清偿到期债务为由，要求股东承担补充赔偿责任。

但是，股东出资期限利益并不是绝对的，符合下列情形的可以认为股东出资期限利益加速到期，可以要求股东提前缴纳出资：(1)公司作为被执行人的案件，人民法院穷尽执行措施仍无财产可供执行，已具备破产原因，但不申请破产的；(2)在公司债务产生后，公司股东会决议或以其他方式延长股东出资期限的。人民法院已受理破产申请的，公司股东未到出资期限的认缴出资加速到期，应予缴纳。公司解散时，股东分期缴纳尚未届满缴纳期限的出资加速到期，作为清算财产。

现实案例

四川省成都市中级人民法院审理的(2020)川01民终3606号案件中：在注册资本认缴制下，股东依法享有期限利益，未经全体股东同意时一般不应轻易修改出资期限。但当公司的经营状况发生变化时，公司可以根据实际情况予以判断，对章程进行修改，要求股东提前履行出资义务。从认缴制的立法用意和实现公司利益最大化的目的出发，应当以股东如果不提前出资是否损害公司利益、加速出资决议是否经过合法程序为基本判断原则。

商业实操建议

(1)尽管司法审判实践中仍有分歧，但建议商业实操层面上，应将股东出资期限是否提前视为公司自治问题。股东会有权根据公司实际经营需要，通过股东会以“资本多数决”甚至一致通过的方式变更出资期限，要求股东提前出资。但是公司应有真实的资金需求，经过正常合法的内部程序，设置合理的出资期限，且不得损害小股东利益。

(2)认缴制下股东的认缴期限，仅是股东对公司最晚的出资承诺。股东无法在设立公司之初就精准预判后续需要资金的时间节点，故而该最晚出资期限可以根据公司的实际需求进行调整，以确保公司的良性经营。这才能发挥认缴制的制度优势，保障资金的灵活性。但是，大股东不可以借此随意要求加速出资，用以压迫小股东，损害小股东利益。

(3)注册资本认缴制改为“限期实缴”后，会涉及此前早已成立的存量公司。依据新法规定，2024 年 7 月 1 日前已登记设立的公司，出资期限超过 5 年期限的，除法律、行政法规或者国务院另有规定外，应当逐步调整至法定 5 年期限以内；对于出资期限、出资额明显异常的，公司登记机关可以依法要求其及时调整。具体实施办法由国务院规定。

19. 认缴期限届满前转让股权的，原股东是否还需要对公司债务承担责任？

视情况而定。

根据新《公司法》第 49 条第 1 款“股东应当按期足额缴纳公司章程规定

的各自所认缴的出资额”的规定，在认缴期限届满前，股东享有期限利益。一般认为，股东在认缴期限内未缴纳或未全部缴纳出资的，不属于未履行或未完全履行出资义务。债权人不得主张该股东对公司债务承担责任。即使股权转让的，也不得主张该股东（转让股东）继续对公司债务承担责任。在认缴期限届满前转让股权的股东，无须在未出资本息范围内对公司不能清偿的债务承担连带责任。但是，若股东滥用期限利益损害公司权益及公司债权人利益的，如转让股权以逃避出资义务的恶意，或在注册资本不高的情况下零实缴出资并设定超长认缴期，应认定该股东出资期限加速到期，即使认缴期限未届满而未实缴出资的，也构成“未履行或未完全履行出资义务”，该股东需要对公司债务在未出资本息范围内承担补充赔偿责任。若该股东已转让股权的，也应当继续对公司债务承担责任。

对于认缴期限届满前转让股权情况下的债务承担问题，新《公司法》第88条作出明确规定：“股东转让已认缴出资但未届出资期限的股权的，由受让人承担缴纳该出资的义务；受让人未按期足额缴纳出资的，转让人对受让人未按期缴纳的出资承担补充责任。未按照公司章程规定的出资日期缴纳出资或者作为出资的非货币财产的实际价额显著低于所认缴的出资额的股东转让股权的，转让人与受让人在出资不足的范围内承担连带责任；受让人不知道且不应当知道存在上述情形的，由转让人承担责任。”

现实案例

在最高人民法院审理的（2021）最高法民申6421号案件中，2007年6月29日，益业能源公司的股权结构为：中化工程公司认缴出资额9000万元，占比30%，实缴0元；其全部出资应在2008年9月30日前缴付。2008年3月25日，中化工程公司将9000万元认缴出资额全部转让给益业投资公司。2007年，德厚公司与益业能源公司签订合同。2018年9月27日，陕西省高级人民法院就该合同纠纷作出（2018）陕民终397号民事判决书，判决益业能源公司向德厚公司支付停工损失、工程款及利息共计约763万元。榆林中院在执行上述判决过程中，德厚公司向榆林中院申请追加中化工程公司、益业投资公司等为被执行人，榆林中院作出裁定同意追加。中化工程公司不服该裁定，提起诉讼，引发本案。

经最高人民法院审理认为，德厚公司关于原判决认定的基本事实缺乏证据证明、适用法律确有错误的申请再审理由不能成立，裁定驳回榆林市德厚矿业建设有限公司的再审申请。

商业实操建议

建议受让股东（新股东）在股权转让过程中及时核查转让方是否已经完成了实缴出资义务，同步核查公司的财务账簿和银行流水记录，确保股东出资实缴到位。

20. 能否以债权作为对新设公司的出资？

符合条件的债权可以作为对新设公司的出资。

债权是否可以当作新设公司的出资，我国法律并没有做出明确的规定。根据我国《公司法》的规定，股东可以用货币出资，也可以用实物、知识产权、土地使用权等可以用货币估价并可以依法转让的非货币财产作价出资；但是，法律、行政法规规定不得作为出资的财产除外。尽管债权也可以灵活解释在“等”之中，但以前通常认为法定资本制度下，要求用作出资的财产必须是货币或者实物。在公司设立阶段，债权因其不确定性普遍被认为是不能作为出资的；但是在公司增资阶段，债权作为出资方式是被认可的，“债转股”的实践广泛存在。随着债的标准化、规范化发展，债权登记、流转、评估等环节越发成熟，债的非货币财产属性得到市场更广泛的认同，在《公司法》具有解释空间的情况下，《市场主体登记管理条例实施细则》进一步明确规定：依法以境内公司股权或者债权出资的，应当权属清楚、权能完整，依法可以评估、转让，符合公司章程规定。新《公司法》与时俱进，第48条中也明确规定了“债权”可以作为出资方式。

现实案例

根据吉林省高级人民法院作出的(2020)吉民申694号民事判决书，李某材(债权人)认为吉洋公司(标的公司)的股东，即建设国有资产公司(股东1)和正达房地产有限公司(股东2)出资不实，要求前述两股东承担补充清偿责任。法院认为本案焦点为，建设国有资产公司和正达房地产有限公司以其对长春市人大办公厅(第三人1)和长春市工业管理干部学校(第三人2)的债权出资是否符合法律规定。法院经审理后认为，法律并未限制股东以债权出资，并且债权具有实际价值，根据长春市人大办公厅2011年5月18日出具的《证明》和吉洋公司2011年1月30日出具的《情况说明》及相关转账票据，涉案的债权出资已经由长春市人大办公厅和长春市工业管理干部学校分别偿还到位，视为股东的实缴义务已经履行完毕，未支持李某材的诉讼请求。

商业实操建议

(1)法律法规层面要求股权和债权要区分清楚、不能混同。例如，用少量的资金注册公司，然后用其他大量资金以借款方式投入公司。股东对其设立的公司除了享有一定的股权利益外，还享有巨额的债权利益。股东作为内部债权人，往往容易侵害其他外部债权人的受偿权益。对于公司股东的内部借款应当控制在合理范围内，法律法规层面也倾向于从严核查其必要性、合理性。

(2)如何认定债权的真实、合法、有效且投资者已经履行出资义务?实践中，一般建议投资者提前聘请审计机构和律师事务所对拟收购的债权进行审计、出具法律意见，并依据审计报告和法律意见书的结论认定债权的真实、合法、有效;在出资后，由标的公司出具确认收到出资证明文件，以此证明投资者已经履行出资义务，但仍不排除后续可能的公司债务纠纷。

21. 已履行实物出资义务的股东，还需要对公司债务承担责任吗？

不需要。

公司股东已经履行实物出资义务，或者其出资价值总额已超过其承诺的实物出资，该股东就不需要对公司债务承担补充或连带赔偿责任了。

现实案例

在最高人民法院审理的（2010）民二终字第77号案件中：2001年1月，某化工公司增加了注册资本，由原1500万元变更为1.25亿元，并办理了工商变更登记。其中邢某投入价值2712.5万元的实物出资，包括评估值为1543.5224万元的房产。该房产已实际交付某化工公司使用，但因该房产未取得产权证明书等合法手续，致使其无法过户到某化工公司名下。根据某化工公司于2000年12月15日形成的《公司章程修正案》《股东会议纪要》等记载，邢某虽以实物出资，但并未明确该"实物"财产的具体类别。并且，大庆中行发放本案6500万元贷款时，借款人某化工公司的注册资本为1.25亿元，没有证据证明其是基于对邢某出资中评估价值仅为1543.5224万元房产的信赖而发放的该笔贷款。而根据工商部门登记的某化工公司的《企业动产抵押登记档案》中的记载，大庆中行同样可查询到邢某于2001年将其购买的价值1650万元的拉丝机、蒸汽锅炉投入某化工公司供其使用，并作为某化工公司所有的财产抵押给了农行大庆分行等相关事实，从而使其相信某化工公司的财产除1.25亿元注册资本外，还有这部分价值1650万元的机器设备。因此，邢某承诺出资的房产虽未完成过户手续，但并不影响大庆中行发放贷款时对某化工公司的资信能力所作出的实质性判断，对其决策亦不构成外观上的误导和欺诈。邢某购买上述1650万元机器设备的凭证虽不是正式发票，但其购买机器设备时生产厂家出具的收据，以及此前用于抵押登记并由工商机关提供的《企业动产抵押登记档案》等证据，足以证明其购买行为及作为出资投入某化工公司的事实是真实的，对此，债权人在一审期间亦明确表示认可。故二审法院对邢某以价值 1650 万元的机器设备作为出资已投入银兴公司的事实予以确认。综上，邢某向银兴公司实际投入的资产已超过其在《章程修正案》《股东会议纪要》等文件中承诺的 2712.5 万元，不存在其向银兴公司出资不足的事实。

股东以房产和机器设备等实物出资，价值总额已经超过其承诺的实物出资价值，且已实际交付公司使用，即使未办理过户手续，亦可认定其已经履行了实物出资义务，债权人以该股东出资不足为由，向其主张债权的，不予支持。

商业实操建议

实物出资的货币价值必须经过专业的资产评估，依据客观、真实、全面的评估资料，选择科学合理的评估方法和专业评估机构，才能经得住后面可能会有的法院审查。

22. 知识产权等非货币出资被高估的股东，需要承担哪些责任？

知识产权等非货币出资被高估的股东，可能被认定未依法全面履行出资义务，从而被要求履行补足出资义务或对债权人承担补充赔偿责任。

根据《公司法》等法律规定，股东可以用货币出资，也可以用实物、知识产权、土地使用权、股权、债权等可以用货币估价并可以依法转让的非货币财产作价出资。对作为出资的非货币财产应当评估作价，核实财产，不得高估或者低估作价。当出资的非货币财产的实际价额“显著低于”公司章程所定价额时，即可认定股东未如实缴付出资，股东应当承担补足出资的责任。

需说明的是,出资人以符合法定条件的非货币财产出资后,因市场变化或者其他客观因素导致出资财产贬值,非货币资产本身价值的降低应被认为是合理的,不应认定为出资不实。

现实案例

《从诉讼纠纷案例看知识产权出资入股科创企业的风险》一文给出 3 个相关案例,比如“青海威德生物公司诉北京威德生物公司等增资纠纷上诉案”中,北京威德公司以评估作价 1300 万元的“一种以菊芋或菊苣为原料制造菊粉的新方法”发明专利及“红菊芋”注册商标无形资产对青海威德公司出资,后来该商标和专利均被无效,青海威德公司遂提起诉讼,请求判令北京威德公司向青海威德公司补充缴纳出资 1300 万元,并赔偿自 2010 年 4 月 9 日至实际给付之日按同期贷款基准利率计算的经营利益损失。该案因原告未能提交证据证明股东出资时存在恶意,双方亦无知识产权出资后如被无效需补充出资的额外约定,根据《公司法司法解释(三)》的规定,“出资人以符合法定条件的非货币财产出资后,因市场变化或者其他客观因素导致出资财产贬值,该出资人不承担补足出资责任,除非当事人另有约定”。北京威德公司作为股东免除了承担补足出资的责任。

商业实操建议

(1)并不是所有的知识产权都能作为公司的资本,可用于出资的非货币资产需满足两个条件:一是可以用货币估价,二是可以依法转让。股东以非货币财产出资的,如果条件允许,建议务必进行评估作价,以避免出现非货币财产价值显著低于公司所定价额的情形发生。因为公司和外部债权人随时都可能主张权利,出资不足是股东无法回避的问题,即使公司初期阶段资金十分紧张的情况下,建议还是要对非货币财产价值进行专业评估。

（2）知识产权的出资包括所有权的出资和使用权的出资。知识产权的使用权出资是以一定期限内的知识产权使用费作为出资，其作价金额与所有权的出资有所差别，也是一种可实行的出资方式。

23. 出资来源是否影响出资人作为公司设立人及股东的事实？

出资资金来源非法不影响公司设立的事实，但相应出资后获得的股东资格有可能会被剥夺。

出资人出资资金来源非法，是否影响出资人的初始股东资格？进而是否影响出资人享有股东权利？这个问题争议很大，王晓华律师分析了最高人民法院两个案例，认为其经历了一个从否定到肯定的过程。从实务案例来看，最高人民法院的最新司法观点认为：出资人出资资金来源非法，不影响出资人的初始股东资格，出资人可基于股东身份而享有参与公司分红、行使优先购买权等诸多股东权利。

尽管出资来源非法也不影响出资人作为公司设立人及股东的事实，但用于公司注册的出资资金如因来源非法被追缴，则视为股东未实际出资。对于以违法犯罪所得的资金进行出资的行为，司法机关应当追究、处罚，并有权以拍卖或者变卖的方式处置股权，追缴出资人已经取得的股权，并剥夺其股东资格。

现实案例

姜某松等与李某柱、肖某股权转让纠纷申请再审民事裁定书

在最高人民法院审理的（2014）民申字第1702号案件中，二审判决确认

了江苏省宝应县人民检察院作出的宝检诉刑不诉(2009)2号不起诉决定书的真实性,根据该决定书认定的事实,李某柱系以非法挪用的资金进行出资,故该节争议事实已经查明,姜某松认为原判决基本事实缺乏证据证明的申请再审理由不能成立。关于以违法犯罪所得的资金出资是否导致出资无效的问题,由于货币是种类物,货币占有人推定为货币所有人,因此货币出资投入公司后,公司作为善意相对人即对该笔货币出资享有所有权,出资相应转化为公司的独立财产,故出资资金来源非法并不影响出资行为的有效性,亦不影响出资人据此取得的初始股东资格。对于以违法犯罪所得的资金进行出资的行为,司法机关应当追究、处罚该违法犯罪行为,并有权以拍卖或者变卖的方式处置股权,即追缴出资人已经取得的股权,剥夺其股东资格。本案中,根据江苏省宝应县人民检察院不起诉决定书认定的事实和处理结果,因李某柱具有犯罪情节轻微、案发后已退还全部赃款等情节,决定对李某柱不起诉,故司法机关最终并未对李某柱利用涉案资金取得的股权予以处置及追缴。因此,李某柱仍然具有合法的股东资格,并基于股东身份而享有股东优先购买权。姜某松关于李某柱因股东资格无效而不享有优先购买权的申请再审理由不能成立,本院不予支持。

商业实操建议

司法实践中对于“出资人出资来源非法,是否影响其股东资格”问题的审判态度有了明显的转变,即从之前的“否定股东资格”到现在倾向于认同,即出资人出资来源非法,不影响出资人取得股东资格,对于维护公司和市场交易秩序稳定具有积极意义。

24. 如何确认公司股东已经完成出资义务呢?

根据新《公司法》第49条的规定,股东应当按期足额缴纳公司章程规定的各自所认缴的出资额。股东以货币出资的，应当将货币出资足额存入有限责任公司在银行开设的账户；以非货币财产出资的，应当依法办理其财产权的转移手续。根据《公司法司法解释（三）》的规定，出资人以其他公司股权出资，符合下列条件的，人民法院应当认定出资人已履行出资义务：（1）出资的股权由出资人合法持有并依法可以转让；（2）出资的股权无权利瑕疵或者权利负担；（3）出资人已履行关于股权转让的法定手续；（4）出资的股权已依法进行了价值评估。

通常，股东可通过以下途径证明已履行出资义务：（1）出资证明书。出资证明书由有限责任公司签发给股东，内容包括股东姓名或名称、出资额及出资日期，是证明投资人依法履行缴付出资义务的法律文件。（2）验资报告。验资，是指注册会计师依法接受委托，对被审验单位注册资本的实收情况或注册资本及实收资本的变更情况进行审验，并出具验资报告。验资报告具有法定证明力，供被审验单位申请设立登记或变更登记及据以向出资者签发出资证明时使用。（3）公司财务报表。公司的财务报表中，资产负债表、所有者权益、实收资本的内容，也能反映股东实缴出资的情况。（4）银行进账单。股东出资汇款时，可在附言中注明该款项的性质为“投资款”“出资”，证明已实际出资。（5）注册资本完税证明。股东实缴资本的，作为实收资本的立账簿人需要缴纳印花税。有限责任公司股东实际缴纳出资的，公司需按实缴资本金额，缴纳万分之五的印花税，税务机关出具相应的完税证明。

现实案例

认缴资本制下，股东的出资义务应以实际约定为准

股东在公司成立后的后续资本认缴期内，虽未办理注资验资手续，但有证据足以证明股东对公司经营的实际资金投入已超过认缴资本额且未抽回资本的，可认定股东完成了对公司认缴出资义务。

上海市宝山区人民法院审理的（2018）沪 0113 民初 11236 号案件中，2012 年，李某租赁工程公司房屋用于商业经营。2013 年，李某以该承租房屋

为住所地，注册成立实业公司，注册资本200万元，李某及其妻胡某作为股东首期出资各20万元。2017年，生效判决判令解除承租合同，由实业公司支付工程公司拖欠租金。因实业公司无财产可执行，工程公司以胡某未缴纳第二期认缴出资额80万元为由，申请追加胡某为被执行人。胡某举证证明其在实业公司成立后，与李某共同实际投入1000万余元用于经营，称其不应再承担赔偿责任。

法院认为：(1)衡量股东对公司是否完成出资，既要看工商登记资料中是否有股东出资的验资记录，亦要结合公司成立后股东对公司实际投资情况来判断。在本案房屋租赁纠纷诉讼中，法院已委托评估机构对租赁场地可移动物品和固定装饰装修分别进行了评估，仅此两项评估原值相加即有1899万余元，现值相加亦有1235万余元。实业公司租赁场地即为该公司工商注册地，可见，实业公司股东对该场地装修等投入，系为公司经费所需，可视为对实业公司投资。至于该装修投入是否经过出租人同意，并不影响股东为公司经营而对公司投资的性质。(2)注册资金非闲置资金，即使完成了注资验资手续并经工商备案，之后该注册资金仍可用于公司各项经营开支；股东如直接出资用于公司各项经营开支(事后又不再收回该出资)，则与股东注资验资后再提取该资金用于公司开支，两者并无实质差异。况且，我国《公司法》自2014年修订后，已不再要求股东对公司出资必须办理验资登记手续，如股东有证据证明其对公司实际资金投入已超过认缴出资额，亦可认定股东完成了对公司的出资义务。本案中，胡某与李某对实业公司经营场地大量装修投入难以再抽回，从评估结论来看，装修投入已远超两股东认缴的出资额，且鉴于李某与胡某在设立公司、投入装修时系夫妻，故可推定公司装修投入一半系胡某投入，即可认定胡某对公司实际投资额已超过其认缴出资额。判决不得追加胡某为本案被执行人。

商业实操建议

股东出资的真实意愿、实质行为效力大过工商登记。法院认为股东是否履行了出资义务，应以认缴的货币是否存入公司账户或非货币是否办理权属转移手续为标准，并不以工商行政部门的备案为准进行确定。由此可见，在形式要件中，最高人民法院亦认为工商登记记载仅为辅助要件，若证明股东在转账时具有明确的出资意思，即使未进行工商登记，也会被倾向认定为出资行为。

25. 股东出资有瑕疵该如何处理？

股东出资瑕疵，是指股东的出资时间、方式或行为，存在不完全符合法律或企业章程规定的行为。针对股东出资瑕疵，应按问题类型分别处理。股东出资瑕疵主要包括如下类型：(1)出资不足。股东未按协议或企业章程的规定，履行全部出资义务。例如，股东在协议中认缴企业注册资本为80万元，但实际出资只有40万元，则尚未实际出资的40万元属于不足额出资。(2)不适当出资。股东未按协议或企业章程规定，履行全部出资义务，或出资时间、手续、方式不符合法律规定的登记行为等。例如，企业成立后，按照协议应以实物、知识产权、土地使用权作价出资的股东，未完全办理财产权的转移手续，即可视为不适当出资。(3)虚假出资。股东形式上出资，但实际并不出资。例如，股东采取与验资机构串通的方式，提交虚假验资报告等。(4)抽逃出资。股东对本已投资归企业所有的财产，私自抽回归个人所有。例如，某股东以货币形式向某企业出资70万元，不久后又从企业账户中抽出70万元到个人账户进行消费。

企业经营中产生股东出资瑕疵问题，并非个别现象，也不一定会对企业的发展构成实质性破坏，关键要看股东是否能以正确方式加以彻底解决。对一般类型的股东出资瑕疵问题，主要解决方法如下：(1)补足出资。无论发现何种出资瑕疵，涉事股东应首先确保出资能真实到位，使注册资本充足。股东补足出资的方式有：一是采用货币资金直接补足，例如，股东拿出现金补足,或利用企业分红形式在解决税务问题后补足;二是以固定资产、无形资产等形式补足;三是利用债权形式补足。无论何种形式补足,最基础的做法是“缺多少补多少”。如果企业选择更科学的补足标准,还应由财会人员根据近期财务报表每股净资产折算出具体金额加以补足,剩余部分则计入资本公积中。(2)减资或置换。股东利用土地、房产、股权、车辆或任何产权作为企业出资而后发现存在瑕疵,应通过减资手续,将有瑕疵的出资从企业注册资本中加以剥离。也可以由原股东以等额的货币资金,对瑕疵资产加以置换。也可将瑕疵资产作价换取等额货币资金,以置换方式作为补齐出资。需要注意的是,瑕疵资产的转让或置换,均不能比原出资价值更低,以避免再次被认定为出资不足。

现实案例

股东向公司借款作为注册资金的,应当认定为虚假出资吗?

在“中艺进出口实业公司申请执行北京周氏贸易有限公司案件”中,2002 年,实业公司申请执行贸易公司过程中,提出在贸易公司 1997 年增资时,大股东周某由 30 万元增至 300 万元中的 175 万元,系实业公司付给贸易公司的货款,贸易公司以借款形式作为周某投资,列入所有者权益项下的资本公积金项目,再通过资本公积金转增股份方式进行增资。实业公司据此认为周某虚假出资,应在 175 万元范围内承担连带责任,获得了法院支持。法院认为,虽然真实有效的借款可以作为设立公司的出资财产,但是本案股东向公司借款手续不完备,无资金实际交付,借款股东也未办理资金转移手续,而是公司将股东所借资金在公司银行账户之间内部转账,此种行为应认定为虚假出资。

商业实操建议

股东在出资时应当注意完成相应的配套程序。例如,要求在公司章程、公司财务账册、审计报告中体现关于出资的确认,避免发生纠纷。随着

2019年《九民纪要》的发布,"股东出资"认定标准逐渐明晰。相对来说,债权人在举证中往往处于优势地位,根据《公司法司法解释(三)》的规定,原告提供对股东履行出资义务产生合理怀疑的证据后,被告股东应当就其已履行出资义务承担举证责任。原告的举证一般可以从债务人公司的章程、企业信用信息公示系统中的出资信息、公司年报着手,举证难度相对较小。而对于被告股东,要想证明自己已经实缴出资,往往需要提供银行转账凭证、公司财务账册、审计报告、出资证明等材料。若公司财务制度并不十分健全,股东将很难完成举证。这就要求股东在出资时应当注意完成相应的配套程序,向公司账户转入认缴份额时,应在转入资金时作出体现出资的意思表示,同时及时进行实缴资本的工商登记。为了尽量减少和避免出资瑕疵,新《公司法》第51条、第52条也规定了董事会的核查与催缴义务,以及宽限期后的股东失权制度。

26. 股东存在出资瑕疵,还能参与公司红利分配吗?

公司股东享有公司盈余分配的权利,股东身份得到确认后,就能相应参与公司红利分配。但在资本认缴制前提下,是否实缴出资对于公司盈余分配具有重要影响,没有实缴出资往往会影响到公司盈余分配权的实现。

根据新《公司法》的规定,公司弥补亏损和提取公积金后所余税后利润,有限责任公司按照股东实缴的出资比例分配利润,全体股东约定不按照出资比例分配利润的除外。可见,股东参与公司盈余分配是股东享有资产收益权的重要体现,注册资本认缴制前提下,根据股东实际缴纳出资比例分配利润是一般原则。但有限责任公司股东参与分红并不必然以实缴出资为提前,在全体股东一致同意的基础上,可按股东人数或其他标准分配公司盈余,也符合《公司法》尊重股东意思自治的精神。

现实案例

山东省威海市中级人民法院在作出的“王某江与赵某鹏公司盈余分配纠纷案民事判决书”[(2014)威商初字第8号]中认为:股东出资是对公司最基本的义务,股东不履行出资义务,会导致公司资本不充实,损害公司的利益,进而侵害公司债权人的利益。与出资义务相应的股东权利只能按出资比例来行使,这是民法中权利与义务统一、利益与风险一致原则的体现。股东在没有履行出资义务的情况下主张权利,其投资收益与出资风险之间不存在联系,明显有违公平的原则。本案中,联发公司股东并未完全履行出资义务,其股东权利的行使应当受到一定限制。

商业实操建议

限制股东的利润分配请求权必须同时满足两个条件,即股东未履行或未全面履行出资义务,或者有抽逃出资的行为;根据公司章程或股东会议决议作出限制。《公司法司法解释(三)》第16条规定:“股东未履行或者未全面履行出资义务或者抽逃出资,公司根据公司章程或者股东会决议对其利润分配请求权、新股优先认购权、剩余财产分配请求权等股东权利作出相应的合理限制,该股东请求认定该限制无效的,人民法院不予支持。”当公司与股东或股东之间因出资不实发生纠纷时,有限责任公司和其他股东可以提起确认之诉,要求确认股东未出资的情况,并可以诉请限制该股东的资产收益权。

27. 股东分红权可以单独转让吗?

在最高人民法院民二庭编著的《〈公司法司法解释(四)〉的理解与适

用》一书中认为：利润分配请求权（分红权）能否单独转让，要区分具体利润分配请求权与抽象利润分配请求权。在公司作出利润分配决议的情况下，股东享有的是具体利润分配请求权，因其本质无异于普通债权，故股东可以在不转让股权的情况下，将公司利润分配决议已经确定分配的利润转让给他人。在公司未作出利润分配决议的情况下，股东享有的是抽象利润分配请求权，其属于股东成员资格的重要内容，更多是不确定的期待权，能否单独进行转让，有待进一步明确。

实践中，如果法律没有明确规定，不允许股东分红权转让。在司法实践中，法院认为股息红利与股东投票权、剩余财产分配权、知情权等类似，均是民事主体基于股东身份所依法享有的权利。如准许上述权利与股东身份分离并单独让与，将会导致不具有股东身份的人向公司主张上述各项权利。这显然不符合《公司法》的基本立法目的。因此，当法律没有规定上述权利可以脱离股东身份单独转让时，即使当事人以合同方式约定转让，亦不可能发生法律上的效力。

现实案例

甲公司与乙公司签订《股权收益权转让及回购协议》：乙公司以 3 亿元价格受让甲公司持有的案涉股权对应的股权收益权，转让期限为 2 年。转让期满，甲公司应当归还全部转让款并支付回购溢价款（溢价款＝基本价款×13.5%/年×转让期限起始日至转让期满日/360）。转让期满后，甲公司未履行按期回购义务，乙公司诉至法院要求其承担支付《股权收益权转让及回购协议》项下回购款的责任。

最高人民法院认为：根据《股权收益权转让及回购协议》的具体约定，并结合相关当事人在履行协议中提供担保的事实，回购义务人的主要合同目的在于融通资金，受让人的主要合同目的在于收取相对固定的资金收益，双方当事人的真实交易目的在于通过出卖再回购的方式以价金名义融通资金，根据协议性质可参照借款合同的相关规定处理。实际上，最高人民法院没有对股东分红权能否转让发表明确意见，而仅认为案涉《股权收益权转让及回购协议》在本质上是融通资金的借款协议。

商业实操建议

建议交易主体一般不要轻易受让单独转让的股权分红权。若为了实现其他交易目的，促成双方合作，可以采取直接转让股权的方式，待后续满足条件时，再进行股权回购，在一定程度上能够降低法律风险。

28. 股东擅自单方增资，能够减少其他股东的出资份额吗？

不能。股东无法完成单方增资。

增资即增加注册资本，是股东会、股东大会的一项重大职权，必须由股东会按照一定的议事方式和表决程序作出方才有效。所谓议事方式，即公司以何方法、途径对提案事项进行讨论；所谓表决程序，即提案事项由谁、按照何种标准、通过怎样表达方才有效。对于增资事项，有限责任公司应由代表全部股权2/3以上的表决权的股东通过才有效，股份有限公司应由经出席会议的股东所持表决权的2/3以上通过才有效。因此，股东未经其他股东同意单方增资，违反法律强制性规定，不能达到减少其他股东出资份额的法律效果。

现实案例

最高人民法院（2010）民二终字第60号“周某与李某等股权纠纷案”中，法院认为：公司章程对股东出资数额和方式已作明确规定，各股东并未放弃按章程约定份额向公司出资权利，且事实上已向公司履行出资义务的情况下，即使某一股东向公司投入现金的情况属实，因其出资行为未经公司股东会表决同意,亦未得到其他股东认可,不能因此产生减少其他股东出资份额的法律后果。

商业实操建议

如果小股东认为大股东恶意增发股票行为构成违法,可以通过仲裁或诉讼等渠道来捍卫自己利益。

29. 股东失权是什么?需要承担哪些法律责任?

关于股东失权,也就是股东资格的解除,最高人民法院认为,解除股东资格的方式较其他救济方式更为严厉,也更具有终局性,所以应当将其限定在股东未履行出资义务或者抽逃全部出资的情形内。未全面履行出资义务或者抽逃部分出资的股东不适用该种规则。目前实践中,如法院最终认定构成抽逃部分出资,往往会认可关于股东失权的股东会决议的效力,即最终的结果仍是股东丧失抽逃部分对应的股权;而股东抽逃了全部出资,则会面临被直接解除股东资格。

2023 年《公司法》修订,吸收了司法实践中关于股东失权相关司法解释的规定和实践经验。新《公司法》第 52 条明确规定:股东未按照公司章程规定的出资日期缴纳出资,公司依法发出书面催缴书催缴出资的,可以载明缴纳出资的宽限期;宽限期自公司发出催缴书之日起,不得少于 60 日。宽限期届满,股东仍未履行出资义务的,公司经董事会决议可以向该股东发出失权通知,通知应当以书面形式发出。自通知发出之日起,该股东丧失其未缴纳出资的股权。股东对失权有异议的,应当自接到失权通知之日起 30 日内,向人民法院提起诉讼。

现实案例

抽逃部分出资，相应股权可以解除吗？

最高人民法院审理的(2016)最高法民申237号案件中，关于尹某抽逃1300万元增资款认定的问题。根据原审查明的事实，2004年5月28日君泰公司出具的00339252号转账支票可以证明，1300万元增资款在验资后即被转出，该转账支票出具期间尹某为君泰公司的法定代表人、执行董事和经理，当事人对该款项转出无合理解释，因此尹某抽逃出资的事实是存在的，原审法院认定增资款被抽逃并无不当。尹某并没有足够证据推翻原审认定，其关于未抽逃出资的主张缺乏事实依据，本院不予支持。关于原判决认定涉案股东会决议有效是否缺乏证据证明和法律依据的问题。依据《公司法司法解释(三)》的规定，有限责任公司的股东未履行出资义务或者抽逃全部出资，经公司催告缴纳或者返还，其在合理期间内仍未缴纳或者返还出资，公司以股东会决议解除该股东的股东资格，该股东请求确认该解除行为无效的，人民法院不予支持。本案中，尹某抽逃增资款事实存在，在公司催讨后并未补足，公司股东会可以解除其相应股权。公司股东会决议的效力应予认可。现尹某没有证据证明涉案股东会程序以及决议内容存在法律法规禁止性规定的情形，故其相应主张本院亦不予支持。本院认为原审认定股东抽回出资，经催交股东拒不补足的情况下，有权通过公司自治取消其出资。

商业实操建议

需要注意股东失权之诉的起诉时效。目前实践中，由于公司往往是以股东会决议的方式作出解除股东资格或者股东失权的通知的，因此一般股东要求恢复股东资格的，需要向法院提起确认决议无效之诉或者诉请法院撤销该项决议，依法应当自接到失权通知之日起30日内，向人民法院提起诉讼。

30. 公司与股东签订股权回购协议，会构成股东抽逃出资吗？

不构成股东抽逃出资。

公司股东会或董事会作出决议，与公司股东签订协议收购股东所持公司股权，并不违反《公司法》关于股东不得抽逃出资的规定，符合《公司法》立法原意，应认定有效。

股东对企业完成出资后，其出资即变成了企业财产，未经法定程序，股东不得将出资抽逃。但在现实中，很多人对企业"法人"的地位和性质认识不清，抽逃出资等违法行为屡见不鲜。《公司法司法解释（三）》对股东抽逃出资的情形作了下列规定，主要是指以逃避债务为目的的非法行为，其结果是导致公司法定资本的绝对减少和对公司债权人利益的损害：（1）制作虚假财务会计报表虚增利润进行分配。企业如通过制作虚假财务会计报表虚增利润分配给股东，损害企业权益，即构成抽逃出资。（2）通过虚构债权债务关系将其出资转出，即股东通过虚构交易、借款、抵扣等事实，将企业钱款转出。（3）利用关联交易将出资转出。通过关联交易将出资转出，实际上属于虚构债权债务关系。通常情况下，股东利用特殊身份或影响力，将企业资本金通过"交易"的方式转移至交易相对方，该交易相对方能为股东所控制，最终资本金流向股东。股东将出资抽回，首先，损害了企业的财产权益，违反了企业资本维持的原则。其次，股东将出资抽逃却还享受原有出资份额的权利，等于变相损害了其他股东的权益。最后，股东抽逃出资导致了企业责任财产的减少，可能损害企业债权人的权益。违法就要承担责任，股东抽逃出资可能要承担行政责任、民事责任甚至是刑事责任。股东在公司成立后抽逃出资的，属于违约行为和民事欺诈行为，对于抽逃出资的股东，对其股东权利的行使应当给予一定约束，直到解除其股东资格。新《公司法》第53条规定："公司成立后，股东不得抽逃出资。违反前款规定的，股东应当返还抽逃的出资；给公司造成损失的，负有责任的董事、监事、高级管理人员应当与该股东承担连带赔偿责任。”

一般情形下,禁止公司收购本公司股份是资本维持原则的要求,其目的是防止资本的实质减少,保护债权人利益。2018 年《公司法》并非绝对禁止有限责任公司设立后股东以合法方式收回资本,而是禁止以逃避债务为目的、造成债权人利益受损的方式抽逃资本。根据新《公司法》第 89 条规定,符合该条规定的情形下,股东可以请求公司按照合理价格收购其股权,股东与公司不能达成协议的,可在法定期限内向人民法院提起诉讼。除这种法定的股权回购请求权外,《公司法》上仍有股东与公司于其他情形下通过协议由公司回购股东股权的余地。因此,《公司法司法解释(二)》第 5 条规定,人民法院审理解散公司诉讼案件,当事人协商同意由公司或者股东收购股份,或者以减资等方式使公司存续,且不违反法律、行政法规强制性规定的,人民法院应予支持。

现实案例

最高人民法院审理的(2009)民申字第 453 号“某开发公司与叶某股权转让合同纠纷申请再审案”中,法院认为:公司成立本身系股东意思表示一致结果,公司存在意义不是将股东困于公司中不得脱身,而在于谋求股东利益最大化,在股东之间就公司经营发生分歧,或股东因自身原因不能正常行使股东权利时,股东与公司达成公司回购股权协议,既符合有限责任公司封闭性和人合性特点,又可打破公司僵局、避免公司解散的最坏结局,使得公司、股东、公司债权人利益得到平等保护。允许公司与股东在公司僵局形成之初、股东提请解散公司之前,即协商由公司回购股权以打破僵局、避免走向公司解散诉讼,符合《公司法》立法原意。因在叶某股份未转让前,不得以公司收购其股份为由对抗公司债权人,不会出现损害公司债权人的情形,故本案董事会决议及股权转让协议并不违反法律规定,亦不损害公司债权人利益,应确认有效。

商业实操建议

公司存在意义在于谋求股东利益最大化,公司回购股东股权是打破僵局、实现大小股东合作、避免公司陷入内耗的重要法律方案。

31. 虚假出资的新增股东,需要对公司旧债承担清偿责任吗?

需要。

在公司存续期间,如果公司对外负有债务,无论是否应当否定公司的法人资格,虚假出资股东对公司债务所应承担的都是一种补充责任,即应当先以公司财产清偿其债务,公司财产不足以清偿的,债权人可以直接请求虚假出资股东和其他股东承担清偿责任。

因股东虚假出资而产生的股东对公司债权人的民事责任,可以分成以下两种情况:

(1)一般瑕疵责任。如果各股东实际缴纳的注册资本之和未达到公司章程规定的数额,但已达到法定最低限额,不引起公司法人资格的否认。虚假出资股东应在实缴资本与应缴资本的差额范围内向债权人承担清偿责任。已经履行出资义务的股东,在虚假出资股东不能履行的范围内向债权人承担连带清偿责任。其他股东在承担连带清偿责任后,对虚假出资股东可以再行使代位求偿权。

(2)重大瑕疵责任。如果各股东实际缴纳的公司注册资本之和未达到法定最低限额,引起公司法人资格的否认。各股东不论自己是否已经履行了出资义务,均应对公司的债务承担连带责任。因为在这种情况下,公司不具备独立的法人资格,股东之间实际上属于合伙关系,此时的公司债务是公司全体股东的共同债务,应当按照合伙关系对外承担责任的法律规定,对共同债务承担无限连带责任。

现实案例

有限责任公司出资不实的股东，在补足差额后，与公司设立时其他出资不实股东，仍负有对外部债权人的连带补足义务。

在上海市第二中级人民法院审理的(2013)沪二中民四(商)再终字第6号案件中，2001年，生效判决判令科技公司偿还银行464万元及利息。执行程序中，法院裁定科技公司股东之一的贸易公司在不实出资600万元范围内承担补足注册资本责任。2002年，该款从贸易公司账户扣划。2003年，科技公司法定代表人周某涉嫌虚假出资罪一案，最终被生效刑事判决认定构成虚报注册资本罪。2012年，银行以科技公司1997年成立时，股东实业公司、贸易公司不实出资为由起诉，要求实业公司在2400万元范围内对科技公司欠款本息承担补充赔偿责任，贸易公司对实业公司不实出资金额承担连带补足责任。

法院认为：(1)从刑事案件查明情况来看，案涉3000万元资金只是“体外循环”，实业公司与贸易公司并未出资。刑事案件中对周某系以虚假出资罪起诉，最终定罪为虚报注册资本罪，系因刑事案件中犯罪主体及侵害客体不同而成为两罪名，民事上均证实为股东未履行或未全面履行出资义务。(2)新、旧《公司法》均明确规定，有限责任公司成立后，发现作为设立公司出资的非货币财产的实际价额显著低于公司章程所定价额的，应由交付该出资的股东补足其差额，公司设立时的其他股东承担连带责任。《最高人民法院关于企业开办的其他企业被撤销或者歇业后民事责任承担问题的批复》中亦明确规定，企业开办的其他企业虽领取企业法人营业执照，但实际未投入自有资金，或投入自有资金达不到《企业法人登记管理条例施行细则》第15条第7项或其他有关法规规定的数额，或不具备企业法人其他条件的，应认定其不具备法人资格，其民事责任由开办该企业的企业法人承担。判决实业公司在对科技公司不实出资2400万元范围内对科技公司欠款本息承担补充赔偿责任，贸易公司对实业公司不实出资金额承担连带补足责任。

商业实操建议

新《公司法》第 88 条规定,股东转让已认缴出资但未届出资期限的股权的,由受让人承担缴纳该出资的义务;受让人未按期足额缴纳出资的,转让人对受让人未按期缴纳的出资承担补充责任。股东投资之际一定要做好背景调查,避免被拖累承担虚假出资的连带补足责任。

32. 公司股东未全面履行出资义务或抽逃出资,债权人该如何救济?

2013 年《公司法》修订,公司注册资本实缴制变更为认缴制后,公司股东未履行或未全面履行出资义务或抽逃出资导致公司债权人遭受损失的案例层出不穷。根据《公司法》的规定,股东未履行或未全面履行出资义务或抽逃出资的,原则上应当在未出资本息范围内对公司债务不能清偿的部分承担补充赔偿责任,债权人可据此向股东主张债权。债权人在主张上述债权时,有几个可以参考的方向:

一是追究公司发起人就股东出资瑕疵的连带责任。

根据《公司法》的规定,有限责任公司成立后,发现作为设立公司出资的非货币财产的实际价额显著低于公司章程所定价额的,应当由交付该出资的股东补足其差额;公司设立时的其他股东承担连带责任。股份有限公司成立后,发起人未按照公司章程的规定缴足出资的,应当补缴;其他发起人承担连带责任。股份有限公司成立后,发现作为设立公司出资的非货币财产的实际价额显著低于公司章程所定价额的,应当由交付该出资的发起人补足其差额;其他发起人承担连带责任。在公司未设立时,股东间的设立公司协议相当于发起人股东共同为第三人(即公司,虽然尚未设立,但其存在期待利益)利益设立的承诺,等到公司设立取得独立法人人格后,公司作为股东设立协议的受益人，有权要求所有发起人股东履行承诺、缴纳出资。有股东未按约定或章程规定履行出资义务的，公司可以要求该股东履行出资义务，而在股东团体内部，该股东应承担违约责任。由于发起人股东团体内部的关系相比股东与债权人的关系而言可能更为紧密，如由于股东的瑕疵出资行为造成公司资本不足继而对公司债权人造成损失的，发起人股东团体应首先在资本不足本息范围内对债权人进行赔偿，再在团体内部区分责任加以索赔。这虽然对足额出资的发起人股东颇不公平，但发起人股东也应当为其选择共同合作投资的对象造成的错误后果承担责任。相较于债权人而言，由所有发起人股东对债权人承担连带责任，更具公平正义；而且也能避免各发起人股东内部通过恶意串通，以瑕疵出资方式损害公司和债权人利益的情形发生。

二是追究未尽勤勉尽责义务的董事、高级管理人员或者其他股东、实际控制人的责任。

《公司法》对于公司设定了股东会（或股东）、董事会（或执行董事）、监事会（或监事）以及经理、副经理、财务负责人等高级管理人员等组织机构。股东的权利只能体现在股东会（或股东或股东大会）这一权力机构的层面上，具体事务还是需要由董事和高级管理人员来执行。新《公司法》第 180 条、第 188 条对董事、监事、高级管理人员未尽忠实勤勉义务负有赔偿责任作出了规定，即董事、监事、高级管理人员执行职务违反法律、行政法规或者公司章程的规定，给公司造成损失的，应当承担赔偿责任。故如存在股东瑕疵出资损害公司利益继而损害债权人利益的情形，不排除有其他股东、实际控制人、董事或高级管理人员的积极协助或者是董事、高级管理人员的疏忽失职，此时应当根据该等人员的主观故意或过失分别追究其法律责任。应当特别注意的是，在实践中，股东抽逃出资能够成功，基本是由于董事、高级管理人员未依法履行其职责所造成。

三是追究出资瑕疵状态下有限责任公司股权转让受让人的连带责任。

根据《公司法司法解释（三）》，公司设立时即存在股东瑕疵出资的情形，则发起人股东对该瑕疵出资需承担连带责任，但如该瑕疵出资股东在瑕疵未消除或未补正的情况下，即转让其股权，若股权受让人对该股东瑕疵出资的情形知道或者应当知道，则其应对该股东履行出资义务承担连带责任。

若股权受让人确实不知情的,则不必承担连带责任,但该股东也负有一定的举证义务以证明其确实不知情;相反,如果股权转让价格明显偏低,或者受让人与转让人之间存在紧密关联关系,则基本会被推定为“应当知道”。

四是债权人追究股东瑕疵出资责任应注意的两种特殊情形,包括:(1)未出资或抽逃全部出资的股东被免除股东资格,仍属于公司内部关系的处理结果,对外部债权人并不能产生约束力。公司债权人仍然可以要求该股东承担其未出资本息范围内的补充赔偿责任。(2)名义股东的瑕疵出资责任不能免除。根据《公司法司法解释(三)》第26条的规定,登记于公司登记机关的股东未履行出资义务,公司债权人请求该股东对公司债务不能清偿的部分在未出资本息范围内承担补充赔偿责任,该股东以其仅为名义股东而非实际出资人为由进行抗辩的,其责任不予免除。

商业实操建议

(1)对瑕疵出资责任的追索不计算诉讼时效。根据《公司法司法解释(三)》第19条的规定,债权人请求未履行或者未全面履行出资义务或者抽逃出资的股东承担其未出资本息范围内的补充赔偿责任,只要公司债权人的债权未过诉讼时效期间,无论该股东的出资义务或者返还出资义务是否超过诉讼时效期间,债权人的请求均不会以超过诉讼时效而不予支持。因为,该股东的出资瑕疵行为始终处于持续过程中,并未完结,当然不必计算诉讼时效。

(2)《公司法司法解释(三)》明确规定,在办理法定减资程序或者其他股东或者第三人缴纳相应的出资之前,债权人可以完整地主张股东的补充赔偿责任以及其他相关责任人的相应责任;但在公司依法办理了法定减资程序或者其他股东或者第三人替代缴纳了该股东相应的出资后,债权人是否可以主张上述债权,该司法解释并未作出规定。为避免债权人利益受损,律师受债权人委托在办理此类案件时,应当尽可能在公司办理法定减资程序或者其他股东或者第三人缴纳相应的出资之前,向相关责任人主张债权。

33. 公司章程的法律效力如何?

公司章程,是企业依法制定的,规定企业名称及住所、经营范围、经营管理制度、法定代表人等重大事项的基本文件。章程是企业存在的基础,企业只有在制定章程后,才能向登记机关提出企业成立请求。由此可见,章程在企业的存在和运营中发挥着非常重要的作用,绝不仅是工商注册过程中的一张纸。

公司章程能规范企业组织和行为,对股东、董事、监事以及其他高级管理人员的行为等同样具有约束力。章程在企业的经营与管理活动中、在企业的存在和延续中发挥着十分重要的作用,主要表现在以下两个方面:

(1)企业成立的必备条件。根据法律规定,想要设立企业就必须要依法制定公司章程,公司章程是企业成立的必备条件。我国企业登记机关,负责审查企业章程是否合法、明确、公平、公正并进行监督。企业设立请求核准通过后,其章程便被法律认可并具有法律效力,企业可以凭借公司章程依法享有各项权利以及依法履行各项义务。

(2)企业自治的重要规范。根据法律规定,企业章程是股东一致的意思表示,需要全体股东共同制定。由于章程是在企业内部自主实行而无须国家强制的,属于法律规范以外的行为规范。当企业内部出现违反章程行为时,只要该行为不违反国家法律、法规,即可由企业内部自主解决,这将考验企业的自治能力。

对企业内部而言,章程具有法律效力。在制定章程时,企业必须要严格按照法律、法规的规定,内容应规范、明确、详尽,并符合以下4个基本特征:(1)法定性。企业章程的地位,具有法定性特点。想设立企业,就必须由全体股东或发起人共同制定公司章程,并连同公司登记申请书等其他相关文件提交公司登记机关审核。(2)真实性。章程载明的内容必须要符合企业的实际情况,不能是虚假信息。《公司法》规定,公司章程有虚假记载的,由登记机关责令整改、罚款,严重的甚至会撤销公司登记或吊销营业执照。

(3)自治性。自治性是指章程作为规范企业组织和行为的标准和依据,对企业、股东和其他高级管理者具有一定约束力,但这种约束力并不需要国家强制实施,而主要是靠企业自己执行。(4)公开性。公开性仅限于股份有限公司的章程。为便于投资者了解企业,股份有限公司的章程要对投资者、债权人等公开,而有限责任公司则无此要求。

现实案例

上海市黄浦区人民法院作出的(2009)黄民二(商)初字第4569号民事判决书"李某军诉上海佳动力环保科技有限公司公司决议撤销纠纷案"中明确:人民法院在审理公司决议撤销纠纷案件中应当审查会议召集程序、表决方式是否违反法律、行政法规或者公司章程,以及决议内容是否违反公司章程;在未违反上述规定的前提下,解聘总经理职务的决议所依据的事实是否属实,理由是否成立,不属于司法审查范围。

商业实操建议

章程看似工商注册过程中的一张纸,但对于企业内部治理非常重要,等于是创始人在企业诞生之际约定的内部小"宪法"。最高人民法院的指导案例也显示出对企业自治的高度尊重。某些地方工商局在注册过程中,由于缺乏章程审核的能力,往往要求使用工商注册系统自动生成的公司章程,实际不利于章程承载的公司自治功能的发挥。

34. 公司章程对股东持股份额转让限制的规定,应当认定为有效吗?

原则上有效,但变相禁止的转让限制规定不应当认定为有效。

公司章程是关于公司组织和行为的自治规则，是公司的行为准则，对公司具有约束力。公司章程又具有契约的性质，体现了股东的共同意志，对公司股东也具有约束力。鉴于有限责任公司的人合性，我国《公司法》规定，股东向股东以外的人转让股权，需要经其他股东过半数同意；公司章程对股权转让另有规定的，从其规定。有此例外规定，有限责任公司章程就可以适当地对股权转让作出限制，原则上只要限制性条款不违反法律法规强制性规定，就应认为有效，公司及股东应当遵守和执行公司章程中的规定。

但是，有限责任公司章程条款过度限制股东转让股权，导致股权实质上不能转让的，股权限制条款不应当认定为有效。因为股东享有的股权具有财产属性，任何财产权皆具有处分权能，公司章程对股权转让的限制不得违反财产权的本质。如果公司章程通过其他条件和程序的设置，实际造成股东股权转让极度困难或根本不可能，则因违反《公司法》的强制性规定而无效。

现实案例

在广州市中级人民法院审理的（2016）粤01民终18844号案件中，法院认为：根据涉案入股协议书，苏某享有任意股权转让权。甲公司章程规定，股东会行使职权包括对股东转让出资作出决议，但并没有明确规定召开股东会并形成决议是股权转让的必经前置程序。甲公司股东有三人，均在案涉入股协议书上签字确认，已具备股东会决议的实质。最后法院认定，涉案公司章程中作出的经由股东会决议再进行股权转让的约定合法有效。

商业实操建议

（1）尽管立法尊重章程背后的公司自治和契约精神，但如果公司章程对股权转让事项作出比《公司法》规定更为严格的限制，例如，约定“股权转让应经其他所有股东同意”，会被认为与《公司法》强制性规定冲突而归于无效。

(2)实践中,公司章程中的股权转让限制条款,是否会“导致股权实质上不能转让”是司法裁判中判定公司章程是否“过度限制”的标准。如果只是限制在特定期限内不得转让,一般不构成“过度限制”,这种限制也是员工股权激励中的常见安排。

35. 公司章程可否规定“同股不同权”?

可以。

尽管2023年修订前的《公司法》原则上坚持股权平等、同股同权,但也有同股不同权的例外规定,主要体现在有限责任公司的表决权、分红权上。根据原《公司法》的规定,股东会会议由股东按照出资比例行使表决权;但是,公司章程另有规定的除外。公司弥补亏损和提取公积金后所余税后利润,有限责任公司按照股东实缴的出资比例分配利润,全体股东约定不按照出资比例分配利润的除外。因此,与股份有限公司不同,有限责任公司股东拥有多少权利虽然也看其在公司的出资数额或出资比例的高低,但出资多少并不是决定股东地位高低的唯一因素。原《公司法》允许有限责任公司股东通过制定或修改公司章程的方式自由约定股东如何行使权利,包括表决权、分红权。

2023年修订后的《公司法》,对于股份有限公司也开始允许规定类别股。新《公司法》第95条、第116条、第144条明确提出:股份有限公司发行类别股的,在公司章程中应当载明每一类别股的股份数及其权利和义务。股东出席股东会会议,所持每一股份有一表决权,类别股股东除外。公司可以按照公司章程的规定发行下列与普通股权利不同的类别股:(1)优先或者劣后分配利润或者剩余财产的股份;(2)每一股的表决权数多于或者少于普通股的股份;(3)转让须经公司同意等转让受限的股份;(4)国务院规定的其他类别股。

现实案例

类似国外 AB 股结构，我国法律也开始逐渐认可

国外特别是美国比较常见的双层股权架构（Dual-class share structure），即将股票分为 A、B 两个层次，对外部投资者发行的 A 股有 1 票投票权，而管理层持有的 B 股每股有 N 票投票权（假设每股有 10 票投票权，则管理层有 10 倍于其持股比例的投票权），这使得采用双层股权架构的公司管理层能够牢牢掌控公司的管理事宜，外部投资者很难掌握话语权。例如，谷歌（Google）的创始人曾经辩称，B 类股票——每股有 10 份投票权，而 A 类股票是 1 股 1 票，可以让持股者在不受新投资者压力的情况下追求创新。而在我国，有限责任公司虽然允许依据公司章程另行约定实现同股不同权，但对于股份有限公司而言，目前在科创板上市的股份有限公司等也开始允许设立 AB 股。依据《关于在上海证券交易所设立科创板并试点注册制的实施意见》及上海证券交易所发布《科创板股票上市规则》规定，允许科技创新企业发行特别表决权的股份。2023 年修订后新《公司法》开始允许股份有限公司设定类别股，允许类别股在分红权、表决权方面与普通股票有所区别。新《公司法》第 143 条明确规定：股份的发行，实行公平、公正的原则，同类别的每一股份应当具有同等权利；同次发行的同类别股份，每股的发行条件和价格应当相同。

商业实操建议

机械僵化的“同股同权”已不能完全适应现今快速发展的公司治理需要，“同股不同权”在实践中的呼声越来越高。新《公司法》的修订适应了这种时代发展进步的需求，从法律上赋予股份有限公司更大的自治权。但是无论对于有限责任公司、还是股份有限公司而言，类似国外 AB 股结构的类别股都需要通过在公司章程中明确约定来实现。

36. 公司章程中的“强制离职股东转股条款”是否有效?

有效。

股权具有财产性和身份性的双重属性,有限责任公司具有封闭性和人合性的特点,而企业职工持股制度具有经济激励与社会治理(员工或参与企业治理)双重制度属性。原则上,只要不违反法律强制性规定、不损害公共利益,章程规定股东离职时则强制转让其股权,并除去其股东资格的条款,应当认定为有效。

但也需要注意,股东接受离职时,“强制转让股权”条款应当是真实的意思表示,不存在欺诈、胁迫等情形;而且,强制转让股权的价格也比较公平合理,就谈不上对股东财产权的侵犯,属于限制性规定而非禁止性规定。一般而言,以公平合理的价格要求离职股东转让股权、退出公司,本身可能也是符合各方利益的较好选择。

现实案例

公司章程中关于“人走股留”的规定,是否违反《公司法》的禁止性规定?

在陕西省高级人民法院审理的(2014)陕民二申字第00215号宋某军诉西安市甲餐饮有限公司股东资格确认纠纷案中,乙公司章程中规定“公司股权不向公司以外的任何团体和个人出售、转让。公司改制一年后,经董事会批准可在公司内部赠与、转让和继承。持股人死亡或退休经董事会批准后方可继承、转让或由企业收购,持股人若辞职、调离或被辞退、解除劳动合同的,人走股留,所持股份由企业收购”。再审法院认为:首先,有限公司章程系公司设立时全体股东一致同意并对公司及全体股东产生约束力的规则性文件,宋某军在公司章程上签名的行为,应视为其对前述规定的认可和同意,该章程对乙公司及宋某军均产生约束力。其次,基于有限责任公司封闭性和人合性的特点,由公司章程对公司股东转让股权作出某些限制性规定,系公司自治的体现。在本案中,乙公司进行企业改制时,宋某军之所以成为乙公司的股东,其原因在于宋某军与乙公司具有劳动合同关系,如果双方没有建立劳动关系,宋某军则没有成为乙公司股东的可能性。同理,乙公司章程将是否与公司具有劳动合同关系作为取得股东身份的依据继而作出“人走股留”的规定,符合有限责任公司封闭性和人合性的特点,亦系公司自治原则的体现,不违反公司法的禁止性规定。

商业实操建议

公司章程规定强制离职股东转让股权的条款,一般都认定为有效。在不违反法律、社会公共利益或第三人利益的前提下,这样的条款有利于将股东资本出资与人力劳动紧密相连,对职工股东具有激励作用,有助于维持公司的人合性、封闭性和凝聚力。

37. 有限责任公司股东转让股权可做哪些内部约定?

一般来说,通过公司章程,有限责任公司股东可对转让股权的程序、价格、时间、交易对象等作出限制性规定。

股权是股东的财产性权益,股东依法可以通过转让的方式对其股权进行自由处置。根据新《公司法》第 84 条的规定,有限责任公司的股东之间可以相互转让其全部或者部分股权。股东向股东以外的人转让股权的,应当将股权转让的数量、价格、支付方式和期限等事项书面通知其他股东,其他股东在同等条件下有优先购买权。股东自接到书面通知之日起 30 日内未答复的,视为放弃优先购买权。两个以上股东行使优先购买权的,协商确定各自的购买比例；协商不成的，按照转让时各自的出资比例行使优先购买权。公司章程对股权转让另有规定的，从其规定。

股权转让程序方面，限制性规定股权转让需经股东会同意的内部约定，一般认为有效；但规定股权转让需经董事会同意的限制，一般认为无效，现实中亦有这样的案例。

股权转让价格限制方面，可分为两种情况：一是股权转让明显低于市价的，该转让股东在章程中对该价格表示接受认同，该条款对其有效。该转让股东在章程中对该价格反对的，章程中约定的价格又显著低于市价，该条款应属于无效。二是股权转让明显高于市场价格的，若股权受让人是公司，则损害了股东和其他受让人的利益，条款应属无效。若股权受让人是其他股东，该转让股东在章程中表示接受认同的，条款应属有效。若股权受让人是不同意转让的其他股东，条款应属有效。如果该受让人股东变卦不购买股权，造成转让股东无法转让股权，则属于无效条款。

对股权受让人的限制方面，禁止公司股东或公司为受让人的，违反了公司的人合性和有限责任公司的股东优先受让权制度，应属无效条款。限制股权转让受让人只能转让给公司或者股东的，符合人合性的特点，又没有排除股东的权力，应属有效条款，转让股东可以正常退出，维持内部稳定。

对股权转让时间的限制方面，如果结合公司的性质和实际情况，时间合理的属有效条款，因为加入公司后如果随意退出，对公司的稳定和发展当然不利。所以应当允许公司对时间做一定的限制，但是如果约定 50 年、30 年等不合理限制的，应属无效条款。

现实案例

股东违反章程转让股权，其他股东同意的，股权转让协议有效吗？

公司股东违反章程中有关股东股权只可在股东会成员之间转让的规定，与他人签订股权转让合同的，应认定合同无效，但经股东会 2/3 以上有表决权的股东同意的，可视为章程已修改，其他不同意股权转让的股东放弃优先购买权的，亦应视为同意，应认定股权转让合同有效。

如江苏省南通市中级人民法院审理的(2006)通中民二终字第0317号案件中，2005年，由集体企业改制成的医院股东会除袁某外，均同意黄某对外转让其所持股权给崔某，诉讼中袁某明确表示不同意黄某转让股权，亦不购买该股权。2006年，黄某又以公司章程关于股东股权只可在股东会成员之间转让的规定，将已转让给崔某的股权转让给另一股东费某。费某诉请确认该股权转让协议有效。

法院认为：(1)本案医院由若干自然人股东出资设立，其法律适用可参照《公司法》关于有限责任公司的规定。公司章程是全体股东的自治规则，章程一经全体股东制定，对全体股东具有约束力。医院章程规定股东股权只可在股东会成员之间转让，该约定是全体股东真实意思表示，并不违反法律、行政法规强制性规定，为《公司法》所认可，对全体股东发生效力。故黄某与崔某所签股权转让协议违反章程规定，应认定无效。(2)案涉股权转让协议签订时，除袁某外，其余代表1/3以上有表决权的股东均表示同意，据此可视为医院章程中有关股东股权只可在股东会成员之间转让的规定已修改。虽然袁某不同意黄某对外转让股权，但其明确表示不购买，即放弃了优先购买权，依《公司法》规定，应视为其同意黄某对外转让股权。对此，江苏省高级人民法院《关于审理公司法案件若干问题的意见(试行)》第60条规定，公司股东违反章程规定与他人签订股权转让合同的，应认定合同无效，但经股东会2/3以上有表决权的股东同意的除外。故案涉2005年股权转让协议应为有效。黄某与费某在明知黄某已将其股权转让给崔某的情况下，却于2006年签订协议，约定黄某将其股权再次转让给费某，明显违背诚信原则，损害了崔某利益，构成恶意串通，依原《合同法》第52条规定，应认定无效。

商业实操建议

遵循尊重意思自治的原则，有限责任公司章程可以对股东转让股权的程序、价格、时间、交易对象等作出限制性规定，股权治理实操过程中一定要对公司章程的作用予以充分重视。

38. 身份信息被他人冒用注册公司的情况下该如何维权?

身份证丢失的情况在生活中很常见,由于身份证相比其他证件而言更为重要,如果丢失后不幸被不法分子利用从事违法犯罪活动,其后果对持证人会产生较大的影响和法律风险。根据《市场主体登记管理条例》的规定,企业设立登记材料实质内容的真实性由申请人负责并承担相应责任,登记机关依法对申请材料是否齐全,是否符合法定形式进行审查。这意味着公司登记设立和变更并不需要投资人、股东本人亲自到场办理,仅需要一张身份证复印件即可实现,这就为身份证被冒用等问题埋下了隐患。遇到类似情况,可采用以下的方式进行处理:

(1)通过行政撤销程序。工商管理部门综合被冒名者提供的证据确认注册文件的虚假事实后,由公司登记机关直接撤销公司登记或责成公司股东内部先自行处理冒名股东的股份问题,再办理变更登记。

(2)通过法院民事诉讼方式。先由法院作出登记文件无效或类似文件无效的判决书,再请求登记机关依据法院判决书撤销公司登记,或作出相应变更。

(3)通过法院行政诉讼方式。当事人起诉登记机关,请求法院判决登记机关撤销虚假登记,有确实的证据可以证明该文件并非自己所签署,且存在身份证件遗失等客观事实,可以请求法院判决登记机关撤销错误登记。

(4)通过刑事诉讼方式。在冒名股东案件中,往往伴有伪造、变造身份证,私刻印章、伪造公司文件,伪造验资证明等行为,对已经构成刑事犯罪的,可以通过追究刑事责任,然后再凭借刑事判决结果,请求登记机关撤销登记或作出处理。

现实案例

王某某身份信息被不明人员于 1997 年冒用登记为 A 公司的股东,后 A

公司因欠B公司借款被起诉,而王某某作为A公司的登记股东,被B公司以虚假出资为由要求对A公司所负债务不能清偿部分在出资不实的本息范围内承担补充赔偿责任。最终法院在王某某缺席情况下,判决王某某对A公司债务承担补充赔偿责任。执行过程中,因A公司无财产可供执行,法院依生效判决查封了王某某名下的房产,直至王某某办理贷款时方知自己房产已被查封。为此,王某某申请再审。

法院认为,王某某否认其系A公司股东,并提交了工作单位证明、社保记录、报警回执、司法鉴定意见书等资料作为证据,已初步证明了其主张。B公司未提交任何证据证明王某某从事A公司实际经营行为,仅提交了工商登记资料,导致本案待证事实真伪不明,按照《民事诉讼法司法解释》第108条第2款规定及《公司法司法解释(三)》第28条规定,法院对王某某的股东身份不予认定,王某某无须对A公司的债务承担责任。

商业实操建议

如果遗失身份证,应及时到公安机关挂失补办并公告遗失,同时保存好遗失公告、报警回执、挂失补办记录等相关材料。若身份信息被冒用办理商事登记,需积极搜集相关证据材料,依法向市场监督管理申请撤销,或向人民法院起诉。

39. 公司为自身股权转让款支付提供担保,是否有效?

有效。

法律并无禁止目标公司为支付其自身股权转让款提供担保的规定,不属于《公司法司法解释(三)》第12条所列举的股东抽逃出资的情形,不能仅因目标公司为支付其自身股权转让款提供担保,就认为其违反了新《公司法》第53条关于公司成立后股东不得抽逃出资的规定。

现实案例

在最高人民法院审理的(2021)最高法民申2177号案件中,2011年5月10日,净雅公司将所持海诺公司100%股权全部转让给了王某、章某乐,并约定海诺公司对王某、章某乐的前述股转款支付义务提供连带责任保证;另查明,王某、章某乐向净雅公司支付了第一笔股权转让款3258万元后未再支付第二笔股转款;净雅公司因此诉至法院,要求海诺公司对该付款承担连带责任。海诺公司则主张该担保条款无效。临沂中院一审认为,该担保条款违反了《公司法》中有关抽逃出资的规定,应属无效。山东省高级人民法院二审认为该担保条款系海诺公司真实意思,合法有效;海诺公司不服,向最高人民法院申请再审。最高人民法院认为该担保条款是海诺公司的真实意思,且未证明净雅公司确系以海诺公司承担担保责任的方式抽逃出资,故该担保条款应属有效。

商业实操建议

对于公司对外提供担保,我国《公司法》有诸多强制性要求。对于公司为公司股东或者实际控制人提供担保的,必须经股东会或者股东大会决议。需要注意的是,被担保股东应当回避,不得参加该事项的股东会表决。

40. 股东出资协议是必须要有的吗?

不是。公司注册登记过程中并不需要有股东出资协议。

股东出资协议,是指企业出资人在出资过程中,为保证各股东的权利和义务而经过协商一致签署的协议。股东出资协议具有高度的自由性,协议内容可繁可简，且无须在市场监督管理局做登记备案。股东出资协议中最常见、必备的内容，如出资金额、出资日期，也会要求规定在公司章程中。因此在实践中，公司股东经常会参照公司章程的内容，拟定并签署股东出资协议。另外，由于股东出资协议与公司章程内容存在一定的重叠，且股东出资协议非公司注册登记必需文件，有的公司设立时股东不一定会签署该协议。

现实案例

公司设立的合资协议，公司设立后能够按照法律规定解除吗？

根据最高人民法院民一庭于蒙法官分享的案例，2011 年，王某与投资公司签订合资协议，约定分别出资 1000 万元和 4000 万元合资建设化工项目。协议同时对经营范围、组织结构、分红、管理模式等进行了约定。合资公司成立后，因项目未取得环保手续被责令停产。王某诉请解除合资公司并由投资公司返还其出资款 1000 万元。法院认为：(1)案涉合资协议不仅约定了出资人、出资金额、注册资本等成立合资公司相关事项，还用大量条款约定了合资公司成立后项目具体开展、合资公司注册资本金管理及使用、双方分红比例、项目投产后员工待遇及双方在项目运营过程中的具体权利义务、各方竞业禁止、技术保密等事项。从合资协议设立目的来看，成立合资公司仅系合资建设方式和载体，合资公司成立后，还要通过合资公司经营，对产品进行生产、销售，最终实现利润分配，故在性质上，合资协议应属合资、合作协议，而非单纯的公司设立协议。公司设立仅系合资、合作的开始，而非终结。(2)合资公司成立后，合资协议中有关公司设立内容已履行，但其他有关公司成立后如何具体运营的条款则正在履行或尚未履行，仍应作为确定双方权利义务的合同依据。合资协议可否解除，应适用《合同法》相关规定，审查投资公司是否存在违约行为、合同目的是否无法实现。至于公司清算，因合资公司作为独立企业法人，其设立、运营、解散、清算均应遵守《公司法》规定。(3)即便合资协议可解除，因合资公司已成立，王某出资已转化为合资公司的注册资本,依《公司法》规定,公司成立后,股东不得抽逃出资,王某作为股东,无权请求抽回出资,只能在公司清算后按比例分配剩余财产。但针对双方在履行合资协议过程中的行为,若有证据证明对方存在违约行为,可请求承担相应违约责任。

商业实操建议

(1)本着为股东权益负责的精神,虽然不是法定流程上的必需,还是建议签订股东出资协议,有利于避免公司设立过程中的纷争。

(2)股东出资协议不是一般的合同,公司设立以后,股东不能想当然地解除出资协议,要求返还出资,因为出资已转化为所设立公司的注册资本。

41. 公司设立时,一方全资,仅持部分股权的约定是否有效?

有效。

股东认缴注册资本是很重要的,是构成公司的资本基础,但公司要有效经营还需要具备其他条件或资源,因此在注册资本符合法定要求的情况下,股东内部对各自实际出资额和占有股权比例作出的约定,属于股东意思自治范畴,法律上并不禁止。

新《公司法》第 210 条中规定:“公司弥补亏损和提取公积金后所余税后利润,有限责任公司按照股东实缴的出资比例分配利润,全体股东约定不按照出资比例分配利润的除外;股份有限公司按照股东所持有的股份比例分配利润,公司章程另有规定的除外。”因此,全体股东间关于公司单独向某一股东分红、其他股东不分红的约定不违反法律规定,应属有效。但值得注意的是,当分红比例与出资比例不一致时,必须由全体股东共同进行约定,而不适用一般公司决议中的 1/2 以上表决权同意或特殊决议中的

2/3 以上表决权同意。

现实案例

出资比例与股权比例不一致的约定是否有效?

股东出资比例与股权比例不一致的约定是有效的,但是需要以公司全体股东的同意为前提。例如,在最高人民法院审理的(2011)民提字第 6 号案件中,甲公司的三股东,即 A 公司、B 公司、C 公司协议约定:三方以现金出资,分别各占公司注册资本的 55%、15%和 30%。事实上,7000 万现金全部由 C 公司投入。三方股东还约定:在 C 公司 7000 万元资金没有收回完毕之前,公司利润按照约定分配;在 C 公司 7000 万元资金收回完毕后,三方股东按照出资比例分配。后三方产生矛盾,C 公司诉至法院,请求判令甲公司的全部股权归 C 公司所有。法院经审理后认为:在注册资本符合法定要求的情况下,我国法律并未禁止股东内部对各自的实际出资数额和占有股权比例做出约定,这样的约定并不影响公司资本对公司债权担保等对外基本功能实现,并非规避法律的行为,应属于公司股东意思自治的范畴。最终判决驳回 C 公司的诉讼请求,认定出资比例与股权比例不一致的约定条款有效。

商业实操建议

股东之间可以作出出资比例与持股比例不一致的约定。股东持有股权的比例一般与其实际出资比例一致,但有限责任公司的全体股东内部可以经过各方对各自掌握的经营资源、投入成本及预期收入进行综合判断后,再作出不按出资比例持有股权的约定,并不会对公司及他人的利益造成损害,也不违反法律和行政法规的规定。但需要注意的是,为防止大股东或多数股东欺压小股东或者少数股东,只有经过公司全体股东同意,才可以约定股东的持股比例和出资比例不一致。

42. 股权投资协议解除时，在工商变更登记前能否要求返还投资款？

在股权投资中，退出是重要的一环，如果项目进展不顺利，解除投资协议往往是投资人及时止损的一个重要途径，股权投资不像普通的合同纠纷，在投资协议解除时考虑到《公司法》的特殊性，往往无法达到恢复原状的情况。投资协议能否解除、解除后对投资款如何返还的问题还影响到公司的经营稳定、债权人的利益保护等，因此需要公司及投资人审慎对待。

在公司发生增资事项时，公司原则上应当完成注册资本及公司股东的变更登记，同时投资人也应履行支付增资款的义务。在公司未如约进行工商变更或者投资人未按时按约支付增资款的情况下，构成根本性违约，则有可能触发投资协议中的解除条款。一般在此情况下，投资款是否可返还主要需要考虑返还投资款是否会违反股东不得抽逃出资的规定以及法定减资程序的规定。实际上，不管是股东不得抽逃出资的规定还是法定减资程序的规定，都是为了保证公司登记机关登记的信息与目标公司实际情况相一致，进而保障目标公司债权人的合法权益。而在未进行工商变更登记前，各方存在违约情形时，可以按照协议约定主张各方的违约责任。

现实案例

在北京市第一中级人民法院审理的（2021）京 01 民初 579 号“中信国安信息产业股份有限公司与河南省财政厅等新增资本认购纠纷案”中，法院认为，中信国安公司与大象融媒公司、河南省财政厅签订《增资扩股协议》，以期通过增资的方式成为大象融媒公司持股 5.05%的股东，并实际支付了增资款 1.28 亿元，大象融媒公司将款项用于了公司经营，但始终未办理股东、注册资本的工商变更登记……最终确认《增资扩股协议》于 2021 年 9 月 24 日解除。中信国安公司要求大象融媒公司返还出资款 1.28 亿元及自 2017 年 2 月 11 日起至款项实际支付之日止的资金占用期间的利息损失，法院予以支持。由本案可知，投资人在被登记为股东前，因公司违约而主张解除投资协议并返还投资款，通常能够得到法院支持。

商业实操建议

建议公司在符合工商登记的情况下，应尽快为投资人办理工商变更登记，以免造成违约而被投资人要求返还投资款。建议投资人在签订股权投资协议时，约定解除条件成就时投资人如何退出公司的路径，比如股权转让给其他股东或第三人等方式。

43. 内部约定与工商登记不一致时，股权份额应当如何认定？

内部约定与工商登记不一致时，股权份额的认定以哪个为准应当区分公司内外部的情形。

对公司外部而言，公司的股权应当以对外公示的工商登记为准，这是由于工商登记具有公示公信效力，对于外部善意第三人因信赖工商登记的公示公信效力，进行股权转让等行为而产生的纠纷时，通常情况下应以工商备案的资料为准，以有效保护工商登记材料的公示效力和善意第三人的合法权益，从而产生对抗效力。但是，工商登记文件并不是确认股权份额的唯一依据，若有证据证明登记事项与事实不符，不能仅凭登记文件对争议事实作出认定。

而在公司内部，有关隐名股东身份及持股份额之约定等，属于公司与实际出资人或名义股东与实际出资人之间形成的债权债务的合意，体现了当事人之间真实意思的表示，除非隐名股东要求变更为显名股东，否则该约定不会对外界的其他法律关系产生影响，更不会破坏有限公司的人合性，所以，一般应当认为约定有效。对一个规范的有限责任公司而言，股东所签署的章程、公司的股东名册、公司签发的出资证明书，三者对于股东所持股权的记载应当相互一致，三者都是确认股权的有效证据。

现实案例

在上海市第二中级人民法院审理的(2006)沪二中民三(商)初字第20号案件中，根据工商登记资料，甲厂系吕某红的个人独资企业，注册资本为100万元。但根据盖有王某德、吕某红名章的《合作办厂协议》，以及甲厂提交的税务登记表可知，该厂由王某忠、吕某红共同出资100万元设立，双方分别出资60万元、40万元。后王某德、王某锦另签署一份《合作办厂协议》，仅将出资人吕某红变更为王某锦，其他内容与前述协议相同。乙公司成立后，根据工商登记资料，该公司注册资本为50万元，股东为吕某红、王某德，双方分别出资30万元、20万元。该公司申请设立手续均由吕某红委托企业登记代理事务所代办，公司章程非股东吕、王本人签署，注册资本50万元由其他单位垫资，验资手续完毕和公司成立后，验资款即被抽走归还。在乙公司经营期间，无股东分配利润的记录。之后，王某德、王某锦签署《合伙办厂补充协议》和《重大事项商定意见》。后一份文件载明：乙公司是甲厂的投资企业，其投资人双方享有的股份根据双方签订的甲厂合作办厂协议承续；鉴于乙公司已经运转，双方商定王某锦为代理董事长、王某德为总经理。在乙公司章程约定的经营期限即将届满之际，王某德致函吕某红，要求按乙公司章程规定进行清算和按股权比例分配盈余。同年，乙公司申请注销税务登记获准。王某德向法院起诉，请求确认其享有乙公司60%的股权份额。

法院经审理后认为：乙公司工商登记文件不是确认股权份额的唯一依据，若有证据证明登记事项与事实不符，不能仅凭登记文件对争议事实作出认定。乙公司工商登记手续系由股东一方委托代理机构办理，注册资金的缴付由私营经济城帮助垫资，验资证明不能作为确认股权份额的有效依据。《合伙办厂补充协议》和《重大事项商定意见》依法应视为双方当事人的真实意思表示。上述文件中有关王某德、王某锦投资比例的记载,在乙公司内部对股东双方具有法律约束力。王某德要求确认其享有乙公司60%股权的诉请,可予支持。据此,判决确认王某德对乙公司享有60%的股权份额。吕某红、王某锦以及乙公司不服上述一审判决,提起上诉。二审维持原判。

商业实操建议

需要注意的是,公司经过工商登记的文件不具有设权效力,只具有权证功能,而且这种权证功能主要体现在公司的外部关系中。在公司内部关系中,若有证据证明登记事项与事实不符,例如,股东名册的记载、出资证明书、股权转让协议等,则登记事项的证明效力就会大大降低。工商登记备案的股权转让协议并不必然具有更高的证明效力,法院倾向认可股权转让协议等内部约定更能反映签约人的真实意思表示。

44. 以暗股形式进行隐名投资,双方间的投资协议有效吗?

商业实践中偶尔也会存在投资人以参股形式实际进行隐名投资的行为,如果能够认定真实的投资意愿,双方间的投资协议会被认为有效,这是基于尊重当事人意思自治的法理。

现实案例

1992年,开发公司与他人共同出资设立合资公司,并通过出让方式取得土地使用权。建筑公司据此与开发公司签订参建协议,约定建筑公司出资700万余元,以暗股形式持有开发公司所持合资公司12.5%股权中的5%。1996年,因合资公司房屋建成,建筑公司未获得经济回报或分得房屋,遂诉请确认其与开发公司所签参建协议无效，由开发公司返还投资款及利息损失。法院认为：（1）建筑公司与开发公司签订参建协议，开发公司出具给建筑公司的收据上亦记载了建筑公司支付款项系参建房屋款，虽名为"参建"，但协议中并未明确约定建筑公司参建房屋部位，相反却约定了建筑公司参与地块建设形式和投资比例。此种投资形式中，建筑公司权利义务体现在以暗股形式参与地块建设，按投资比例分享利润，故该协议实为双方间的投资协议。（2）案涉投资协议系双方当事人真实意思表示，亦不违反法律和行政法规禁止性规定，故应为有效。双方因投资关系而产生的权利义务可另行解决。判决确认参建协议有效。

商业实操建议

如果有较为明确的参股意愿，一般建议显名持股或者以签订明确的股权代持协议形式成为隐名股东。如果有明确的投资意愿，无论是参股参建还是以何种名义签署投资协议，按照尊重当事人意思自治的原则，一般会认定双方间的投资协议有效，投资人可以按照约定比例分享利润。

45. 究竟是股权还是债权？对于"名股实债"的司法裁判路径是怎样的？

"名股实债"实际上并不是一个法律概念，而是对实务中存在的某种创新型投资模式的总称，实践中容易引发"究竟是股权还是债权"的争论。

一般而言，名股实债是指投资人将资金以股权投资的方式投入目标公司，并约定在一定期限届满或者一定条件下收回投资本金和获得固定的利益回报的投资模式，在某些法律文件中，监管部门往往将其称为"带回购条款的股权性融资"。

据《最高人民法院民事审判第二庭法官会议纪要》载明，在金融领域，常见的名股实债交易结构包括以下四种：(1)信托公司发行信托计划，以信托资金对目标公司进行股权投资，约定固定的收益回报；(2)信托公司部分股权投资加部分债权投资(如以股东借款名义)模式；(3)证券公司或基金公司设立专项资管基金向目标公司进行股权投资，或者股权投资加发放委托贷款模式；(4)多层嵌套模式，如资金方通过信托公司或证券公司、基金公司通道开展股权投资，同时约定固定的收益回报。在金融领域，监管部门对名股实债的监管态度趋于严格，甚至有监管部门明文规定禁止开展名股实债投资。

与金融监管领域不同的是，人民法院在审判名股实债案件时，在还原当事人真实意思表示的基础上，更倾向于保护交易自由。只要交易模式是双方认可的，未侵犯第三方利益，未违反法律法规规定，一般认定为有效的股权投资行为。

现实案例

需要注意的是，如果投资方在投资时，其与被投资方的真实意思即是双方构成借贷关系，则根据还原真实意思表示的审判思路，最终会认定实际构成"债权"关系。例如，在上海市高级人民法院审理的(2020)沪民终46号案件中，甲公司与乙公司签订贷款合同，甲公司以其通过私募基金募集的资金出借给乙公司，但实际操作中，甲公司与乙公司的控股股东李某祥签订《股权转让合同》及《股权转让合同之补充协议》，约定股权转让期限为12个月，到期后李某祥回购股权。尽管甲公司的经营范围中没有金融借款，属于超越经营范围订立合同，但上海市高院并不因此认定合同无效。上海市高院认为"甲公司虽然约定受让乙公司的股权，但并不追求对争议股权实现真正支配的目的，各签约方的真实目的并不在于标的物的所有权移转。从合同约定内容看，名为股权投资，实为借贷关系。乙公司亦向法院明确其系出于生产经营需要借款，故各方对贷款形成合意，并完成支付。甲公司与乙公司之间发生的实质，是为生产经营需要所进行的临时性资金拆借行为，该行为不属于违反国家金融管制的强制性规定的情形。且案涉合同均为各方当事人在真实意思表示的基础上签订的,合同内容不违反法律、法规的禁止性规定,各方对合同的履行也均予以认可”。因此最终认定贷款合同有效。

商业实操建议

(1)关于名股实债的性质认定问题,最高人民法院的审判思路是“应根据当事人的投资目的、实际权利义务等因素综合认定其性质。投资方目的在于取得目标公司股权,并享有参与公司经营管理权的,应认定为股权投资,投资人是目标公司的股东,在一定条件下可能构成抽逃出资。反之,投资方目的仅系获取固定收益,且不享有参与公司经营管理权的,应认定为债权投资”。

(2)个案中的具体交易结构千差万别,当事人之间的约定往往比较复杂,很难明确定性究竟成立何种类型的法律关系。法院审判实践中,只要明确当事人之间的约定未违反法律法规的强制性规定,则属于有效,按当事人之间的约定履行即可。

46. 如何选择确定公司的组织形式?

创业者在构建好创业思路后踏入商业社会的第一步,就是自己或与创业伙伴共同成立一个组织,这个组织既是创业者的第二个“身份证”,也是日后实际开展经营的主体。企业的组织形式反映了企业的性质、地位和作用,表明一个企业的财产构成、内部关系以及与外部经济组织之间的联系方式。我国常见的企业组织形式有公司制企业、合伙制企业、个人独资企业三大类别。

创业伊始,创业者不但需要了解我国现有的企业组织形式有哪些,更应当了解自己的核心需求,从而选择一种最适合自身的企业组织形式。通常来说,选择组织形式需要考虑以下因素:(1)拟投资的行业。法律对企业组织形式有明确规定的行业,应当按照法律的要求选择组织形式。例如,对于银行、保险等行业只能采用公司制。(2)创业者的风险承担能力。企业组织形式与创业者日后承担的风险息息相关,公司制企业股东仅以出资额为限承担责任,而若选择普通合伙制企业、个人独资企业,创业者都要承担更大的风险。(3)税务因素。不同的企业组织形式所缴纳的税是不同的,根据法律规定,个人独资企业和合伙企业的生产经营所得计征个人所得税;公司制企业既要缴纳企业所得税,又要在向股东分配利润时为股东代扣代缴个人所得税。因此从税务筹划的角度,选择个人独资企业和合伙企业税负更低。(4)未来融资需要。如果创业者资金充足,拟投资的事业所需资金需求也不大,则采用合伙制和有限责任公司制均可;如果日后发展业务所需资金规模非常大,建议采取股份有限公司组织形式。(5)关于经营期限的考量。合伙企业和个人独资企业经营期限一般都不会很长,很难持续发展下去。但公司制企业则不同,除出现法定解散事由或股东决议解散外,原则上公司制企业可以永远存在。

现实案例

成立合伙企业需要注意什么?

成立合伙企业、确定各合伙人的权利义务必须要签署合伙协议。例如,在广东省广州市中级人民法院审理的(2009)穗中法民二终字第 1255 号案件中,江某某书写了欠款证明,并由唐某某作为欠款人签名确认。该证明内容为:"因江某某与唐某某两人合伙经营华城五金商行失败(两人共投入资金 763,147 元,其中唐某某投入 71,751 元)。按唐某某股份 35%比例分成,唐某某尚欠江某某 195,000 元,望唐某某尽快将欠江某某的款项偿还。"后因该欠款证明发生争议诉至法院。法院经审理认为:从欠款证明的内容来看,显然是一份具有对合伙事务清算和对合伙财产进行分割性质的文件。而根据合同约定适用的《合伙企业法》第 21 条,有关合伙人在合伙企业清算前,不得请求分割合伙企业的财产的规定,在本案所涉及的合伙事项没有经过全体合伙人一致同意终止和清算前,私自分割合伙财产的行为明显违反法律规定，是无效的。另外，即使合伙进入清算程序，根据法律规定，所有清算的决定和文书都必须经过全体合伙人一致同意并签字确认，但是在欠款证明中根本不存在上述情形，实为一份没有法律效力的文件。

商业实操建议

（1）成立合伙企业、确定各合伙人的权利义务必须要签署合伙协议，“有约定从约定”是合伙纠纷处理中的通用规则，并且合伙协议的约定应当合法且明确。一旦发生散伙争议及清算不能的情况，及时通过法律途径寻求解决方法，久拖不决可能造成合伙关系不能及时终止、合伙债务持续发生的不利后果。

（2）证明公司财产独立于股东财产，有效防止出现股东对公司债务承担连带责任的情形，应当严格区分股东资金与公司资金、股东账簿与公司账簿、股东自身收益与公司盈利，分别做好财务记录。在每一会计年度终了时，编制财务会计报告，并经会计师事务所审计。

（3）各种组织形式各有优缺点，并没有哪种组织形式是完美的，具体选择用何种组织形式，还是要根据公司的发展阶段不同、业务形式的不同等综合而定。毫无疑问的是，在创业之初或者生产经营过程中，应当及时根据个性化需求咨询专业人士，获取专业指导，一方面可以达到预防风险避免纠纷的目的，另一方面也为未来的发展奠定良好的基础，避免走弯路，错过最佳发展时机。

47. “一人公司”在诉讼过程中变更为普通有限公司的，原股东可否免于承担连带责任？

不能免责。

新《公司法》修订后,“一人有限责任公司”已经成为一个历史概念。新《公司法》删除了有关“一人有限责任公司的特别规定”的整个专节规定,同时允许设立一人股份有限责任公司。从新法修订精神来看,可以乐观解释成有意为投资者松绑,提振经济活力,但是也需要注意到,整个新《公司法》其实都有穿透监管之意,“一人有限责任公司的股东不能证明公司财产独立于股东自己的财产的,应当对公司债务承担连带责任”的条文实际也没有删除,而是修改移动到总则第 23 条。新《公司法》规定:“只有一个股东的公司,股东不能证明公司财产独立于股东自己的财产的,应当对公司债务承担连带责任。”因此,一人有限责任公司即使变更为普通有限公司,原股东如果不能证明其自身财产的独立性,对变更前的公司债务,仍然需要承担连带清偿责任。

现实案例

B 公司系自然人独资有限责任公司,股东为赵某。2021 年,A 公司与 B 公司签订《设备租赁合同》,B 公司租用 A 公司部分建筑设备用于工地施工。2022 年 5 月,因 B 公司支付给 A 公司的 20 万元承兑汇票未能兑付,双方签订《付款协议书》。该协议签订后,B 公司先后两次付款共计 12 万元,2023 年 2 月逾期未再付款。A 公司遂将 B 公司和赵某起诉至法院,要求二被告共同偿还其欠款 8 万元及利息。诉讼中,B 公司变更为赵某、刘某两个自然人投资的有限责任公司,赵某持股 99.9%,刘某持股 0.1%,法定代表人变更为刘某。

一审法院经审理认为,本案的焦点问题为赵某对 B 公司债务是否应承担连带责任。2018 年《公司法》第 63 条规定:“一人有限责任公司的股东不能证明公司财产独立于股东自己的财产的,应当对公司债务承担连带责任。”据此可知,对于一人公司股东与公司之间是否存在财产混同问题,股东应举证证明其个人财产独立于公司财产,否则股东应当对公司债务承担连带责任。本案中,B 公司原为自然人独资有限责任公司,属于一人有限责任公司,虽然在诉讼期间,该公司由一人有限责任公司变更为普通有限责任公司,但在案涉法律事实发生即案涉租赁合同、付款协议书签订时,B 公司为一人有限责任公司,且赵某未能举证证明公司财产独立于其自己的财产,故法院认为赵某应对 B 公司案涉债务承担连带责任。一审判决作出后,赵某不服提起上诉,二审驳回上诉,维持原判。

商业实操建议

一人公司在经营过程中,应当时刻注意将公司账簿与股东账簿进行区分,将股东自身收益与公司盈利进行区分。如果涉及财产混同的诉讼,应当积极进行举证证明财产独立性,尽量提供真实、完整、客观、全面的审计报告,辅以财务报表、会计账簿、业务合同、资金往来等材料予以证明。

48. 初创企业股权架构有哪几种常见模式?

股权架构设计是公司组织的顶层设计,其核心在于解决谁投资、谁来做、谁收益以及谁担责的问题,将是一个在发展中不断完善的过程。股权架构设计需将创始人、合伙人、投资人、经理人及其他利益相关方绑定在一起,从而将股权价值作为企业发展的战略坐标,建立竞争优势,使企业的盈利获得指数级增长。科学合理的股权架构能够明确体现股东的权利、责任及利益分配,有利于企业后续发展中的多轮融资乃至上市,从而实现长期稳定的良性发展。

一元股权架构是指股权比例与投票权(表决权)、分红权一体化的架构。在一元股权架构中,所有股东的权利都与股权比例一一对应。采用该种股权架构,看似简单地解决了股权分配的难题,但由于股东之间的股权比例只能根据其出资来确定,对于初创企业的创始人而言,其对企业控制权的掌握也缺少了自主性和灵活性,甚至很容易因企业融资被稀释股权,或被他人恶意争夺企业控制权,或因其他意外变故而丧失对企业的控制。一元股权架构是最简单的股权结构,需要重点防范产生公司僵局的风险。

比一元股权架构更灵活一些的,还有二元股权架构。二元股权架构是指股权比例与投票权(表决权)、分红权分离的股权架构,即股权比例与投票权(表决权)、分红权的比例不对等。二元股权架构在国外非常普遍,适合那些需要将分红权给某些合伙人,但将决策权给创始人的情况,能帮助创始人和大股东在公司上市后仍能保持对公司的控制权。根据新《公司法》的规定,有限责任公司的章程可以约定同股不同权。需要注意的是,在股份有限公司中,不同类别的股东才能设计这样的架构,持有同一类股票的股东的权利应当是一致的。二元股权架构能满足多数企业的基本需求,但在进行股权架构设计时,需重点关注以下几项工作:(1)股东权利分配策略与利益分配机制是否合理,股东得到的收益与其贡献是否对等;(2)当股权分配涉及公司章程的修改或协议的签订时,是否能够及时修改或签订;(3)是否明确约定退出机制,以避免出现合伙人欲退出公司而公司却不愿回购股权的僵局。

多元股权架构在二元股权架构的基础上,将公司的股东分为多个类型,创始人、合伙人、员工、投资人,资源股东等。针对他们的权利进行整体性安排,以实现维护创始人控制权、凝聚合伙人团队、让员工分享公司财富、促进投资者进入等多重目标。相对于前两种股权架构来说,多元架构能充分考虑企业各类主体间的利益关系,以及各类主体对企业本身的贡献等多方面因素,来指导股权的划分思路,因此在此种架构下划分股权能有利于公司整体的快速发展,同时也符合企业治理的需求。

商业实操建议

企业股权设计不能一蹴而就,也不可能一劳永逸。股权设计将是一个在发展中不断完善的过程。什么样的架构能够保证各方的利益,实现“权力集中、利益共享、风险隔离、进退有章”?根据律所从事股权设计多年的实操经验,一般建议遵循如下原则:

（1）单纯资本不能支配决策。需要明确的是，如果资本在初创期的企业里面占据51%以上的股权及决策权，对于一个创业团队和项目来说，这样架构比例是不合理的，注定无法长久。因为从一开始就注定了结局：决策权不掌握在创业者手中，哪个项目能长久？

（2）注意分配好决策表决权。一般情况下，初创公司的发起创始人要获得决策权，自己手里单独或者联合的表决权，原则上有两个节点：一是50%，不能再少；二是最好超过2/3。发起创始人股东在公司里的表决权往往跟股份相关联，但需要注意的是，决策表决权与股份实际占比之间可以不是一一对应的关系。

49. 如何用AB股的制度实现以较少的股份控制足够大的决策表决权？

为了调动公司其他成员的积极性，创始人想把股份和利益分享给团队其他成员、股权激励对象甚至隐名股东，但是同时又想要保留表决权以控制公司决策。为了适应这种情况，可通过设计AB股来实现目的：

所谓的AB股，又称双层股权结构，股票分为A、B两类，公司向外部投资人公开发行的A类股（普通表决权股份），每股只有1票的投票权；而B类股（特别表决权股份），则由公司管理层（创业团队）持有，每股有10票甚至更多的投票权。这种股权结构保证了管理层（创业团队）在公司中的最高决策权，可以让管理层放心大胆地开展工作，不用担心会被辞退或面临敌意收购。在科创板前，我国《公司法》允许有限责任公司以公司章程的形式设立AB股架构，但不允许股份有限公司设立AB股。自国务院颁布《国务院关于推动创新创业高质量发展打造“双创”升级版的意见》，明确“推动完善公司法等法律法规和资本市场相关规则，允许科技企业实行‘同股不同权’治理结构”后，上交所和深交所开始了对同股不同权制度的探索与推广。现阶段我国有表决权差异安排的股份有限公司可在符合特别规定的情况下申请在主板、科创板及创业板上市。新《公司法》规定了股份有限公司的类别股制度,以后 AB 股的双层股权结构在我国上市公司也会越来越常见。

现实案例

京东的 AB 股实践

京东经历了多轮大规模融资,管理团队利用 AB 股制度将公司控制权牢牢掌握在自己手中。京东将股权分为若干类,给予投资人的股权对应的是较为优厚的财务权利、但较为有限的管理权利的 A 股,而京东管理团队持有的是与之相对应的 B 股,每一票 B 股的投票权等同于 20 票 A 股。在该等架构设计下,纵使 A 股股权数额远高于 B 股,B 股股东们仍可以作为公司的决策权利享有者掌控公司。正是因为有了 AB 股制度,虽然腾讯集团曾经重仓持有京东(并在短期内担任过京东的第一大股东),却鲜少有人将京东视为腾讯的下属子公司。

商业实操建议

我国在法律上逐渐放开对公司实施 AB 股制度的限制,因此创业团队可在符合法律规定的前提下,灵活利用 AB 股制度以保证自己对企业的控制权。但 AB 股制度也存在一定的风险,若创始人和创始团队决策失误,其他股东及公司就会成为决策失误的"陪葬品"。因此,AB 股制度是柄"双刃剑",需要创业团队考虑自身实际情况后审慎使用。

50. 如何通过董事会实现对公司的控制?

根据法律规定,董事必须由股东会或股东大会选举产生,但股东仍可通过在公司章程中约定董事提名权的方式控制董事席位。

董事会成员(尤其是董事长),作为公司经营管理事务的主要决策者,其人选深受每一位股东的关注。在创业初期,董事的任命基本由创始股东们通过协商一致进行确认,大家君子协定,并不在意是否具备严谨的书面流程。然而,随着公司逐步接受投资、开展对外并购,董事人选出现竞争,甚至各方为此"大打出手",董事席位成为各股东的必争之地。公司内部风云变幻,合纵连横,但唯有一条规定在公司章程中大家都没有在意,以至亘古不变——"董事由股东会选举产生""公司经理由董事会选举产生"。绝大部分的公司股东似乎都无条件接受了"选举"产生董事、经理的方式,纵有弊端也默默忍受。可能是对法律规定不够了解,根据我国《公司法》的规定,除国有独资公司外,一般的有限责任公司和股份有限公司的董事均由股东会选举产生;有限责任公司的董事长产生办法可由公司章程规定,而股份有限公司的董事长则必须由董事会以全体董事的过半数选举产生。但是对于更进一步的选举及候选人提名的规则,法律并未进行明确规定。因此实践中,公司股东通常通过在公司章程中约定各股东提名董事的权利及人数的方式,间接控制董事席位,进而实现对公司的控制。

现实案例

公司章程中约定董事长、总经理的产生方式

公司章程中实际可以约定董事长、总经理的产生方式,既可以参考真功夫的"指定任命"方式,也可以参考阿里的合伙人制度。控制了董事会多数席位,最终也就能够掌控整个公司的运营方向。

翻开真功夫餐饮管理有限公司的原章程,可以看到如下"奇怪的约定":"公司董事长由蔡达标任命""公司法定代表人由董事长担任""公司章程的修改需全体董事一致同意"。蔡达标持有真功夫餐饮管理有限公司的股权比例为41.738%,不足一半,但他用短短几句话锁住了他在公司最高权力的闭环,即公司章程约定:蔡达标任命董事长,董事长系法定代表人,上述条款

的修订需董事长同意。真功夫餐饮管理有限公司的原章程中的条款虽然霸道,却是合法的。其实,董事、董事长、总经理的人选是通过选举产生,抑或是直接由某一名股东委派,也可由股东会在公司章程中自行决定。如果股东会一致认为创始股东给一家公司注入了独特的基因和气质,公司的成长凝聚的是创始股东的心血,在此环境下,创始股东指定几个董事席位的任命似乎并无不妥之处。当然,凡事都有一个存在的"合理性"问题,如果真的向上述条款那样完全摒弃选举,由创始人一门心思永享公司"皇位"的话,亦会给公司带来偏听偏信、停滞不前的风险。

马云在阿里巴巴内部实行合伙人制度,这里的"合伙人",与创客们经常说的"企业合伙人",以及法律上的"合伙人"是有区别的。而阿里合伙人团队重要的权利之一即"选举董事会多数席位"。阿里的合伙人制度就是在企业章程中增加一条重要的"合伙人条款",该条款约定,"合伙人"无须按照持股比例的资本多数决原则,即可提名和通过大多数董事人选。马云正是凭借合伙人制度,以不到9%的持股比例控制了半数以上的董事提名,从而实现对企业的控制。也就是说,无论股东如何风云变幻,能够确定董事会多数席位进而掌控整个阿里巴巴集团运营的,是马云及其认可的阿里合伙人。马云的决策无疑是正确的:阿里合伙人内部的一人一票,体现出了公司创始人团队及管理层内部的民主。相比形形色色、来来去去的阿里股东而言,每一名阿里合伙人均获得了马云及公司领导层的认可,有着近似的理想与观念,把投票权交到他们的手里无疑比交给某一个甚至不怎么认识的股东要更保险一些。

商业实操建议

虽然董事均必须通过股东会(股东大会)选举产生,但股东仍然可以通过董事提名权间接控制董事的人选。从公司控制权角度,大股东有必要在公司章程中对董事提名权进行明确,比如对持股数、持股天数、提名人数、提名次数等都可以细化。即便持股数较少的股东也需要注意公司章程中董事提名权的规定,比如看看能否规定小股东联合提名权,避免小股东权益无法得到合理保障。

51. 如何用“一致行动协议”实现对公司的控制?

所谓“一致行动协议”，是指义务人承诺和权利人一致行动的协议。我国《上市公司收购管理办法》第83条对“一致行动”进行了明确的定义：“一致行动，是指投资者通过协议、其他安排，与其他投资者共同扩大其所能够支配的一个上市公司股份表决权数量的行为或者事实。”也就是说，一致行动协议存在广泛的适用空间，能够通过协议方式确认股东支配其他股东表决权数量。在公司的控制人不欲或者难以承受持有股权的成本之时，一致行动协议无疑是保障其对公司控制权的极佳方案。

现实案例

根据江西省高级人民法院作出的(2017)赣民申367号“张某庆、周某康公司决议撤销纠纷再审审查与审判监督民事裁定书”的裁判精神，如果双方当事人已经签订了一致行动协议，双方向证监会与股权会已经提前披露过，为维护商业秩序，即便义务人违反承诺而作出不同表决，股东大会也可以直接根据协议将该不同表决统计为相同表决。因此，一致行动协议的权利人可以通过不持有股权的方式，以较小的代价完成对公司的控制权；甚至只要签署了一致行动协议，即能实现对公司的控制权，无须担心因义务人事后违约而失去对公司的控制权。

商业实操建议

实践中，设计一致行动协议时，除了起草合同通用的注意要点外，还需要特别注意以下条款的设计：

（1）明确禁止任意解除权。实践中有部分观点认为，一致行动协议性质上属于委托合同。而对于委托合同，尤其是无偿的委托合同，根据《民法典》第933条的规定，受托人可以随时解除委托合同。也就是说，在没有其他法律规定的前提下，一致行动协议的当事人有权利随时解除一致行动关系。这无疑意味着一致行动协议完全可能成为废纸一张，因为义务人可以在拒绝一致行动的同时解除合同而避免违约，但为了最大限度地防止风险，保障权利人的权利，有必要在一致行动协议中明文排除义务人的任意解除权。进一步需要注意的是，实践中一般认为，就无偿的委托合同，即权利人不承担任何对价的委托合同，即便合同约定排除了义务人的任意解除权也是无效的。因此，为了防止此种情形的出现，设计一致行动协议之时最好给予义务人一定的报酬①，同时规定义务人一旦解除合同的违约责任。

（2）明确约定违反一致行动义务的法律责任。如前所述，江西省高级人民法院审理的（2017）赣民申367号案件中，法院认为，即便义务人违反承诺而作出不同表决，股东大会也可以直接根据协议将该不同表决统计为相同表决。但是实践中仍然对此存在争议。部分案例认为，表决权属于人身性质的义务，权利人不能强制要求义务人予以实际履行。因此，为了最大限度保障权利人的权利，应当在一致行动协议中明确义务人违反一致行动协议，未能进行一致性投票的违约责任。

（3）明确擅自转让股权的法律责任。尽管一致行动协议是保障权利人所能控制的表决权数量的方案，但是一致行动协议并不能阻止义务人对外转让股权。即便协议中禁止义务人对外转让股权，也不具备对世效力，从而无法限制受让人，尤其是善意的受让人取得股权。而一旦义务人将所持股权对外转让，一致行动协议所规定的一致行动义务无疑成为无源之水。此外，义务人违反一致行动协议是否对权利人造成损害，损害的具

---

① 关于有偿的委托合同可以禁止行使任意解除权的观点，可参见浙江省宁波市中级人民法院（2014）浙甬民二终字第339号等判决。

体数额也往往难以证明。所以，一致行动协议中非常有必要对义务人擅自转让股权的违约责任进行具体的规定。一方面通过较高的违约金数额威慑义务人不得转让股权；另一方面也通过较高的违约金数额尽可能地挽回权利人的损失。

52. 公司战略架构中需要具备哪些税务筹划知识？

公司设立之初，在工商注册流程上，首先会面临公司类型的选择，也就是要确定公司组织形式究竟是合伙制还是有限责任公司等。其次需要确定公司的持股主体是自然人、合伙企业还是公司。在实践中应当从实用主义出发，考虑到不同持股主体面临的税务负担实际是有所不同的，依据现有税法及相关文件分析如下：

非上市公司，股东来自持股公司的所得主要包括分红及股权转让所得，在公司上市之前，不同的持股主体税收负担差异如下：

一是分红所得：(1)股东为自然人的，需就分红所得缴纳20%的个人所得税。(2)股东为合伙企业的，对外投资分回的利息或者股息、红利，不并入企业的收入，而应单独作为投资者个人取得的利息、股利、红利所得。合伙企业合伙人是自然人的，应当缴纳20%的个人所得税；合伙企业合伙人为公司制企业法人的，应当缴纳25%的企业所得税。若合伙企业为创业投资企业，选择按单一投资基金核算的，其个人合伙人就其股息红利所得应缴纳20%的个人所得税；选择按年度所得整体核算的，其个人合伙人按照"经营所得"项目，5%~35%的超额累进税率计算缴纳个人所得税。(3)股东为公司的，按照《企业所得税法》规定，从企业分回的投资收益属于税后所得，不需要再缴纳企业所得税；但最终个人股东获取所得时，仍需缴纳20%的个人所得税。

二是转让股权所得：(1)自然人持股，转让股权所得需缴纳20%的个人所得税。(2)股东为合伙企业的,按照"先分后税"的原则,自然人合伙人应当将股权转让所得收益全部纳入生产经营所得,按照5%~35%的超额累进税率计算缴纳个人所得税;合伙企业合伙人为公司制企业法人的,应当缴纳25%的企业所得税。若合伙企业为创业投资企业,选择按单一投资基金核算的,个人合伙人从该基金应分得的股权转让所得缴纳20%的个人所得税,选择年度所得整体核算的,个人合伙人按照"经营所得"项目,5%~35%的超额累进税率计算缴纳个人所得税。如符合《财政部、税务总局关于创业投资企业和天使投资个人有关税收政策的通知》(财税〔2018〕55号)规定条件的,可按照被转让项目对应投资额的70%抵扣其应从基金年度股权转让所得中分得的份额后再计算其应纳税额。(3)如果持股主体是公司制企业,转让股权时交一次企业所得税,但会面临双重纳税,即最终股东获取该所得时,还要缴纳20%的个人所得税。

单从税务成本来看,由公司持股将面临双重纳税的风险,自然人持股的成本可能是最低的。但即使是这样,大多数民营企业家也不愿意去缴此个税。在实践中究竟如何去应对呢?建议企业家(实际控制人)的股权大部分由公司主体持股:(1)大多数情况下,非上市公司股权的流动性较差,股权转让并非股东所得的主要来源,所得主要来自红利(即使没有直接分红而通过其他应收款挂账超过1年的挂牌,税务上也是视同分红),此时可以考虑由公司当作持股主体,规避缴纳个人所得税。(2)典型的情形是,公司由自然人持股,而且积累了大量的未分配利润,为了改制上市(创业板、科创板股本至少3000万元,主板股本至少5000万元),其中留存收益折股的部分需要缴纳20%所得税。如果在公司发展早期,进行了税收筹划,主要由公司制法人企业持股,则可以大幅度节约上市的成本。当然,有的公司"财技"高超,利用新三板进行监管套利,选择在首次公开发行股票(IPO)之前先行在新三板挂牌,利用新三板挂牌的中介机构成本较低,以及分红、股权转让均比照上市公司享受的税收优惠政策,解决历史遗留问题,节省了巨大的税务成本。(3)即便是在上市之前引进投资者,新股东允许原股东部分套现,亦可以通过先让公司股权平价转让给个人,再由个人溢价转让,避免公司双重纳税,达到节税的目的。

与非上市公司不同的是,对于上市公司,无论是分红还是股票转让,相对其他持股主体，自然人持股税负成本优势更加明显，持股超过 1 年的自然人享有的来自上市公司的股息红利是免税的，股票转让（限售股除外）所得亦能免税。而公司法人持股主体，其股票转让所得需要缴纳企业所得税。另外，由于上市公司的股票属于金融商品，股票转让环节还涉及增值税，无论是公司、有限合伙企业还是其他资管产品等持股主体均是金融商品增值税（含城建及教育费附加）纳税主体，而自然人可以暂免缴纳股票转让的增值税。因此，非上市公司建议主要股权由公司持有，上市公司尽量筹划为自然人持股应是理性选择。但问题是，在什么时候通过何种方式转变为自然人持股为好呢？最好选择在公司整体变更后申报 IPO 材料之前，将部分股权（将来要退出的部分）平价转让给企业家个人持股，这样税务成本会相对较低，如能与当地税务管理沟通好甚至可能暂时不用纳税；如果选择在上市之后转让，则企业家将承担 IPO 溢价所带来的税务成本。公司上市后，上市公司成为了资本运作的平台，公司融资和筹划的空间更大，设计持股主体的考量涉及的因素更加复杂，比如在上市之前安排一些股权由有限公司持股，将来大股东可以发行可交换债权，则会极大减少交易成本、信息披露成本及融资成本。另外，如果为了便于股权的控制和管理，有限合伙企业持股亦是合适的选择。

商业实操建议

上市之前，建议尽量由公司制法人企业来进行间接持股，延迟缴纳个人所得税；一旦准备 IPO，应及时将股权转让给个人，上市后的股权溢价是主要考虑因素，自然人持股税务成本最低。

53. 名为有限责任公司实为合伙的，公司应当如何承担债务责任？

名为有限责任公司，实际是虚假注册出资或合伙投资经营的，股东应当据实承担无限责任。

现实案例

在上海市第二中级人民法院审理的(2004)沪二中民三(商)终字第239号案件中,1998年,文某与姚某虚假出资成立机械公司,公司实由文某操控,姚某为挂名股东。1999年,文某与张某、王某签订股东协议书,约定三方共同均等出资成立机械公司,共担风险,共同分配利润。随后三方各自不均等出资。2002年,因管理分歧,张某、王某诉请文某、姚某、机械公司退还投资款并分配利润。

法院认为:(1)市场主体是否具备公司法人资格,不仅应有工商登记之名,更重要的是须具备《公司法》规定的股东资格及实际出资之实,如经济实体虽挂公司之名却行合伙甚至独资之实,法院应根据实际情况判令该经济实体承担无限责任。(2)本案中,股东协议书实属张某、王某与文某借用机械公司名义进行经营之协议,从机械公司工商登记及审计结论来看,三方不存在新设公司并成为新公司股东的合意,公示的股东文某、姚某均未实际出资,故张某、王某不能因实际投入部分资金及实际参与管理而成为公司股东。(3)三方未依约定足额均等出资,应按协议约定"共担风险,共同分配利润"原则分配盈亏,即由机械公司将可分利润三方均分,给付主体为机械公司,因文某兼有合伙人及机械公司法定代表人双重身份,对合伙利润应负保管、管理之责,故文某应向张某、王某承担上述利润的补充支付责任。法院判决机械公司分别支付张某利润21万余元,支付王某投资款2万余元、利润21万余元,文某对上述付款义务承担补充支付责任。

商业实操建议

司法实践中越来越盛行"穿透式"审判,无论协议采取何种形式,发生争议时要求据实认定事实法律关系的主张越来越容易获得法院支持。这也要求商业实践中越来越需要名实相符，名为有限责任公司的就需要真实出资、做好财务管理，在出资份额内承担债务责任，否则很容易被穿透，丧失公司独立法人资格。

54. 有限合伙企业和有限责任公司相比，有什么不同？

有限责任公司与有限合伙企业是两种非常重要的企业组织形式。根据《公司法》和《合伙企业法》的规定，公司是企业法人，有独立的法人财产，享有法人财产权。公司以其全部财产对公司的债务承担责任。有限责任公司的股东以其认缴的出资额为限对公司承担责任。有限合伙企业由普通合伙人和有限合伙人组成，普通合伙人对合伙企业债务承担无限连带责任，有限合伙人以其认缴的出资额为限对合伙企业债务承担责任。

需要注意的是，公司股东和有限合伙人的“有限”责任都不是绝对的。公司股东滥用公司法人独立地位和股东有限责任逃避债务，严重损害公司债权人利益的，应当对公司债务承担连带责任。公司股东应当严格遵守《公司法》及公司章程各项规定，本着诚实守信的原则合理行使股东各项权利。有限合伙人不执行合伙事务，不得对外代表有限合伙企业。有限合伙人以普通合伙人身份代理合伙企业事务，或第三人有理由相信有限合伙人为普通合伙人并与其交易的，该有限合伙人对该笔交易承担与普通合伙人同样的责任。

现实案例

有限合伙企业中的无限责任承担

根据上海嘉定法院分享的案例：丙中心系由赵某、钱某、孙某投资设立的有限合伙企业，赵某系普通合伙人及执行事务合伙人，钱某和孙某为有限合伙人。为扩大业务规模，丙中心推出了一个名为“网红助推器”的投资项目，向外招募合作方。投资者李某闻讯而来，钱某热情接待了李某。洽谈过程中，钱某自称其系丙中心负责人，该项目由其一手打造并负责推进，保证前景良好，回报丰厚，如投资该项目肯定稳赚不亏。听完钱某的推介之后，李某大为心动，遂与丙中心签订了合作协议书并支付了投资款，钱某亦在合作协议书的“丙中心负责人”处签名。后该项目进展顺利，经结算，盈利远超预期，但丙中心却未按约向李某支付投资收益。随后，李某将丙中心及合伙人赵某、钱某、孙某诉至法院，要求丙中心支付投资收益，赵某、钱某、孙某对合伙企业债务承担无限连带责任。

法院经审理认为，李某与丙中心之间合作协议合法有效，在满足项目分红条件后，丙中心应当按约向李某支付投资收益。赵某作为普通合伙人应当对合伙企业债务承担无限连带责任；钱某虽为有限合伙人，但其积极执行合伙事务并代表企业促成交易，使李某有理由相信其为普通合伙人，应对合伙企业的该笔债务承担无限连带责任；而孙某作为有限合伙人，未参与企业经营管理，未参与合伙企业与李某间的该笔交易，不应对企业债务承担无限连带责任。

商业实操建议

对于创业者而言，有限责任公司和有限合伙企业两种企业组织模式各有优劣，选择哪种模式并没有唯一的答案。有限合伙企业看似优点多多，例如，有利于拥有“一技之长”的普通合伙人以较少的出资控制企业，并对企业的发展作出专业化决策；也有利于手握海量资金的投资者作为有限合伙人提高投资积极性，同时有限合伙企业还具有“税负更少、安排灵活”的制度优势。但应当注意的是，有限合伙企业并非创业者的“避风港”，一旦合伙企业不能清偿到期债务，普通合伙人不享受有限责任的保护，应对合伙企业未能清偿的债务需承担无限连带责任；而对于有限合伙人而言，如上述案例所示，在符合法律规定条件时也可能被追究债务的无限连带责任。

55. 公司注册地与实际经营地址不一致，有哪些法律风险？

以前有被处罚风险，现在作为一种常见情况基本能被监管接受，但仍需防范由于地址不一致收不到法律文件等的风险。

按照已失效的《公司登记管理条例》第12条的规定，公司的住所是公司主要办事机构所在地；经公司登记机关登记的公司的住所只能有一个。公司的住所应当在其公司登记机关辖区内。如今，按照新制定的《市场主体登记管理条例》，住所或者主要经营场所都可以作为市场主体的一般登记事项；市场主体只能登记一个住所或者主要经营场所。市场主体变更住所或者主要经营场所跨登记机关辖区的，应当在迁入新的住所或者主要经营场所前，向迁入地登记机关申请变更登记。迁出地登记机关无正当理由不得拒绝移交市场主体档案等相关材料。

此外，很多地方有更加宽松的规定，但一般要求公示实际经营地址。例如，按照《北京市优化营商环境条例》有关规定，市场主体可以在登记住所以外的场所开展生产经营活动，但是应当通过企业信用信息系统自行公示实际生产经营场所的地址。市场主体对其公示的实际生产经营场所的真实性、详尽性、及时性负责。发现企业未公示实际经营场所或公示的实际经营场所信息虚假的，可向该企业注册地市场监管部门举报，企业注册地市场监管部门应依据《企业信息公示暂行条例》的相关规定予以处理。

现实案例

公司注册过程中能否使用虚拟地址？

公司注册过程中经常为图便利使用虚拟地址，指的是创业者可以通过租用虚拟办公地址来作为公司的注册地址。从法律的角度来看，虚拟地址注册公司是合法的。在许多国家和地区,虚拟地址已被承认为注册公司的有效方式,在我国很多经济开发区等甚至都会官方提供免费的注册地址。但需要注意的是,虚拟地址仅作为注册地址使用,并不能替代实际的办公场所。在公司运营过程中,需要确保有一个实际的经营场所,以满足业务运作的需要。使用虚拟地址注册公司可以节省费用,并实现实际经营的选址自由。但与此同时,使用虚拟地址注册的公司要确保可及时接收到工商部门发放的通知书,确保通过国家企业信用信息公示系统登记的联系方式能够取得联系。否则,一旦被工商行政管理机关查处,轻则被列入企业经营异常名录,重则可能会被处以罚款或遭受吊销营业执照等处罚。除此之外,若因为使用虚拟地址而不能及时接收法律文书,企业将会丧失诉讼中的抗辩机会。按照现行法律规定,在无约定管辖情况下,对企业法人提起的诉讼由企业住所地法院管辖,一旦法院的文书送达工商登记地址,企业常常会因未收到法院文书而失去出庭辩护机会(如被物业签收、公告送达等),可能会承受由法庭缺席判决而导致的败诉风险。

商业实操建议

有些企业工商登记的地址与实际办公地址不一致,原因可能多种多样,有的是搬迁后未及时变更工商登记信息,有的是为了享受登记地区的税收优惠政策等,建议及时办理变更工商登记,或者按照当地监管要求在系统中公示公司实际经营地址。毕竟住所或者主要经营场所是公司一般登记事项,无论是监管还是善意第三人角度,都希望能够便捷地通过登记公示事项及时顺利联系到相应公司。

56. 公司股权的 VIE 架构是怎么回事?

"VIE"是英文"Variable Interest Entities"的缩写,翻译为中文是"可变利

益实体”。在公司谋求海外上市时，一般会使用VIE结构。首先，出于主权或者意识形态管制等因素，中国产业政策往往限制外资投资一些新兴或技术领域，如电信、互联网、媒体等产业。然而，这些领域的运营往往需要引入国外资本技术或者管理经验。其次，最重要的是，类型以及实力相仿的中国企业，越早在海外上市就能越早获取资本优势，也越能更快速地抢占中国市场，击溃其竞争对手，进而实现国际化目标。例如，阿里巴巴当时之所以不在中国上市，最重要的考虑因素为，在中国，即使有很强的盈利能力，算上上市前的“整改期”和证监局的“辅导期”，从申请到正式挂牌平均需要1~2年时间。而在美国，只要严格遵守正确步骤，上市准备过程非常短，就如最受中国企业青睐的纳斯达克上市板块，手续完成时间只需5~6个月，同时成功率高达99%。因此，许多中国企业采取了VIE这种并行的企业构建框架，一方面解决了注册在中国的公司去境外上市的障碍，另一方面为外资入股实现可能性。

整体而言，中国境内股东投资设立离岸公司，利用离岸公司持有境外公司上市实体的股份。同时，境外上市公司吸收境外投资者、公众股东的投资之后，利用其设立的100%控股的中国境内“外商投资企业（Wholly Foreign Owned Enterprise，WFOE）协议”控制中国股东所持有的经营实体（即外资受限业务牌照持有者）。具体而言，除了境内的运营实体，搭建经典的VIE结构往往包含以下基础权益主体：（1）海外第一层主体为离岸公司。例如，在英属维尔京群岛设立的公司（BVI公司）。BVI公司，其设立目的是具有高度保密性，且上市主体的分红或者出售股票的所有收入进入BVI公司后，股东个人避免了被立即征税，具有迟延纳税或者可能免税的功能。另外，除了税收筹划，离岸公司的设立在一定程度上帮助境内投资者隔离了风险。（2）海外第二层主体为开曼公司。开曼公司为真正的上市主体。由于BVI公司注册要求低，相比而言，开曼公司更容易通过审查，进而在美国、中国香港、新加坡证券交易市场实现上市。并且，开曼的公司与金融方面的法律相当适合离岸金融，被誉为“资本工厂”。（3）海外第三层主体为香港的特殊目的实体（Special Purpose Vehicle，SPV）。中央政府与香港特别行政所签署的《关于建立更紧密的经贸关系的安排》等一系列的互赢、互通性政策使得以香港公司作为境内 WFOE 的设立法人，较开曼公司有着更为得天独厚的优势，可有效压缩股东公证成本、缩短设立时间、享受税收优惠。(4)海外第四层主体为香港的 SPV 在中国设立的 WFOE。WFOE 与国内运营实体签订一系列协议，如《贷款协议》《股权质押协议》《业务经营协议》《股权处置协议》等，最终是上市的母公司间接控制了中国的内资公司及其股东。

VIE 结构一般都是为了境外 IPO 上市而搭建的。从财务角度来看，目的是使得境内的 VIE 实体公司的财务数据，能够合并到境外拟上市的壳公司中。同时为了使境外投资者安心，境外壳公司应当对境内 VIE 实体公司有完全且牢固的控制权。所以，从本质上来讲，VIE 结构是通过一系列合同(外商独资公司、VIE 实体公司和 VIE 的股东之间签订的)，使境外拟上市的公司针对境内经营实体，从实际效果上实现股权的两个基本权能：投票权和分红权。中国投融资行业的人，会比较熟悉“明股实债”这个词，借用这个大家熟悉的词汇来概括 VIE 结构的话，我们可以亲切地称之为“明债实股”，投票权和分红权等相关的内容和功能会通过一系列的合同协议安排实现。

现实案例

溯源第一家凭借 VIE 架构上市的互联网公司

新浪早在 2000 年就赴美上市，当时国内互联网企业尚无上市先例，寻求海外突破是唯一选择。而新浪上市前一年(即 1999 年)，其营业收入 283 万美元、亏损 939 万美元、净资产 770 万美元；上市当年营收 1417 万美元、亏损 5107 万美元。这样的财务状况不仅达不到国内上市的条件，更与海外直接 IPO 要求差距甚远。为了海外融资的需要，新浪找到了一条变通的途径：外资投资者通过入股离岸控股公司 A 来控制设在中国境内的技术服务公司 B，B 再通过独家服务合作协议的方式，把境内电信增值服务公司 C 和 A 连接起来，达到 A 可以合并 C 公司报表的目的。这种操作就是后来广泛使用的 VIE 模式。2000 年，新浪以 VIE 模式成功实现美国上市后，VIE 甚至还得名“新浪模式”。

商业实操建议

企业搭建 VIE 协议控制架构，是能够适应 2000 年前后监管环境的一种非常具有实操性的法律服务创新，越来越得到广泛应用和监管认可。2021 年 12 月 1 日，证监会有关部门负责人在答记者问中指出，中国证监会并不禁止 VIE 架构上市。需要注意的是，尽管最初阶段各方都一心一意想把企业做大做强、筹划上市，但因为 VIE 架构有其特殊的、固有的法律风险和商业风险，随着企业经营逐渐深化，各方的权利、利益甚至权力（包括企业、投资者或者监管者）不能协调一致时，或许最终迫不得已需要拆除 VIE 架构的情况亦并不鲜见，由此所产生的争议解决起来非常不容易。创业者对于 VIE 架构需要保持清醒的认识，不要盲目模仿，配合监管的思路对于搭建 VIE 协议控制架构的合法性、必要性、合理性都要进行认真评估。2023 年 2 月 17 日，中国证监会发布了《境内企业境外发行证券和上市管理试行办法》，并同步发布了 5 项配套监管规则适用指引（合称“境外上市新规”），自 2023 年 3 月 31 日起实施。境外上市新规的实施，开启了境内企业境外上市全口径备案监管的新时代，也将此前未纳入监管的 VIE 架构境外上市正式纳入备案监管范围。

57. 创始人之间的股权结构如何动态调整？

需要认识到，创业企业股权架构和股权分配不能一成不变，需要动态调整。因为公司作为永续经营的实体，处在不断的发展变化中，不同成长阶段对人力资本量与质的需求均不同。一方面，早期创业伙伴，特别是其中成长比较慢的个体，可能越来越不适应公司新的发展阶段，对公司成长的边际贡献越来越低；另一方面，公司需要不断引入新的合伙人或者核心员工，以满足公司发展对于关键人力资本的需求。

在多个创始人最初划分股权的时候，大家应该有一个认知，即创始团队各成员目前拿到的股权并非其最终应得的股权，该股权还应该与各人在公司的服务年限、未来对公司的贡献等因素绑定，并且大家对未来股权调整机制也应达成共识。动态调整的方案大体有两种思路，一种是做减法，另一种是做加法。做减法的意思是，在创始人离开公司或其拿到的股权与其贡献程度不匹配时，该等创始人的股权相应减少。减少的方法可以是公司回购股权、其他创始人按比例购买。回购/购买的价格可以结合该创始人在公司的表现、公司发展情况等多方面因素综合考虑确定。做加法的情况是，在公司创立之初各创始人就将其股权划出一部分至创始团队股权池，在创始人符合其业绩表现要求的前提下，可以每年相应从股权池中获得一部分股权，而对于那些离职或不符合要求的创始人，则无法从中获得股权。至于由谁来决定作出这种调整，可以是民主投票，也可以是指定一个主要创始人来提出并确定方案。

商业实操建议

创业企业创始人应该善待早期创业伙伴，尽早设计科学合理的股权架构，适时、适当地进行最初阶段的股权分配，同时建议构建动态股权治理平台、创新创业企业治理模式。例如，利用有限责任公司规避无限连带责任、采用有限合伙企业构建收益权和控制权（投票权）分离的股权激励持股平台、引入管理层及核心员工民主决策与监督机制、在公司内部实行动态的股权流转设置、设计股份绑定机制促进激励相容、引入与华为类似的动态配股增发机制、基于公司业绩表现实施与华为类似的动态分红制度、完善与华为类似基于员工绩效的动态增发配股和动态分红制度、同时在必要的情况下改善并创新创业企业监事会治理机制，以期在企业内部引入市场机制促进合理竞争、实现重要利益相关者的激励相容，既充分激发关键人力资本的潜力，又能确保创始人（或创业团队）控制权，同时在监事会治理和董事会治理层面辅以相关公司治理机制进行合理制衡。

58. 如何破解 50∶50 股权结构下的公司僵局?

“公司僵局”是指公司在存续运行中由于股东、董事之间矛盾激化而处于僵持状况,导致股东会、董事会等公司机关不能按照法定程序作出决策,从而使公司陷入无法正常运转,甚至瘫痪的状况。即使公司的经营没有陷入瘫痪状态,但是公司的股东会及董事会既不能依法召开也不能做出有效的决议,公司内部各权力机关显然已陷入瘫痪状态,持有 50% 份额的股东一方的权利受到严重的损害,对其来讲,当初成立公司的目的彻底落空,继续维持公司的存在将会使其利益受到更大的损害。为破解公司僵局,维护被侵权股东的利益,《公司法》赋予相应份额的股东依法提起公司解散之诉的权利。

首先,在事实标准上看,判断公司的经营管理是否出现严重困难,应当从公司的股东会、董事会或执行董事及监事会或监事的运行现状进行综合分析。其次,在本质标准上看,判断是否满足公司解散的本质条件是“股东投资公司的目的是否落空,期待利益是否无法实现”。《公司法司法解释(二)》第一条明确了司法解散的四种情形,其本质特征是公司股东投资公司的目的不能实现,因为股东投资公司目的在于获得股权,也即获得公司财产的收益权和公司管理的控制权。但是,当公司僵局出现时,公司权力机构的运行机制失灵,受害股东的控制权完全丧失,继而财产收益权也将会受到重大损失,此时,受害股东投资公司的目的和期待利益落空,公司已无继续存在的必要,于是《公司法》赋予受害股东司法解散的权利,以使其摆脱公司僵局的束缚,维护自己的合法权益。另外,公司解散之诉还需要满足程序要件和资格要件,即“公司僵局通过其他途径长期无法解决”和“占比 10% 以上的股东提起诉讼”。

现实案例

在江苏省高级人民法院审理的(2010)苏商终字第0043号案件中，林某清与戴某明系甲公司股东，各占50%的股份，戴某明任公司法定代表人及执行董事，林某清任公司总经理兼公司监事。甲公司章程明确规定：股东会的决议须经代表1/2以上表决权的股东通过，但对公司增加或减少注册资本、合并、解散、变更公司形式、修改公司章程作出决议时，必须经代表2/3以上表决权的股东通过。股东会会议由股东按照出资比例行使表决权。原告林某清诉称：甲公司经营管理发生严重困难，陷入公司僵局且无法通过其他方法解决，其权益遭受重大损害，请求解散公司。根据2018年《公司法》第182条，将“公司经营管理发生严重困难”作为股东提起解散公司之诉的条件之一。判断“公司经营管理是否发生严重困难”，应从公司组织机构的运行状态进行综合分析。公司虽处于盈利状态，但其股东会机制长期失灵，内部管理有严重障碍，已陷入僵局状态，可以认定为公司经营管理发生严重困难。对于符合《公司法》及相关司法解释规定的其他条件的，人民法院可以依法判决公司解散。江苏高院经过审理，甲公司已符合《公司法》及《公司法司法解释(二)》所规定的股东提起解散公司之诉的条件。从充分保护股东合法权益，合理规范公司治理结构，促进市场经济健康有序发展的角度出发，依法作出了解散甲公司的判决。

商业实操建议

在股权架构设计中应当尽量避免以下两种股权结构：一种情况是，即使股东数量众多，股权比例分散，但某个股东或者某几个关联股东的持股比例为33.4%，这时只要该股东或关联股东投反对票，对公司重大事项就难以达成一致意见，从而产生公司僵局。另一种更为糟糕的情况是，企业由两个股东构成，持股比例为50∶50，这种情况下如果股东间就公司未来战略、管理构架或个人关系产生冲突，则难以达成任何决议。

59. 股东退出机制应当如何建立？

创业初期，所有股东都是一腔热血，为今后的利益分配考虑，大家都会过于重视股权分配，却容易忽视退出机制。实际上，股权架构是为了“好聚”，而退出机制则是为了“好散”。如果股东不能为企业创造价值，但却继续持有公司的股份，就会违背股权激励的目的，同时也会影响其他股东的利益。此时，退出机制就派上用场了。合伙时没有把退出机制设定好，当股东要退出的时候就会出现一系列问题。

企业发展过程中，由于意见或规划不同，合伙人、股东之间难免产生摩擦，这会给企业带来不利影响。为保障每一位股东的权益，企业应设计完美的股权退出机制，维护企业健康有序发展。在设计股权退出机制时，为保证尽善尽美，企业可以重点参考以下方法：（1）提前设定退出机制。提前设定好股权退出机制，明确规定合伙人在不同阶段退出时，要退回的股权和退回形式。股权架构的设计是跟合伙人的贡献程度直接挂钩的。当合伙人退出时，其所持股权需要按照规定退回公司。这不仅能保障其他合伙人的权益，还有利于公司的长期发展。（2）股权溢价收购。对于合伙人中途退出，其股权收购的形式也得提前约定。回购的价格既可以按照公司估值，也可以进行适当溢价。（3）设定违约条款。为防止合伙人退出公司但却不退回股权的情况，可以在股东协议中设定高额违约金条款。

现实案例

在最高人民法院审理的（2016）最高法民申 2970 号案件中，最高人民法院经审理认为，陈某官对胡某勇欠付的剩余股权转让款 1815 万元及利息向一审法院提起诉讼，其中诉讼请求之一为要求目标公司即万晨公司承担连带责任。万晨公司根据《股权协议书》已于 2012 年 8 月 22 日完成了股权变更登记,陈某官已经不再是万晨公司的股东,股权转让发生在陈某官、胡某勇两个股东之间,陈某官出让自己持有的万晨公司 60%的股权,胡某勇受让股权并应承担支付股权转让款的义务,《股权协议书》约定万晨公司承担连带责任,不存在损害其他股东利益的情形。万晨公司承担连带责任系经过公司股东会决议,是公司意思自治的体现,并不违反法律强制性规定。万晨公司是本案的当事人,在一审中对陈某官主张其承担连带责任并没有提出异议,二审判决认定当事人对此不持异议,且法院主动对公司的自治情况进行司法干预不妥是正确的,二审依据本案事实判决万晨公司承担连带责任并无不当,万晨公司认为不应承担连带责任的申请再审理由不能成立。

商业实操建议

创业是个理性行为,应当把人情放在规则和制度的"笼子"里,事先制定好公司制度规则,关于股东退出场景、退出条件、退出价格等约定越早越好、越细越好。如果在设计股权架构时,没有约定好退出机制,一旦出现合伙人退出情况,股权很难回购回来,此时便很容易产生纠纷。为了避免退出公司时面临无法退出的困境,建议在公司设立之初,在股东投资协议或者公司章程等文件中就股东退出的相关情形作出具体约定,并对退出的程序、价格以及违约条款设置清楚,以最大程度维护公司的整体稳定及可持续发展。

60. 对公司发展没有贡献的股东,可以将其除名吗?

股东除名是一项非常严肃的制度,有法定条件和程序,一般不能以对公司发展没有贡献为理由将股东除名。

《公司法司法解释(三)》第 17 条第 1 款规定:"有限责任公司的股东未

履行出资义务或者抽逃全部出资,经公司催告缴纳或者返还,其在合理期间内仍未缴纳或者返还出资,公司以股东会决议解除该股东的股东资格,该股东请求确认该解除行为无效的,人民法院不予支持。”根据这一规定,有限责任公司确实可以将股东除名,但应当同时满足以下三个要件:一是股东存在完全未出资或抽逃全部出资的情形,履行了部分出资义务或者抽逃部分出资的股东不适用该规则;二是公司履行前置催告程序,且经催告后在合理期限内股东仍未缴纳或返还出资;三是公司应当依法召开股东会,并形成合法有效的关于股东除名的股东会决议。

关于股东除名,新《公司法》第 52 条第 1 款、第 3 款作出了明确规定:“股东未按照公司章程规定的出资日期缴纳出资,公司依照前条第一款规定发出书面催缴书催缴出资的,可以载明缴纳出资的宽限期;宽限期自公司发出催缴书之日起,不得少于六十日。宽限期届满,股东仍未履行出资义务的,公司经董事会决议可以向该股东发出失权通知,通知应当以书面形式发出。自通知发出之日起,该股东丧失其未缴纳出资的股权……股东对失权有异议的,应当自接到失权通知之日起三十日内,向人民法院提起诉讼。”

现实案例

被除名的股东能否对作出股东除名的股东会决议享有表决权?

任鸿雁律师在“无讼讲堂”分享过这样一个案例:上海市第二中级人民法院作出的(2014)沪二中民四(商)终字第 1261 号“上海某国际贸易有限公司、宋某祥与杭州某贸易有限公司决议效力确认纠纷案”民事判决书中明确,《公司法司法解释(三)》第 17 条中规定的股东除名权是公司为消除不履行义务的股东对公司和其他股东所产生不利影响而享有的一种法定权能,是不以征求被除名股东的意思为前提和基础的。在特定情形下,股东除名决议作出时,会涉及被除名股东可能操纵表决权的情形。故当某一股东与股东会讨论的决议事项有特别利害关系时,该股东不得就其持有的股权行使表决权。

商业实操建议

股东除名是最后的招数,不到被迫无奈时不建议使用。使用股东除名程序一定要请专业律师给予咨询指导,无论是否属于"完全未出资和抽逃全部出资",还是催告后的"合理期限"应该多长合适,实践中都有些较为复杂的情形,需要专业律师辅助作出判断。商业实操层面一般建议进行友好协商,以合适的价格回购股东所持股份,是解决这类问题的最优解。

61. 创业之初该如何跟资源股东合作?

创业之初需要快速聚集各种资源,如何跟资源方的合作是创业团队通常都会遇到的问题。

首先,要想清楚在这个项目或者初创公司里真正需要哪些资源,公司需要的是客户的认可、业绩案例、收益或现金流还是其他。如果公司迫切需要的是案例与业绩,可以让渡部分利益;如果迫切需要利益则可以让渡名分。必须有所取舍,才能有机会和资源方谈判合作下去。

其次,要搞清楚资源方想在这个项目或公司里获得什么。如果对方要更多的金钱收益,可以在股权不变的情况下给予更多收益权,通过协议性安排,将成本透明化,在扣除各类项目成本后,剩余利益分配时,向资源方倾斜。如果对方需要业绩支持自己未来开发新业务,那就给足名誉性的头衔,但利益方面请对方作出更多让渡。

在公司治理的一系列权利中,创始人的底线是公司实际控制权,其他都可以谈。所以,公司的人财物尽可能把控在运营股东手中,决策权也是。否则,如果将公司的资源调度权和决策权给到资源股东,那么结果可能是创始人失去对公司的实际控制,可能对客户的服务质量打了折扣,损害了商业信誉,带来合同风险。

商业实操建议

资源股东可遇不可求，何况很多有资源、有人脉的人能在多大程度上帮到创业者，是个未知数。而创始人急于求成，往往会给资源股东配置较大比例的股权，甚至让资源型股东成为核心决策人之一。其实，企业的成功，主要靠运营股东长期投入时间、精力，围绕公司战略与目标开展工作，即使是能够提供资源的股东，如果利益诉求不一致，贸然邀请其加入公司会对公司发展不利。创始人一定要坚守自己认为正确的事情，坚守创始人的价值观。资源股东如果不是同类人，缘利而合，必因利而分，双方不会成为长期的合作伙伴，早晚会成为发展的障碍。凡是能用钱解决的，不要用股权解决，当然用钱解决也要有反商业贿赂的意识。能用干股（分红权）或者项目提成解决的，可以通过协议安排，将其与业绩、参与度、贡献度等指标考核相绑定，根据兑现情况配售股权，而不是一开始就绑定股权。底线是公司的控制权与运营权，要牢牢把握在创始股东手中，避免一旦资源型股东合作出现问题，影响企业的稳定。

62. 内容创业者如何避免陷入股权困境？

股权分配的本质，是各类资源与相关利益的有效匹配，需要认真对待。对于内容创作者如何避免陷入股权困境，除了要请一个靠谱的、懂公司治理与融资的律师外，还要向内容创业者与投资者提四点建议：（1）内容创业者要慎选 MCN 合作公司，成熟、有影响力的 IP 方一定要占大股，且实际控制公司运营；（2）商标、自媒体账号、内容版权等 IP 资源，尽可能保留在可控实体范围内，明白自己所要保护的核心资源是什么；（3）就 MCN 孵化的电商流量及收入，提前约定分成合作模式，深度绑定股权关系或者保留非独家合作；（4）投资人投资 MCN 机构，一定做好深度尽调，尤其是核心网红与 MCN 机构的商业条款关系，保持足够谨慎。比如，知识产权与商誉的归属，约定合作终止的退出条款等。只有建立长期激励双方的对等关系，才能保持平台的长久。

现实案例

2017年，李子柒与杭州微念深度合作，双方共同出资100万元成立了四川子柒文化传播有限公司（以下简称四川子柒）。李子柒以她的本名李佳佳持股49%（以下统称李子柒），并担任公司的执行董事和法定代表人；杭州微念则持股51%，并由刘同明担任公司监事。四川子柒由李子柒本人日常运营，专注于内容本身。杭州微念则提供后台支持，全面负责李子柒消费品牌的推广、变现和供应链运营。也就是从这一年开始，李子柒与杭州微念从合约模式转为合资公司模式，双方成为合作关系。这种股权结构，是一种倒置的不平衡股权关系，李子柒作为美食领域的“第一IP”，构成所有产业的核心基础，一般应该是内容创业者与输出者占大股，投资人占小股。但是实际情况则是，李子柒却只要49%，并不占有控股权，无论是收益权还是决策权，李子柒从法理上讲并不占优势。

与李子柒相关联的另外一家利益主体，是杭州微念品牌管理有限公司（以下简称杭州微念）。2018年，杭州微念以旗下平台销售李子柒旗舰店下各类食品大火。其中，2020年仅螺蛳粉一项产品，李子柒就为杭州微念贡献了超3亿元的利润，销售额高达16亿元，公司估值50亿元，获七轮融资。附载于杭州微念的除了刘同明作为GP的两家持股平台外，还有20家创投机构进行投资。但是从股权穿透来看，杭州微念与李子柒和四川子柒没有丝毫股权关联，虽然杭州微念运营的是李子柒名字品牌店铺，商业收入呈爆发式增长，公司自身产生巨大的被投资价值，但是李子柒并没有享受到个人IP流量带来的商业利益。虽然双方都认识到杭州微念股权设置的不合理性，无奈在几十亿的商业利益面前，没有达成和解意见，最终对簿公堂。

商业实操建议

公司股东的股权合作本质是一种契约关系,意思自治、诚信、公平都是帝王条款,但要想合作长久,必须是在公平基础上动态地平衡与调整,否则就会出现对部分股东负激励现象,导致合作的撕裂。特别是内容创业者,一开始可能有赖于资本方的推广和宣传包装,一旦形成有影响力的IP品牌可能就需要与资本方重新谈判进行股权调整。对于商业操作而言,一开始就约定内容创业者IP方占有较大股份,可能也是更容易正向激励、促进创业成功的。

63. 为什么股权众筹的创业公司很难成功?

股权众筹是指公司出让一定比例的股份,面向众多普通投资者,投资者通过出资入股公司,获得未来收益。基于互联网渠道而进行融资的模式也曾被认为是股权众筹,在2012年开始被热捧过几年时间,甚至蚂蚁达客、京东众筹等平台也火过一段时间。2014年,证监会明确了对于众筹的监管,并出台监管意见稿,之后股权众筹热潮式微,目前仅散见于民间自发的商业募资场景。

现实案例

清华大学总裁高级研修班的同学,在微信群里众筹开饭店,结果经营不善,向法院申请破产清算。2018年10月26日,海淀法院受理此案。据债务人称,设立公司的想法最初是在微信群里发起的,群内成员有120人左右,均是清华大学总裁高级研修班2007年至2013年不同班级的同学。公司最初发起设立时有31名股东,股东均签署了《清华总裁会馆众筹项目自然人/企业法人入股登记表》,后增加至 34 名股东,后增加的 3 名股东则签署了《入股协议书》,其间又发生部分股权转让。现公司注册资本 680 万元,34 名股东均认缴出资 20 万元,持股比例均为 2.94%。公司主要经营位于清华大学东门附近的一家主题餐厅,但自 2015 年开业经营以来,一直处于亏损状态,其间虽多次调整经营模式,但仍未能扭亏为盈,目前已经停止经营,欠债 300 余万元,经股东会决议向法院申请破产。

商业实操建议

股权众筹之所以较难成功,主要有以下几种原因,创业者应当引以为戒,避免重蹈覆辙:

(1)"火车跑得快,全靠车头带"。一家公司能否做成功,关键在于创始合伙人的综合素质与能力。在股东众筹过程中,发起众筹的股东的价值观、经营理念、发展规划、工作能力、资源人脉、性格阅历,一般并不为大家所知,创始股东有无胸怀有无担当也难以判断,工作能力与水平能否支撑起一桩合伙事业,也未可知。

(2)股权分散,没有实质承担责任的大股东。公司所有人缺位,没有实际控制人,往往是公司运营的大忌。由于大家都是基于"玩票"心理参与股权众筹,且兼职做小股东,没人真正关心公司的实际运营,也没人真正有动力为公司发展出谋划策。股权分散和小股东众多,其直接结果可能就是决策效率低下,往往议而不决,如果股东内部意见不一致,分歧较大,还容易造成公司僵局。

(3)公司运营制度不完善,形成内部人控制。公司在组织建设方面,往往形不成有效的董、监、高运营团队,且议、决、行、监的制度并不健全。特别是实际运营管理人在公司大股东缺位情形下,缺少有效监督,最后往往演变为内部人控制,利用信息不对称,不尽责不勤勉,可能损害公司利益。最终,股东与运营管理层的信任也难以建立,工作开展矛盾重重。

(4)股权众筹容易触发法律风险。在互联网社群发展的时代背景下,"公募"与"私募"的界限逐渐模糊化,使得股权众筹的发展也容易触及法律的“红线”。当前,最大的争议就是股权众筹与非法集资的区别。众筹属于公开向不特定人群公开募集资金,很容易涉嫌非法集资。以原始股权作为回报,相当于吸引一部分人开公司,《公司法》规定,非上市公司的股东人数不能超过200人。且按照上市规则,未来股东穿透后不超过200人上限。由于目前众筹股权尚缺少明确的法律法规保护,容易对投资者造成不必要的伤害。

64. 国有企业参股的企业有哪些特殊性?一旦国资产权发生争议该如何救济?

企业初创期如果有国资股东加持,无疑会增强公司的社会公信力,但是涉及国资身份,需要严格执行国有资产投资监督管理有关规定。例如,依据国务院国资委于2023年发布的《国有企业参股管理暂行办法》(国资发改革规〔2023〕41号),各级国有资产监督管理机构履行出资人职责的企业及其子企业,国有企业在所投资企业持股比例不超过50%且不具有实际控制力的股权投资的管理,应当遵循以下四项原则:一是依法合规。严格遵守法律法规和国有资产监督管理规定,规范开展参股经营投资,加强合法合规性审查,有效行使股东权利,依法履行股东义务,维护国有企业合法权益。二是突出主业。以高质量发展为目标,服务国家战略,聚焦主责主业,有效发挥参股经营投资在战略性新兴产业培育孵化等方面的积极作用,促进国有资本布局优化和结构调整。三是强化管控。严格参股经营投资管理,加强审核把关,完善内控体系,压实管理责任,加强风险防范,严防国有资产流失,促进国有资产保值增值。四是合作共赢。尊重参股企业经营自主权,有效发挥参股企业各方股东作用,激发各类市场主体活力,推动各种所有制资本取长补短、相互促进、共同发展。

现实案例

当事人对国资委产权界定行为不服，可以提起行政诉讼吗？

最高人民法院《立案工作指导案件受理》中的案例：1993 年，姚某从水电集团下岗后创办实业公司，登记注册为集体所有制企业。2005 年，国资委向水电集团颁发企业国有资产产权登记证，将实业公司的大厦界定为水电集团所有的国有资产。2006 年，姚某等实业公司股东提起行政诉讼，要求确认国资委上述确权登记行为无效，并予以撤销。最高人民法院认为：国资委对产权予以界定和登记行为，往往涉及不同所有制产权之间的纠纷，很可能影响其他非国有产权人的产权。依最高人民法院司法解释，本案国资委对产权进行界定、登记行为应属行使行政管理职能，利害关系人对此不服，可以依法提起行政诉讼。

商业实操建议

近些年来，涉及国有企业投资监督管理的制度越来越完善，国有企业参股的公司，一定要建立健全以风险管理为导向、合规管理监督为重点的内控体系。规范开展参股经营投资的审计监督越来越成为硬性要求，需要重点关注参股企业财务信息和经营情况，对各级企业负责人开展任期经济责任审计时，应当将参股投资、与参股企业关联交易等有关事项都列入重点审计内容。

65. 创立之初就抱有上市雄心的公司需要注意防范哪些常规法律风险？

很多公司创始人在创业之初就抱有做成一家上市企业的远大理想和雄

心壮志,但是路是一步步走的,罗马不是一天建成的,第一步还是要想方设法让企业活下来,挺过90%以上创业公司都会在前3年死掉的“残酷死亡规律”。在这个艰苦奋斗求生存的阶段,法无禁止即可为,不要给自己设定太多的束缚,但也需要明白,自己的哪些行为可能会给企业未来的上市留下隐患,也就是这里说的需要提前防范的常规法律风险:

一是要慎重对待股份代持。股份代持的法律效力受司法机关认可,而且股权代持便于工商注册阶段的顺利登记,甚至还有利于创始人通过代持股份时加强对公司的控制,所以在现实中大量存在。但需要注意的是,股权代持本身也会存在较为严重的股权结构不稳定问题。股权代持关系的双方一旦翻脸,就会给公司带来严重的危机。特别是在公司冲击上市的阶段,被代持人不需要吵,不需要闹,不需要打官司,只需要以实名举报的方式,将代持协议拍照上传到电子邮件,然后发送一份邮件到IPO发行的相关审核机构,如发审委。说这个公司的主要股东特别是实际控制人与他人之间存在着代持,不仅没有解除,而且处于诉讼风暴的前期,就会对上市造成实质性障碍,延迟公司的上市进程。

二是要关注身份特殊的“三类股东”。随着大量新三板企业转A股上市,“三类股东”问题开始浮出水面。所谓“三类股东”,是指契约型私募基金、资管计划和信托计划直接或间接作为公司股东的情形。由于“三类股东”可能存在层层嵌套、高杠杆、股东身份不透明、无法穿透等问题,难以符合A股上市企业股权清晰、稳定的要求,诸多拟上市企业大多采取了主动清理的办法。2018年年初,中国证监会发布了“三类股东”的监管政策。自此,对于带着“三类股东”问题申报IPO的企业有了明确的审核标准。一是基于《证券法》、《公司法》和IPO办法的基本要求,公司的稳定性与控股股东与实际控制人的明确性是基本条件,为保证拟上市公司的稳定性、确保控股股东履行诚信义务,要求公司控股股东、实际控制人、第一大股东不得为“三类股东”;二是鉴于目前管理部门对资管业务正在规范过程中,为确保“三类股东”依法设立并规范运作,要求其已经纳入金融监管部门有效监管;三是为从源头上防范利益输送行为,防控潜在风险,从严监管高杠杆结构化产品和层层嵌套的投资主体,要求存在上述情形的发行人提出符合监管要求的整改计划，并对“三类股东”做穿透式披露，同时要求中介机构对发行人及其利益相关人是否直接或间接在“三类股东”中持有权益进行核查；四是为确保能够符合现行锁定期和减持规则，要求“三类股东”对其存续期作出合理安排。2018 年 3 月，文灿股份(603348)成为首个携带“三类股东”成功过会的企业，代表着“三类股东”问题逐渐破冰。

现实案例

夫妻间股权纠纷导致土豆网上市搁浅一事催生了“土豆条款”

2010 年，在土豆网递交赴美上市申请的同时，其创始人的配偶向法院提出了分割婚内财产的申请，并申请冻结创始人名下的土豆网股权，要求分割土豆网 38%的股权，导致土豆网上市进程受阻。虽然，土豆网依旧在 2012 年 8 月成功上市，但却已失去了和竞争对手优酷“掰手腕”的能力。此后的一年，土豆网股价一路下跌，最终在 2013 年 3 月被优酷网收购。创始人婚变导致上市受阻一事，使得投资方损失惨重，为了避免同类事件再次发生，创投圈发明了一条对冲条款——约定创始人配偶放弃对公司股权的所有权利，并命名为“土豆条款”。

商业实操建议

抱有上市雄心的创业企业，一定要注意维持股权关系的清晰和稳定。股权代持关系、夫妻关系、与“三类股东”的关系等，都有可能是不稳定因素，但是绝对安全无风险的事情也是不存在的。就像“土豆条款”虽然能够保障创始人和投资人在企业中的权益，但是却增加了创始人配偶的婚姻财产风险。无论对于股权代持还是配偶的股权等问题，本着以诚相待、合作共赢的原则，通过股权回购或其他利益分享机制，完全可以把股权问题梳理清楚，保持股权结构的清晰稳定，顺利实现上市目标才是成功企业家的处事准则。

二 公司治理

66. 新《公司法》下，谁可以代表公司？

我国《公司法》对公司代表人实行较为严格的“法定代表制”，法律上赋予法定代表人的权利是非常大的。从权利内容角度，法定代表人对外全权为公司发声，不区分服务范围或种类。从权利范围角度，法定代表人无须任何证明文件，其在法律规定项下针对几乎全部公司事宜都当然具有代表权（公司可以另行约定对代表权利进行限制）。从人员选定角度，根据新《公司法》的规定，公司的法定代表人“按照公司章程的规定，由代表公司执行公司事务的董事或者经理担任”。由代表公司执行公司事务的董事或者经理担任，比修订前规定的“由董事长、执行董事或者经理担任”，范围有所扩大，但同时也规定：担任法定代表人的董事或者经理辞任的，视为同时辞去法定代表人。通常来看，依法登记的公司代表权利一般长期稳定保持在一人手中，具有相当程度的“稀缺性”。根据新《公司法》的规定，法定代表人辞任的，公司应当在法定代表人辞任之日起 30 日内确定新的法定代表人。法定代表人以公司名义从事的民事活动，其法律后果由公司承受。公司章程或者股东会对法定代表人职权的限制，不得对抗善意相对人。法定代表人因执行职务造成他人损害的，由公司承担民事责任。公司承担民事责任后，依照法律或者公司章程的规定，可以向有过错的法定代表人追偿。

需要注意的是，监事会或监事一般仅在公司董事会不作为的情况下，应股东要求以公司的名义对公司的高级管理人员及其他人员提起诉讼，其代表权利范围较为有限，仅限于诉讼代表；清算组负责人与破产管理人负责人作为公司特殊时期——清算或破产时期的公司权力机构清算组、破产管理人的负责人，主要代表公司进行公司清算及破产期间的公司资产处分、未了结业务的处理、债权债务的清理、诉讼仲裁程序等，但不得进行与清算或破产无关的经营活动。而公司法定代表人，则几乎可以针对公司正常经营管理中的全部对外活动行使代表权。

商业实操建议

针对“谁可以代表公司”，实践中也总会碰到真假“代表人”，需要注意内外有别。有的法定代表人载于工商登记信息中，实则已被股东会罢免，成为“假代表人”；有的法定代表人貌似“权力无边”，实则每走一步都需经过公司中这样那样的批准与同意，未经批准却装模作样签合同、做承诺，成为了“假代表人”；另有一些，手持公司印章，但实则仅有保管之则、无权盖印，此处也勉强算作“假代表人”。前述情形，公司内相互知晓，但公司外部的相对方、债权人却懵懵懂懂。如果有一日，这些“假代表人”对外欺诈第三人、对内肆意妄为，法律该做如何评判呢？其实，如不涉及公司外的其他人员，“假代表人”仅在公司内部，与公司股东、董事、高管等争夺权力，双方斗法时尽可以拿出公司章程、内部规章等材料确认公司代表人的归属，该承担责任的承担责任，该返还印章的返还印章，一切依据规定办事。然而，如涉及公司债权人、交易相对方等公司外人士，则不好分辨。如果“假代表人”装模作样与外部人士签完合同，又有“真代表人”拿出自己公司的相关规定告知合同无效，外部人士则可能遭受巨大损失。更为重要的是，该等损失之后是无法避免的——外部人士无法觉察公司代表人的真假，长此以往，必然影响经济活动的正常运行。因此，根据我国法律的要求，作为公司债权人而言，除非知晓或应当知晓外，法律法规认定法定代表人具有相应职权、工商登记信息显示某人作为公司法定代表人的、印章系公司的真实使用的，即可认为该人系“真代表人”。即使后续发生纠纷，人民法院也会要求公司承担代表行为所产生的法律后果。至于真、假代表人之间的内部争斗则由公司在对外部人士承担责任后，由其根据内部的处理原则进行争议解决。

因此，公司实控人需知：公司代表人的选择及相关制度的完善无疑对公司的经营管理有着巨大的影响。一个完备的公司治理机制，不仅需要在公司内部针对法定代表人的职权限制、印章保管人员及方式、公司代理人员的任命与规制等制定严密的内部规则，还需要委派忠实、可靠的人员担任法定代表人并及时进行相应的工商登记，方能最大程度规避相应风险，防止法定代表人过错造成的公司重大损失。

67. 合同未盖章，但法定代表人签字的，单位应当承担责任吗？

一般情况下，合同上虽未加盖单位公章，但有法定代表人签字，属于以法人名义从事经营活动，因而认为合同对单位具有法律约束力。若合同特别约定生效条件为“法定代表人或授权代表人签字并加盖公章”，则仅有法定代表人签字的，合同不生效，单位不对此承担责任。

《民法典》第490条第1款中规定：“当事人采用合同书形式订立合同的，自当事人均签名、盖章或者按指印时合同成立。”根据该规定，当事人在合同上签字或者盖章均具有法律效力。《民法典》第61条规定：“依照法律或者法人章程的规定，代表法人从事民事活动的负责人，为法人的法定代表人。法定代表人以法人名义从事的民事活动，其法律后果由法人承受。法人章程或者法人权力机构对法定代表人代表权的限制，不得对抗善意相对人。”因此，法定代表人代表法人行使职权，其对外以法人名义从事的民事活动应由法人承担责任，而加盖公章并非合同有效的必备条件。例外情况是，《民法典》第504条规定：“法人的法定代表人或者非法人组织的负责人超越权限订立的合同，除相对人知道或者应当知道其超越权限外，该代表行为有效，订立的合同对法人或者非法人组织发生效力。”换言之，在合同一方当事人知道或应当知道对方的法定代表人超越其权限而仍与其签订合同的情况下，只有法定代表人签名而没有加盖公章的合同对该法定代表人代表的法人没有约束力。

对于法定代表人逾越权限加盖公章对外的行为，2023年12月5日最高人民法院发布《民法典合同编通则司法解释》第22条，又有了更加明确的效力规范与界定：“法定代表人、负责人或者工作人员以法人、非法人组织的名义订立合同且未超越权限，法人、非法人组织仅以合同加盖的印章不是备案印章或者系伪造的印章为由主张该合同对其不发生效力的，人民法院不予支持。合同系以法人、非法人组织的名义订立，但是仅有法定代表人、负责人或者工作人员签名或者按指印而未加盖法人、非法人组织的印章，相对人能够证明法定代表人、负责人或者工作人员在订立合同时未超越权限的，人民法院应当认定合同对法人、非法人组织发生效力。但是，当事人约定以加盖印章作为合同成立条件的除外。合同仅加盖法人、非法人组织的印章而无人员签名或者按指印，相对人能够证明合同系法定代表人、负责人或者工作人员在其权限范围内订立的，人民法院应当认定该合同对法人、非法人组织发生效力。在前三款规定的情形下，法定代表人、负责人或者工作人员在订立合同时虽然超越代表或者代理权限，但是依据民法典第五百零四条的规定构成表见代表，或者依据民法典第一百七十二条的规定构成表见代理的，人民法院应当认定合同对法人、非法人组织发生效力。"

现实案例

在最高人民法院审理的(2018)最高法民再 94 号案件中，某信用社与甲公司签订《流动资金贷款合同》，约定"贷款金额为 2000 万元。该合同双方的法定代表人或负责人签字并加盖公章"。同日，某信用社与乙公司签订《保证合同》，约定"乙公司为上述贷款合同提供连带责任保证，担保金额为 2000 万元整。本合同经签约双方法定代表人(负责人)或授权代理人签字并加盖公章或合同专用章之日起生效"。但是，该合同某信用社的负责人签字并加盖公章，乙公司的法定代表人签字却未加盖乙公司的公章或合同专用章。经最高人民法院再审认为，双方签订的《保证合同》明确约定了"法定代表人(负责人)或授权代理人签字"与"加盖公章或合同专用章"系并列关系，且《保证合同》末尾部分专门设定了双方加盖公章与法定代表人签字的栏目，说明只有在法定代表人(负责人)或授权代理人签字与加盖公章或合同专用章同时具备的条件下，该《保证合同》才生效。双方当事人该约定意思表示清楚，不存在歧义。因《保证合同》上乙公司仅有法定代表人签字而未加盖公司印章，不具备双方约定的生效条件，二审法院认定《保证合同》生效要件未成立并无不当，某信用社依据《保证合同》主张乙公司承担保证责任依据不足，某信用社的再审请求不能成立。

商业实操建议

在实务中，为了保证法定代表人签字时是代表公司的职务行为，在与公司订立合同时，应当注意以下事项：(1)法定代表人签字的同时，也要求公司加盖公司印章，以保证二者的统一；(2)重要合同和标的额比较大的合同，建议当事人面签，防止对方并非法定代表人签名或者使用造假的印章；(3)借款、担保、股权转让、重大资产处置等超过法定代表人一般代表权限的事项，应当经公司股东会或者董事会作出有效决议。

68. 法定代表人越权担保，公司应对善意第三人负责吗？

仍应负责，但相应的接受担保方应当尽到必要的审查义务，否则不属于善意第三人。

法定代表人是指法律或法人章程规定的、能代表企业从事民事活动的负责人。法定代表人能以法人名义对外实施行为，其实施行为产生的后果由法人承担。法定代表人违反公司章程规定，越权对外提供担保的，公司对外仍应对善意第三人承担民事责任。根据新《公司法》第 15 条的规定，担保行为不是法定代表人所能单独决定的事项，必须以公司股东会、董事会等公司机关的决议作为授权的基础和来源。法定代表人未经授权擅自对外提供担保的，构成越权担保。根据《民法典》第 61 条关于法定代表人越权代表的规定，区分订立合同时债权人是否善意分别认定合同效力：债权人善意的，合同有效；反之，合同无效。在相对人善意的情况下，公司应当承担担保责任，之后可向法定代表人追偿。相对人是否属于善意的标准在于是否尽到审查义务，审查的内容根据担保对象不同而有所区别：第一，若为公司股东或者实际控制人以外的人提供非关联担保，接受担保方须对股东会决议进行审查，要求同意决议的人数及签字人的人员符合公司章程的规定即可；第二，为公司股东或实际控制人提供关联担保，接受担保方对股东会决议的审查还需注意被担保股东回避表决的情况下，除非关联担保情况下的审查要求外，还需注意该项表决是否经由出席会议的其他股东所持表决权的过半数通过；第三，对于接受上市公司提供的担保而言，根据《民法典担保制度解释》第 9 条的规定，还应就担保事项已经董事会或者股东大会决议的公开披露信息进行查询，否则上市公司有权主张担保合同对其不发生效力，且不承担担保责任或者赔偿责任。相对人若尽到上述审查义务，仍未能发现法定代表人为越权担保的，则构成善意相对人，担保有效，否则不构成善意相对人，担保无效。

现实案例

在北京市高级人民法院审理的(2009)高民终字第 1730 号案件中，科技公司法定代表人何某以公司名义，为经贸公司所欠建材公司代理进口垫付款项进行偿还并承诺承担连带保证责任。嗣后，科技公司以何某违反公司章程越权对外担保主张担保无效。经审理法院认为：案涉承诺书签订于 2006 年 10 月，故应适用 2006 年 1 月实施的《公司法》，该法第 16 条第 1 款规定，“公司向其他企业投资或者为他人提供担保，按照公司章程的规定由董事会或者股东会、股东大会决议；公司章程对投资或者担保的总额及单项投资或者担保的数额有限额规定的，不得超过规定的限额。公司为公司股东或者实际控制人提供担保的，必须经股东会或者股东大会决议。”该条并未规定公司违反上述规定时对外提供担保应认定无效。认定合同效力问题，依《最高人民法院关于适用〈中华人民共和国合同法〉若干问题的解释(一)》第 4 条，以及《最高人民法院关于适用〈中华人民共和国合同法〉若干问题的解释(二)》第 14 条规定，应以违反法律、行政法规效力性强制性规定为准。此外，依《合同法》第 50 条关于“法人或者其他组织的法定代表人、负责人超越权限订立的合同，除相对人知道或者应当知道其超越权限的以外，该代表行为有效”的规定，以及《最高人民法院关于适用〈中华人民共和国担保法〉若干问题的解释》第 11 条关于“法人或者其他组织的法定代表人、负责人超越权限订立的担保合同，除相对人知道或者应当知道其超越权限的以外,该代表行为有效”的规定,公司法定代表人违反公司章程规定对外提供担保应认定有效,故对于法定代表人越权对外提供担保的,公司对外仍应对善意第三人承担民事责任,故本案科技公司担保责任不能免除。

商业实操建议

法定代表人越权对外担保的发生,不仅导致公司因承担担保或者赔偿责任产生经济损失,而且使得公司在声誉和信用上受到影响,因此,法律层面的事前防范和事后应对措施是有必要的。(1)公司章程作为公司内部规章,应明确法定代表人对外担保的限额;为公司股东或者实际控制人提供担保的,必须经股东会或者股东大会决议;为其他人提供担保的,由股东会、股东大会决议或董事会决议并对外公示,应提交登记机关备案或审批,使公众能通过不同方式获悉决议。(2)公司应当建立印章管理制度、合同管理制度、越权对外担保追究机制等企业合规制度。(3)公司在发现法定代表人越权对外担保后,尽可能主张法定代表人对外担保行为因未经公司授权或相对人非善意而无效,并收集相关证据,证明相对人存在过错,如未尽必要合乎法律要求的审查注意义务,同时积极协调与相对人解除担保合同。而对于接受担保的相对方而言,应当尽到法律要求的审查义务,在签订合同前确认法定代表人系有权代表,以减小因担保无效而面临损失的风险。

69. 法定代表人对公司债务承担连带责任的条款,能否认定有效?

当事人双方在合同中约定,一方的法定代表人对本公司的合同债务承担连带责任,但未指明是该方的现任法定代表人,而该方的现任法定代表人已在公司签章栏签字,且未明确表示该签字效力仅及于公司的,从维护交易真实目的出发,应当认定该签字是既代表公司也代表该法定代表人本人对合同权利义务的确认,该法定代表人对公司的合同债务承担连带责任的条款对其本人具有约束力。

现实案例

在上海市高级人民法院审理的(2012)沪高民四(海)终字第65号案件中,货代公司作为甲方与作为乙方的运输公司签订合作协议,约定甲方乙方办理货物出口运输代理业务,并约定乙方的法定代表人对乙方的债务承担连带责任。双方盖章,其中运输公司法定代表人张某在合同"乙方签字"处签名。后来货代公司就运输公司拖欠的货款诉请张某承担连带责任。张某以其未独立地以个人名义在合同上再次签字为由主张合同对本人无效。法院认为:商业活动中由一方先提出合同草案,经对方审核确认后签章,这一操作亦符合常理,不能仅因合同文本系一方制作就认定合同未经协商、合同条款为格式条款而认定无效。张某在合同上签名可认定为系根据合同要求作为法定代表人代表运输公司签字,同时亦可认定为系张某个人对合同内容的确认。争议条款约定一方法定代表人作为独立主体对公司债务承担连带责任,签订合同时运输公司法定代表人就是张某,直至纠纷诉至法院张某亦一直是运输公司的法定代表人,故本案中张某作为合同指向的连带责任承担人是明确的、唯一的。涉案合同约定的履行方式系由货代公司先行垫付费用,且该费用每月金额高达数十万元,现货代公司要求由既是法定代表人又是实际股东的张某对公司债务承担连带责任,在张某本人已在合同上签字的情况下,张某仅以其未独立地以个人名义在合同上再次签字为由就主张合同对张某本人无效,此观点有违诚信原则,故不予支持,判决运输公司向货代公司支付拖欠费用,张某承担连带责任。

商业实操建议

实务中，企业间签订合同，先履行义务方往往会要求后履行义务方的法定代表人承诺该后履行的债务由其承担连带保证责任，尤其涉及的内容是货币支付时。法定代表人以其自己的名义单独出具一份承诺书，承诺对企业的这项债务承担连带保证责任，对于先履行义务方是一种很好的保障。事后，不论企业破产或者更换法定代表人，都不影响签约时的法定代表人以其自身财产承担连带责任。

70. 公司一般应当如何变更法定代表人？

公司在暂时不想改选董事长的情况下，可以更换法定代表人，公司变更法定代表人的程序要求应当符合法律规定及公司章程要求。

公司的法定代表人并不必然是公司的董事长，根据新《公司法》第 10 条第 1 款规定："公司的法定代表人按照公司章程的规定，由代表公司执行公司事务的董事或者经理担任。"因此，公司的法定代表人也可以是公司的经理。公司法定代表人的确定主要由公司章程相关规定予以规范。

根据新《公司法》第 32 条、第 34 条的相关规定，法定代表人的姓名应当由公司登记机关通过统一的企业信息公示系统向社会公示，法定代表人发生变更的，应当依法办理变更登记，若未变更登记，不得对抗善意相对人。另外，根据新《公司法》第 35 条第 3 款的规定："公司变更法定代表人的，变更登记申请书由变更后的法定代表人签署。"

现实案例

公司对于法定代表人的变更除了依照公司章程作出决议外，应依照法律规定及时进行变更登记，否则可能会因为法定代表人变更纠纷而产生如下“治理僵局”：

（1）工商登记法定代表人为“挂名”“冒名”。为了规避法律责任，公司的股东、实际控制人将亲朋好友登记为法定代表人，抑或是利用他人遗失的身份证进行登记。此类案件处理起来较为简单，因工商登记的法定代表人仅为挂名登记、冒名登记，该法定代表人通过证明自己从未参加过公司生产经营，也不掌握公司公章，对于被冒签申请材料一事也不知情等事实，可向法院提起行政诉讼要求确认原先的登记行为违法或要求撤销原先的登记。满足特定条件时，该法定代表人也可向法院提起民事诉讼，要求删除自身作为公司法定代表人的登记事项。

（2）曾参与公司经营的法定代表人离职或者退出公司运营后，公司拒不办理变更登记。司法实践中，法官在审理此类案件时常常发现，原告诉请变更的一个最重要的充分条件不满足，即虽然原法定代表人已经退出公司运营，但公司未就该法定代表人的变更作出有效继任者决议或者决定，导致原法定代表人欲去而不能。如湖北省武汉市中级人民法院曾发布的一个典型案例，“张某玲与武汉某经贸有限公司请求变更公司登记纠纷案”［案号：（2020）鄂01民终10587号］就存在类似情形。

商业实操建议

（1）公司对于法定代表人的职权应于公司章程中明确限制，同时，对于法定代表人变更的情形要及时依法办理变更登记。根据新《公司法》第11条的规定，“法定代表人以公司名义从事的民事活动，其法律后果由公司承受。公司章程或者股东会对法定代表人职权的限制，不得对抗善意相对人。法定代表人因执行职务造成他人损害的，由公司承担民事责任。公司承担民事责任后，依照法律或者公司章程的规定，可以向有过错的法定代表人追偿”。若未对于法定代表人变更事项及时依法办理变更登记，可能会对于公司的利益造成重大损害，此时若公司章程中有相应规定，则可依照公司章程对其进行追偿。

(2)当需要变更公司法定代表人时,对内根据公司章程规定,公司股东会或者董事会应该作出免去原法定代表人和选举新法定代表人的决定或者决议,对外应当按照相关法律法规的要求,提交原法定代表人的免职文件和新法定代表人的任职文件。

71. 股东可以向法院起诉请求变更法定代表人吗?

除非公司有明确的章程或者合同约定,否则变更法定代表人不属于法院案件受理范围,股东无法通过起诉法院请求变更法定代表人。

公司法定代表人的任免或更换,本质上都应当属于公司的自治范围,是公司内部治理的问题,而不是由法律强制管理的范畴。法律规定中对于公司法定代表人的选任赋予了较大自由空间,选任的方法可以由公司章程自行规定,只要不违背法律、行政法规的强制性规定,法院就会予以认可。法律并没有也不可能具体规定谁是公司的法定代表人;公司法定代表人的具体选择完全出自公司相关机关的决议,也就是通过意思表示确定。换言之,法定代表人具有意定属性,其具体选任与变更完全是公司意思自治的结果,由公司章程予以规定,而其变更则需经过公司董事会或股东会决议通过,但至于到底是经过董事会还是股东会决议、经董事会或股东会多少表决权的股东或董事通过方能有效,《公司法》并没有相应的强制性规定,因此,此项内容亦属于公司自治的范畴。

现实案例

在重庆市高级人民法院审理的(2015)渝高法民申字第01819号案件中,於某芬、文某芳、伍某润认为王某忠利用新工公司董事长、法定代表人职务独揽大权,致使於某芬、文某芳、伍某润三人作为新工公司股东无法行使股东权利,故请求法院判决免去王某忠新工公司法定代表人的身份。而一审、二审、再审法院都认为本案不属于人民法院受理范围,认为现代企业管理中,公司主要通过内部自治和自我调节机制来保持顺畅运作,公司自治要求尽量减少司法对公司治理的干预。法定代表人的任免为公司的内部管理事务,应由公司依据法律与公司章程规定自主决定。例外情形:公司有明确的章程或合同约定,此时法院可能会依公司章程或合同约定作出判决。例如,在上海市松江区人民法院审理的(2016)沪0117民初12253号案件中,原告徐某旺与被告上海某商贸有限公司关于公司法定代表人的变更登记产生纠纷。被告股东为原告与第三人两人,两人就系争合同所约定内容是被告经营有关的公司法定代表人选任事项,其所达成合意具有被告股东会决议性质,该合同有效且被实际执行,法院最终依照此合同约定作出判决。

商业实操建议

(1)对于公司法定代表人的确定与变更程序等相关内容,应当在公司章程明确规定或在合同中予以约定,尽可能避免因公司运行过程中自治机制失灵而导致的公司治理僵局。

(2)只有公司内部救济用尽,当事人仍无法通过私人协议解决纠纷,司法才进行实体性的公力救济。例如一方股东在约定任期届满而不配合办理工商变更登记时,其他股东可以根据股东间签订的协议而提起诉讼,要求公司及其股东配合办理法定代理人变更登记。要寻求司法进行公力救济,应当针对对应的情形收集准备好相应的资料进行充分证明。

司法进行公力救济的情形包括以下几个方面:第一,该种自治失效造成原法定代表人利益受侵害或者有发生侵害的可能。例如,原公司牵涉大量诉讼案件,导致原法定代表人权益受到相应的侵害。第二,原公司法定代表人已经不符合担任法定代表人的形式要件和实质要件,即该法定代表人不再担任董事长、执行董事或者经理职务,亦未实际参与公司的经营管理。第三,公司或公司股东与法定代表人之间并无其他法律关系。例如,公司以及公司股东与法定代表人之间存在委托关系,则该委托关系终止之后,公司拒绝或者怠于变更法定代表人登记的正当性则更为薄弱。

72. 股东约定轮流担任法定代表人的协议是否有效?

股东约定轮流担任法定代表人的协议在不违反法律禁止性规定的前提下,应当认定为有效。

股东约定轮流担任公司法定代表人将会直接导致公司法定代表人的变更,需要经过股东会决议。根据新《公司法》第59条的规定,股东以书面形式一致对股东会职权范围内的事项表示同意的,可以不召开股东会会议,直接作出决定,并由全体股东在决定文件上签名、盖章。因此各股东签订约定轮流担任法定代表人的协议,虽然名义上并不属于股东会决议,但实际上是股东间就公司章程的内容所作出的合意,可以起到股东会决议的作用,在不具有《民法典》规定的合同无效、可撤销情形时,应当承认其效力,赋予其对公司和全体股东的约束力。

现实案例

股东约定"轮流坐庄"的合同性质及效力应如何认定?

股东签订了轮流担任法定代表人的相关合同,可能会具有股东会决议的效力。如上海市松江区人民法院审理的(2016)沪0117民初12253号案件中,公司的两位股东徐某和王某各持50%股权,二人曾签订合同约定双方轮流担任公司法定代表人,任期一年。后王某反悔,不配合办理变更登记,徐某将公司及王某诉至法院,请求判令被告将公司法定代表人变更登记为自己。法院经审理后认为:二人就公司法定代表人的选任问题所签订的合同具有公司股东会决议性质,公司股东在决定文件上签章即可视为形成公司决议,并不必须要召开形式上的股东会,且合同不存在违反法律法规禁止性规定或损坏社会公共利益等情形,应当认定为有效。诉争合同形成于被告公司章程之后,因合同具有公司决议性质,且获得股东一致同意,可以变更章程规定事项。最终判决涉案公司依照合同约定向公司登记机关办理公司变更登记。

商业实操建议

根据《公司法》的规定,要实现公司法定代表人的变更,应当依法办理变更登记。而实践中,股东之间的利益关系复杂,即使签订了合同也存在大量的违约情况,最终难免走上诉讼的道路,劳神又伤财。为保障变更登记的顺利进行,各股东除了满足工商行政管理部门对公司决议的要求,也可以在形成决议的同时约定相应的违约责任条款,以确保股东之间的相互配合。

股东应当谨慎约定轮流担任法定代表人。法定代表人作为法人民事权利的行使者,其重要性不言而喻。公司各大股东为了实现公平管理而约定轮流担任法定代表人,看似便于实现股东对公司的集体管理,有利于平衡各股东之间的利益,实际上却存在一定缺陷。频繁更换法定代表人会导致股东的经营状况缺乏稳定性,有损于公司的长远发展。

73. 公司已被列入失信被执行人名单,还可以变更法定代表人吗?

司法实践在这个问题上有不同意见,需要视情形判断。

公司必须变更法定代表人的情形是由法律明确规定的,其他时候公司可以依法、依程序变更法定代表人。已被列入失信被执行人的公司是否可以变更法定代表人,法律并无明文规定,原则上失信公司可以变更法定代表人。依据《市场主体登记管理条例》第 12 条的规定,有下列情形之一的,不得担任公司、非公司企业法人的法定代表人:(1)无民事行为能力或者限制民事行为能力;(2)因贪污、贿赂、侵占财产、挪用财产或者破坏社会主义市场经济秩序被判处刑罚,执行期满未逾5年,或者因犯罪被剥夺政治权利,执行期满未逾5年;(3)担任破产清算的公司、非公司企业法人的法定代表人、董事或者厂长、经理,对破产负有个人责任的,自破产清算完结之日起未逾3年;(4)担任因违法被吊销营业执照、责令关闭的公司、非公司企业法人的法定代表人,并负有个人责任的,自被吊销营业执照之日起未逾3年;(5)个人所负数额较大的债务到期未清偿;(6)法律、行政法规规定的其他情形。公司已列入失信被执行人名单,例如,公司法定代表人面临"个人所负数额较大的债务到期未清偿"的情况下,公司必须及时变更法定代表人。

但是,鉴于实务中失信被执行人通过变更法定代表人逃避法律责任的情况时有发生,实务中部分法院依据《民事诉讼法》第103条有关行为保全的规定,禁止被执行人变更法定代表人,正在逐渐成为主流做法。例如,《上海市高级人民法院、上海市市场监督管理局关于进一步规范协助执行机制的会议纪要》第6条就明确规定了市场监督管理部门根据人民法院的协助执行要求,对于已被人民法院纳入失信被执行人名单的公司,应暂停办理变更法定代表人和高级管理人员的业务。广东省高级人民法院《关于共享被执行人失信信息共建失信被执行人惩戒机制的纪要》也规定,工商行政管理部门对可能通过减少注册资本、变更法定代表人、企业分立合并、新设公司、注销企业、办理动产抵押、股权质押等形式逃避债务的申请人,不予办理相关手续。

商业实操建议

未来政策趋势可能会从解决执行难角度,禁止失信被执行公司变更法定代表人。最高人民法院印发《关于优化法治环境　促进民营经济发展壮大的指导意见》的通知中提到"严厉打击失信被执行人通过多头开户、关联交易、变更法定代表人等方式规避执行的行为,确保企业及时收回账款"。而且,即使失信被执行公司的法定代表人变更后,对原法定代表人的限制消费措施也不一定能够被取消。在最高人民法院审理的(2021)最高法执监7号案件中,最高人民法院认为原法定代表人应当举证证明其不是被执行人的主要负责人、影响债务履行的直接责任人员、实际控制人,否则其关于解除或者暂时解除限制消费措施的申请不能得到法院准许。

74. 公司“高管”是指哪些人?

根据我国《公司法》的规定,高级管理人员,是指公司的经理、副经理、财务负责人、上市公司董事会秘书及公司章程规定的其他人员。(1)经理、副经理,一般是指公司的总经理、副总经理,而非部门经理;(2)上市公司董事会秘书,是上市公司必设的机构,负责上市公司股东大会和董事会会议的筹备、文件保管以及公司股东资料的管理,办理信息披露事务;(3)公司章程规定的高级管理人员。除前面列举的人员外,我国法律也允许公司自己选择管理方式,根据公司经营情况聘任其他高级管理人员,并在公司章程中加以规定。

现实案例

在甘肃省高级人民法院审理的(2018)甘民终590号案件中,甘肃省高级人民法院认为公司的高级管理人员应是执行公司出资人的决策,拥有执行权或一定程度的决策权,掌握着公司内部管理或外部业务的核心信息,并决定公司的决策及发展方向的特定人群,本案的再审阶段中最高人民法院认同了甘肃省高院对高级管理人员的实质性认定标准,关注实际职权的观点有可能逐步成为此类案件的一般处理意见。

商业实操建议

“高管”的全称叫高级管理人员，既然叫高级管理人员，那这些人肯定就应当是在公司从事经营管理工作，至少必须是公司中层以上的管理者。高管通常在公司管理层中担任重要职务，了解公司的商业模式和商业秘密，掌握着公司经营权或重大事项的执行决定权，对公司影响重大。而且，法律规定高管对公司有忠实勤勉和竞业禁止义务。因此，正确认定哪些人属于高管具有重要意义。在日常经营中，建议公司在制定章程时或在名片、劳动合同或规章制度中，将对公司有重要决策权、执行权、掌握公司核心信息的关键职位定义为公司“高管”，明确其职务，以减轻后续纠纷中的举证难度。界定哪些人属于高管，建议从以下几个因素综合考虑：

(1)依据公司章程规定。公司章程可以规定公司哪些人员属于高级管理人员。例如，公司章程明文规定销售部门负责人、技术部门负责人等是高级管理人员，据此可认定该类人员属于高级管理人员。

(2)工商登记备案。法律规定公司总经理、财务负责人等重要职务和人员，需要登记备案。例如，公司登记备案某人为经理，据此可认定此人员属于高级管理人员。

(3)审查任免手续。高级管理人员通常由股东会、董事会(执行董事)决定聘任和解聘，当公司的聘任(例如入职登记表上的岗位、任命文件)或者解聘手续完备时，则可根据相关记载其为高级管理人员。

(4)依据职位判断。通常情况下，我们可以依据职称来判断是否为高级管理人员。例如，经理、副经理、厂长、校长、院长等，这些职位本身就是管理岗位，岗位职责就是对公司的经营管理。

(5)是否实际履行经营管理权。高级管理人员的核心特点是肩负公司经营管理职责，其岗位职权范围通常为公司经营决策权或重大事项的执行权，通常拥有代表公司或公司重要部门雇佣或解雇雇员的权限。例如，高级管理人员决策公司经营事项，进行财务审批、业务审批等，实际履行着对公司的经营管理权。

(6)高级管理人员工作的自主性。普通员工通常需要严格遵守公司考勤管理等劳动管理制度,其工作也受他人安排,而高级管理人员的上班时间、工作安排等相较于普通员工具有较大的自主性和灵活性。

(7)是否与公司签订竞业禁止协议。很多公司往往与高级管理人员签订保密协议和竞业禁止协议。我们也可以结合公司是否与其签订保密协议和竞业禁止协议来判断该员工是否为高级管理人员。

(8)报酬是否区别于普通员工。一般来说,高级管理人员的薪酬及待遇相较普通员工会更加丰厚,业绩考核方式也不同。另外高级管理人员往往还拥有公司股权,可参与决策和分红。简单来说,在判定某人是否属于管理人员,关键是看该人是否实际履行对公司的经营管理职责。如果实际履行,即使没有工商登记备案、公司章程规定、没有任命手续,我们还是可以认定其为高级管理人员。

75. 如何认定公司高管谋取应属于公司的商业机会?

根据新《公司法》第 183 条的规定,董事、监事、高级管理人员,不得利用职务便利为自己或者他人谋取属于公司的商业机会。但是,有下列情形之一的除外:(1)向董事会或者股东会报告,并按照公司章程的规定经董事会或者股东会决议通过;(2)根据法律、行政法规或者公司章程的规定,公司不能利用该商业机会。从上述《公司法》规定来看,构成“谋取公司商业机会”有三个要件:未经股东会或者股东大会同意、利用职务便利、谋取属于公司的商业机会。

不过《公司法》三要件在实务中并不容易认定,结合实务,构成“谋取公司商业机会”须同时满足如下四个因素:(1)业务角度:商业机会在公司业务经营范围内,且公司有能力完成,对公司经营范围的确定应综合考虑登记注册的经营范围以及公司实际经营范围。如果该商业机会不属于公司业务经营范畴,或者公司没有能力利用该商业机会,则董事或高级管理人员获取该商业机会便不违反忠实义务。(2)公司角度:公司未明确表示放弃该商业机会。公司股东会已经决议同意利用该商业机会自不必说,即使公司股东会尚未决议,董事或高级管理人员也不得先谋取该商业机会。在股东会表决时,利害关系相关的股东不得参与表决。(3)相对方角度:其未明确表示反对公司获得该商业机会。相对方明确同意公司获得该商业机会自不必说,即使相对方尚未表明是否同意公司获得该商业机会,董事或高级管理人员也不得先谋取该商业机会。(4)董事、高级管理人员角度:商业机会与其职责有关。董事、高级管理人员只要将与其职责有关的商业机会报告给公司即可,对于董事、高级管理人员职责之外的商业机会,其获取行为并不违背忠实义务。

现实案例

在最高人民法院审理的(2015)民申字第1877号案件中,江苏省高级人民法院认为:在本案中,各方当事人争议的核心问题是涉案来自日本企业的业务是否属于甲公司的商业机会。我国《公司法》仅规定未经公司股东会同意,公司高管人员不得谋取属于公司的商业机会,并未对认定公司商业机会的标准作出明确规定。本案中,来自日本企业的业务与甲公司的经营活动存在关联,日本企业有给予甲公司该商业机会的意愿,甲公司从未放弃该商业机会。经本院审理认为,认定公司商业机会应当考虑以下几个方面的因素:一是商业机会与公司经营活动有关联;二是第三人有给予公司该商业机会的意愿;三是公司对该商业机会有期待利益,没有拒绝或放弃。甲公司提供的证据足以证明涉案来自日本企业的业务属于甲公司的商业机会。

商业实操建议

在实务中,公司可以采取一定的措施进行防范:

(1)公司应当对"高级管理人员"的身份确定加以明晰。可以进行工商登记备案的,可以通过备案的方式对高管身份进行确认。未进行工商登记备案的,可以通过发放对应的高级管理人员聘书,并明确其工作职责范围的方式,对其高管身份进行确认。

(2)公司在聘任高管时,除法律规定的高管的禁止行为外,还可另行书面约定不得为他人代持、不得请他人为自己代持同业或非同业公司的股份,并明确其违约责任。同时,在劳动用工管理上,也需要对高管的违规后果作出相应的约定,或者与其约定相关的竞业限制。

(3)公司可要求高管签署商业保密协议,明确公司的客户信息、客户名册等属于商业秘密,未经公司书面许可不得向外界任何第三人透露;在实际经营中公司应当就客户信息、客户名册等经营信息采取保密措施,与普通商业信息区别开来。

(4)高管任职期间,公司可定期对高管的工商登记情况进行调查,尽早发现问题并处理。因高管利用职务之便侵害公司商业机会的行为较难找到切实证据,尽早发现可以避免损失的扩大。

(5)如果高管侵害公司商业机会的行为已经发生,除了通过事先的约定要求高管承担违约责任外,为了更好地维护公司权益,公司只有通过获取涉事高管侵害公司商业机会的相关证据,明确涉事金额,才有机会通过法律的手段为公司挽回绝大部分的经济损失。

76. 公司因经营方针导致亏损的,高管应当承担赔偿责任吗?

公司高管经法定代表人同意,并在董事、监事监督下实施经营行为,因公司经营方针导致的亏损,应由公司自行承担。但若公司高管执行职务的行为违反法律、公司章程的规定,且给公司造成损失,则应当向公司承担赔偿责任。根据新《公司法》第188条“董事、监事、高级管理人员执行职务违反法律、行政法规或者公司章程的规定,给公司造成损失的,应当承担赔偿责任”的规定,董事、监事、高级管理人员享有法律和公司章程授予的参与管理、监督公司事务的职权,同时负有对公司忠实和勤勉的义务。在执行公司职务时,应当依照法律和公司章程行使职权,履行义务,维护公司的利益。为促使董事、监事、高级管理人员依法为公司利益行使权利、履行义务,使公司的合法权益在受到侵害时能得到恢复或补偿,应当明确董事、监事、高级管理人员违法执行职务给公司造成损害所应承担的法律责任。因此,董事、监事、高级管理人员承担赔偿责任应当具备以下条件:一是必须有公司受到损害的事实存在。二是损害行为必须是行为人违反法律、行政法规或者公司章程执行公司职务的行为。三是违法行为与损害事实之间必须有因果关系。四是行为人必须有过错,也就是必须有过失或者故意。

现实案例

在云南省昆明市盘龙区人民法院审理的(2007)盘法民三初字第541号案件中,2006年,药业公司总经理周某根据公司安排,与农户开展合作种植项目,后亏损。周某与部分营销人员离职。2007年,药业公司以周某未尽勤勉义务为由,诉请赔偿公司垫付营销人员的提成款13万余元。药业公司作为依法登记领取营业执照的有限责任公司,应依法对其法定代表人和其他工作人员的经营活动承担民事责任,并向为其工作的人员支付工资。

本案中药业公司尚未书面任命周某为公司总经理,但药业公司认可周某为公司总经理,而周某亦以公司总经理名义在公司领取工资和薪金,处理公司事务,周某已事实上成为了药业公司的总经理。案涉合作种植项目在药业公司经营范围内。药业公司法定代表人同意该项目实施,以药业公司与合作者所签合同看,所有合同均有药业公司法定代表人印鉴,药业公司法定代表人对签订合作合同是明知且认可的,公司营销人员薪金表由药业公司财务总监制表,监事审核、董事核发,并非周某私自决定。周某实施的经营行为,经选定代表人同意,并在董事、监事监督下进行,所有经营收入都已交付公司,无证据证明周某在经营过程中有违法行为。公司营销人员系公司职员,在完成约定的工作任务后,公司应向其支付薪金,而不是由总经理承担支付义务。药业公司经营方针失误导致的亏损,应由公司自行承担。公司职员离开公司,并不代表公司可不向其支付应付薪金,药业公司以周某作为公司经理擅离职守致使公司工作人员纷纷离开为由,要求周某承担药业公司应付职工薪金的诉请,无事实和法律依据,判决驳回。

商业实操建议

对于公司股东会、董事会而言,在决策重大事项时应当谨慎、全面地通盘考虑,避免决策出现严重错误,给公司造成重大损失。另外,应当建立起完善的、对公司高管的监督机制,督促公司高管按照法律、公司章程规定履行忠实勤勉义务。忠实勤勉义务是要求高管在处理公司事务过程中要符合合理的技能水准,要尽到合理的谨慎和注意程度。若高管尽到忠实勤勉义务,并完全按照股东会、董事会所决定的经营方针履行其职务,那么公司亏损时,高管无须承担法律责任。

77. 公司董事、高级管理人员违反忠实勤勉义务,公司如何维权?

根据新《公司法》第180条规定,董事和高级管理人员对公司负有忠实义务和勤勉义务。忠实义务是指"不得利用职权谋取不正当利益",是消极义务,约束董事、高级管理人员不得损害公司利益;勤勉义务是指"执行职务应当为公司的最大利益尽到管理者通常应有的合理注意",是积极义务,要求董事、高级管理人员应当主动为公司争取利益。公司董事、高级管理人员违反忠实义务的典型行为有:(1)侵占公司财产、挪用公司资金;(2)将公司资金以其个人名义或者以其他个人名义开立账户存储;(3)利用职权贿赂或者收受其他非法收入;(4)接受他人与公司交易的佣金归为己有;(5)擅自披露公司秘密等。

当高管违反忠实勤勉义务时,公司可采用以下方式维权:(1)当公司董事、高级管理人员违反忠实义务损害公司利益时,公司可以向法院起诉主张行使“归入权”,也就是公司内部人违反忠实义务等特定行为所获得的收益收归公司所有的权利。在公司提供初步证据证明董事、高级管理人员从事违反忠实义务行为的收入金额时,董事、高级管理人员具有提供相反证据进行反证的义务,否则法院会结合行业一般盈利情况以及持股盈利分配情况酌定判赔金额。(2)当归入责任数额不足以覆盖公司损失时,公司可向法院继续请求公司董事、高级管理人员承担损害赔偿责任,直到损失被填平;但若归入责任的数额能够覆盖确定的损害时,公司就不能另行主张损害赔偿,否则会违反损害赔偿中“禁止得利”的原则。(3)公司还可以对于董事、高级管理人员此类行为进行提前预防,在章程或董事、高级管理人员的劳动合同中增加禁止同业竞争、限制关联交易等忠实义务的约定,进一步明确《公司法》中董事及高级管理人员的范围、应当履行的忠实义务内容,增加董事、高级管理人员离职后竞业限制等安排,弥补法定义务的缺漏。

现实案例

A 公司是一家国有参股以从事新闻和出版业为主的企业,B 公司为借助 A 公司的影响力,加强与 A 公司长期合作,双方商议后,于 2018 年 11 月成立 C 公司,并约定 A 公司高级管理人员李某担任董事长,B 公司原法定代表人朱某担任总经理并负责公司运营。为便于业务开展,2020 年 1 月,C 公司在业务项目所在地设立全资子公司 D 公司。并约定由 C 公司总经理(即 B 公司原法定代表人)担任 D 公司执行董事及经理职务。后朱某利用在 C 公司、D 公司同时担任高级管理人员职务,并负责两公司业务运营的便利,擅自多次以“备用金”“暂借款”“归还暂借款”等名义将 D 公司款项转入冯某某(B 公司董事、C 公司监事)、朱某某(B 公司监事会主席)及朱某本人等个人账户。D公司发现朱某上述行为后,将法定代表人进行了变更,并要求朱某返还擅自转款265万元及公司会计账簿、会计凭证等资料,但经过多次沟通催要,朱某拒不返还。遂D公司向法院提起朱某、冯某某、朱某某损害公司利益责任纠纷诉讼。经法院审查认为,从本案现有证据发现本案被告朱某可能涉嫌侵占公司财产罪,应当移送公安机关立案侦查。据此,裁定驳回D公司的起诉。

商业实操建议

由于企业制度所有权与经营权的分离,公司的董事、监事、高级管理人员可能会利用他们的职位和权力,违反忠实和勤勉义务,损害公司或股东的利益,且这种行为往往具有很强的隐蔽性,难以被及时发现和纠正。建议重视公司的治理结构和管理制度,建立有效的监督机制,对高级管理人员的行为进行监督和制约。如果发现有违反忠实、勤勉义务的行为,公司应该及时采取措施,维护公司和股东的利益。

78. 如何在规范正常的关联交易的同时,堵住不正当利益输送的漏洞?

关联交易是任何一家企业运营过程中都会遇到的问题,也是公司规范治理过程中需要面临的重要问题。关联交易在市场经济条件下,从有利的方面讲,交易双方因存在关联关系,可以节约交易成本,提高交易效率。从不利的方面讲,由于关联交易有可能使交易的价格、方式等存在不公平的情况,从而损害股东或者债权人的利益。我国法律法规中涉及关联交易的条款也比较多,关联交易除应满足信息透明、程序合法的形式要件外,还须具备交易对价公允的实质要件,否则即构成不当关联交易。对于关联交易,法律法规并非完全禁止企业开展关联交易,而是一方面要在程序上予以规范,保证公允关联交易积极作用的发挥;另一方面要让非公允关联交易者承担一定的法律责任,并为受害者提供一定的救济。

商业实操建议

(1)加强正面引导和规范,并不将关联交易“一棍子打死”。新《公司法》第182条规定了关联交易的报告制度。即董事、监事、高级管理人员,直接或者间接与本公司订立合同或者进行交易,应当就与订立合同或者进行交易有关的事项向董事会或者股东会报告,并按照公司章程的规定经董事会或者股东会决议通过。董事、监事、高级管理人员的近亲属,董事、监事、高级管理人员或者其近亲属直接或者间接控制的企业,以及与董事、监事、高级管理人员有其他关联关系的关联人,与公司订立合同或者进行交易,同样适用这一规定。

(2)规定董事、监事、高级管理人员的同业禁止义务,并相应规定了董、监、高违法所得收入归公司所有。根据新《公司法》第184条、第186条的规定,董事、监事、高级管理人员未向董事会或者股东会报告,并按照公司章程的规定经董事会或者股东会决议通过,不得自营或者为他人经营与其任职公司同类的业务,否则违法所得收入归公司所有。

(3)当控股股东违规进行不当关联交易,损害公司和中小股东利益时,中小股东有予以监督并获得权利救济的多种法律途径。例如,可以诉请控股股东承担赔偿责任、诉请公司强制分配利润、诉请确认公司决议无效、诉请撤销公司决议、诉请公司回购股权、提起股东代表诉讼等①。

79. 总经理与法定代表人有哪些区别?

总经理和法定代表人在公司治理体系中没有绝对的职位高低之分,但

① 可参见本书第13问:大股东进行关联交易等损害公司利益的行为,其他股东应当如何应对?

二者在法律地位、产生过程、权利义务等方面有着很大区别。

首先，二者的法律概念不同，我国《公司法》对“法定代表人”这一概念有明确规定，并详细规定了法定代表人的产生、职权等。而对“总经理”这一职位，我国《公司法》并没有这一说法，只对经理有过表述，公司根据实际需要设有部门经理，为了突出唯一性，因此称其为“总经理”。

其次，二者的产生不同。根据新《公司法》第10条、第74条的规定，公司的法定代表人按照公司章程的规定，由代表公司执行公司事务的董事或者经理担任。有限责任公司可以设经理，由董事会决定聘任或者解聘。需要注意，公司法定代表人的变更，应当办理变更登记。而总经理的产生一般有三种方式，分别是内部选聘、内部任命和外部选聘，其选任相对来说更为灵活。

最后，二者的权利义务不同。经理对董事会负责，根据公司章程的规定或者董事会的授权行使职权。例如，组织实施董事会决议，组织实施公司年度经营计划和投资方案等职权，其义务主要是勤勉义务和忠实义务。法定代表人则依法享有以公司的名义对外从事法律行为的权利，并且在公司消极履行债务、被列为失信被执行人后，也可能要承担一定责任。

现实案例

最高人民法院作出的（2021）最高法民申5483号民事裁定书中对二者的职权范围进行了明确。最高人民法院在这一案例中指出：未担任公司法定代表人的总经理，亦有权依据公司章程的授权代表公司签订合同。在公司章程已有“总经理主持公司生产经营管理工作，组织实施董事会的决定”等原则性规定的情况下，如果公司禁止未担任法定代表人的总经理代表公司签订合同，应当在公司章程、股东会决议、董事会决议等有效法律文件中，对总经理签订合同的权限做出明确具体的限定。在总经理根据公司章程的授权代表公司签订合同的事务中，公司与总经理之间不存在代理法律关系，不适用法律关于代理行为及其效力认定的规定。

商业实操建议

（1）公司在设立时应该审慎地选择总经理和法定代表人的职务，各个股东也应该从人选与职务匹配度等方面进行充分考虑，同时也可以考虑在章程中对相关事项予以明确。

（2）要分清法定代表人与总经理的责任，实现总经理、法定代表人的分工任职，保障总经理和法定代表人各司其职，确保公司有效治理，在公司内部形成制衡机制。

（3）完善总经理和法定代表人工作细则，细化企业内总经理和法定代表人管理措施，完善程序使其严谨。通过认真讨论，结合企业实际制定了上述程序性规定后，便于各个职责权力机构更好地区分各自职能，更好地履职。

80. 法定代表人需要对公司债务承担连带责任吗？

法定代表人的职权，有的是由法律规定的，有的是由公司决定的。具体说来，职权有：（1）代表公司签署法律文件的权利。例如，在办理公司重大事项时，身为法定代表人需要签署授权委托书，在报刊上为公司公开发表声明等。（2）代表公司签订合同的权利。在订立合同过程中，法定代表人签字常常是合同的生效条件，合同一经法定代表人签署，即为生效。（3）公司发行债券、股票的，必须由法定代表人签名，公司盖章。（4）法律、行政法规和公司章程规定的职权。例如，主持股东会，主持董事会等。

法定代表人的义务包括：企业法定代表人应当在国家法律，法规和公司章程规定的职权范围内行使职权，履行职责。代表企业法人参与民事活动，全面负责企业的生产经营管理，接受企业和有关机关的监督。企业法定代表人可以委托他人代为行事。企业法定代表人在委托他人代为行事时，应当书面委托。

法定代表人原则上不需要对公司债务承担连带责任。新《公司法》第3

条规定,公司是企业法人,有独立的法人财产,享有法人财产权。公司以其全部财产对公司的债务承担责任。有限责任公司的股东以其认缴的出资额为限对公司承担责任;股份有限公司的股东以其认购的股份为限对公司承担责任。《民法典》第 62 条规定,法定代表人因执行职务造成他人损害的,由法人承担民事责任。法人承担民事责任后,依照法律或者法人章程的规定,可以向有过错的法定代表人追偿。

现实案例

在上海海事法院审理的(2011)沪海法商初字第 1078 号案件中,2009 年 11 月,甲公司与乙公司签订合作协议,约定由乙公司委托甲公司办理货物出口运输代理业务。合同“付款方式”下约定:“乙方的法定代表人对乙方的债务承担连带责任”,“法律与仲裁”下约定:“甲方、乙方协议签章请以公司公章、法人或公司相应职位人士签字为凭”。该合同签章栏“甲方公章”处加盖了原告公司的公章,“甲方签字”处空白;“乙方公章”处加盖了乙公司的公章,“乙方签字”处有张某的亲笔签名。签订合作协议时,张某系乙公司法定代表人,并任职至法院诉讼时。在甲公司完成委托事项后,乙公司未能及时结清相应运费。

2012 年,甲公司向法院提起诉讼并诉称,乙公司未能在约定时间内向其支付相关费用,根据双方合作协议约定,法定代表人张某对乙公司的债务应承担连带责任。对此,乙公司的法定代表人张某辩称,其无须对乙公司的债务承担连带责任。一审法院认定,张某作为乙公司的法定代表人,根据合作协议的约定,其应当对乙公司的债务承担连带责任。后张某提起上诉,但因张某未按规定预交上诉费,二审法院按自动撤回上诉处理。

商业实操建议

(1)建议公司的员工不要随意做“挂名”的公司法定代表人。

(2)建议公司的法定代表人在代表公司签署合同时应当谨慎注意，需要审查合同当中是否包含“需要法定代表人承担担保责任的条款”，或要求法定代表人单独签署《保证合同》，特别是在公司对外借款的合同当中。

81. 新《公司法》下的董事、监事、高管的责任承担有哪些变化？

新《公司法》下的董事、监事、高管责任承担有更加规范、更加强化的趋势。

一是完善了忠实义务和勤勉义务的具体内容，以更好地指导规范董、监、高的职务行为。例如，新《公司法》第181条列举规定了，公司董事、高级管理人员违反忠实义务的典型行为有：(1)侵占公司财产、挪用公司资金；(2)将公司资金以其个人名义或者以其他个人名义开立账户存储；(3)利用职权贿赂或者收受其他非法收入；(4)接受他人与公司交易的佣金归为己有；(5)擅自披露公司秘密等。

二是新《公司法》第192条规定，公司的控股股东、实际控制人指示董事、高级管理人员从事损害公司或者股东利益的行为的，与该董事、高级管理人员承担连带责任。

三是加强对董事、监事、高级管理人员与公司关联交易等的规范，增加关联交易等的报告义务和回避表决规则。例如，新《公司法》第184条规定，董事、监事、高级管理人员未向董事会或者股东会报告，并按照公司章程的规定经董事会或者股东会决议通过，不得自营或者为他人经营与其任职公司同类的业务。

四是强化董事、监事、高级管理人员维护公司资本充实的责任。新《公司法》第51条规定，有限责任公司成立后，董事会应当对股东的出资情况进行核查，发现股东未按期足额缴纳公司章程规定的出资的，应当由公司向该股东发出书面催缴书,催缴出资。未及时履行核查和催缴义务,给公司造成损失的,负有责任的董事应当承担赔偿责任。

五是规定董事、高级管理人员执行职务存在故意或者重大过失,给他人造成损害的,应当承担赔偿责任。例如,新《公司法》第 188 条至第 191 条明确了董监高履职行为造成损害时不同的责任承担主体。

现实案例

在新《公司法》落实之前,2018 年《公司法》下的关联交易也屡见不鲜,严重损害公司利益,作为董事、监事、高管应该谨慎对待手中权力,为公司谋取利益而非造成公司及其他股东的利益损失。本案中,周某作为甲公司的营销部经理,全面主持公司销售和采购供应工作,后被任命为该公司分管销售的副总经理,2010 年 7 月调离。在其在职期间,周某与高某迎确立恋爱关系并登记结婚。2008 年 2 月至 2009 年 7 月,甲公司与高某迎发起设立的乙公司签订了 38 份加工承揽合同,乙公司拖欠货款未按时支付。其间,高某迎将乙公司股权转让给其母亲,后又转让给他人。2011 年 9 月,甲公司与乙公司就欠款偿还问题达成协议,确定乙公司应付甲公司欠款 5, 967, 970 元,双方请求人民法院制作了调解书。因乙公司无财产可供执行,该调解书执行程序被终结。甘肃省白银市中级人民法院一审判决周某赔偿甲公司经济损失 4, 229, 358 元。周某不服,提起上诉。甘肃省高级人民法院二审判决驳回上诉,维持原判。

本案中,甲公司章程没有明确周某的高管职务,其担任的公司营销部经理一职也未列入《公司法》第 216 条第 4 项规定的公司高管范围。但是甲公司未设立分管销售的副总经理,周某作为营销部经理,有权选择交易对象并决定是否签约,有权决定资金回收方式,事实上行使了公司高管的职权。本案判决根据周某实际行使公司高管职权并利用其关联关系损害公司利益的事实,依照权利、义务、责任相统一的原则和公平原则,认定周某应当对甲公司承担损害赔偿责任。

商业实操建议

董事、监事、高管作为公司经营实际管理和运营人员，在享受职权的同时也承担着相应的义务，周某一案也说明了尽管职务不在公司高管范围，但实际行使高管职权的人如果给公司造成损失，也应当承担损害赔偿责任。特别是依据新《公司法》修订精神，公司的控股股东、实际控制人指示董事、高级管理人员从事损害公司或者股东利益的行为的，与该董事、高级管理人员承担连带责任。

82. 新《公司法》对于股东会作出了哪些重大制度性改变？

新《公司法》对于股东会的制度性改变主要包括以下几个方面：

一是扩大股东权利。新《公司法》赋予股东更多的权利，如知情权、质询权、临时提案权等，以保障股东的合法权益。

二是优化股东会运作机制。新《公司法》优化了股东会的运作机制，如引入了授权委托制度、网络投票制度等，以方便股东参与股东会。

三是强化股东会责任。新《公司法》强化了股东会的责任，如要求股东会审议批准公司的重大事项并作出决议等，以确保公司的规范运作。

四是保护少数股东权益。新《公司法》注重保护少数股东的权益，如引入了累积投票制度、股东代表诉讼制度等，以防止大股东对少数股东的侵害。这些改变旨在促进公司的规范运作和保护股东的合法权益，有助于提高公司的治理水平和市场竞争力。

现实案例

2017 年 1 月 1 日，袁某、碧鸡投资公司向唐某华出具借款收据 3 张，分别载明借到唐某华15万元、2万元、2万元，原2016年6月1日出具的借据作废。袁某在上述3张借款收据的借款人处加盖私人印章，碧鸡投资公司在担保人处加盖公司印章。2020年10月3日，袁某甲在上述3张借款收据背面书写“此款未还，长期有效”。

2018年6月1日，唐某华（债权人）与袁某（债务人）、碧鸡投资公司（担保人）、碧鸡房地产公司（担保人）、碧鸡建筑公司（担保人）签订还款协议，载明经各方共同确认，截至2018年5月31日，袁某尚欠唐某华借款本金19万元，并约定了还款时间、利息、利率及违约金。三家公司提供连带责任保证担保，并约定了担保范围和期限。还款协议尾部，由碧鸡投资公司法定代表人袁某签字并加盖公司印章，碧鸡建筑公司法定代表人袁某签章并加盖公司印章，碧鸡房地产公司法定代表人袁某签章但未加盖碧鸡房地产公司印章。

本案争议焦点，是碧鸡投资公司、碧鸡建筑公司、碧鸡房地产公司是否应当对袁某的债务承担连带清偿责任。

关于碧鸡投资公司是否应当承担连带保证责任的问题，法院认为，根据2018年《公司法》第16条第2款的规定，公司为公司股东或实际控制人提供担保的，必须经股东会或者股东大会决议。本案中，袁某系碧鸡投资公司股东，碧鸡投资公司对袁某债务提供担保时必须经股东会或者股东大会决议。原告唐某华并未举示证据证明在签订还款协议时，对碧鸡投资公司的股东会或者股东会决议进行了审查，表明其并非善意相对人，因此依据相关法律法规，碧鸡投资公司不承担担保责任，担保行为应属无效。

本案所涉及的法律问题是公司对外担保有效性的一般前提。根据2018年《公司法》第16条规定，公司为他人提供担保，依照公司章程的规定，由董事会或者股东会、股东大会决议。为公司股东或者实际控制人提供担保的，必须经股东会或者股东大会决议。根据该条规定，公司对外担保一般应当由适格机构作出决议。在奉行“股东会中心主义”的公司治理架构中，股东会作为公司最高权力机构，自可对公司的一切决策享有终局决定权。而在关联担保中，为避免股东操控董事会作出不符合公司利益的决议，法律未授予董事会对关联担保的决策权。

商业实操建议

股东会是公司最高权力机构，是公司经营的"压舱石"。激活股东会制度有助于提升公司治理水平、增强公司核心竞争力、壮大非公经济、发展混合所有制经济、完善市场经济体制、优化法治化营商环境。而董事会只是公司治理环节中的执行机构，并不是权利机构，公司权力从董事会模式向股东会模式的转变，是应然和实然两个层面上的要求。新《公司法》应继续巩固并增强股东会的最高权威与终极控制权，扩充股东会法定职权，激活股东会运行机制，是法律尊重企业作为商事主体的意思自治的体现。

83. 新《公司法》下，电子营业执照的效力如何认定？

电子营业执照与纸质营业执照具有同等法律效力，是市场主体取得主体资格的合法凭证。

电子营业执照是由市场监管部门依据国家有关法律法规、按照统一标准规范核发的载有市场主体登记信息的法律电子证件，可以作为企业等各类市场主体具有法律效力和行政效力的专业性、凭证类市场主体电子身份证使用。电子营业执照系统是全国统一的市场主体身份验证系统，支持市场主体身份在全国范围内的通用验证和识别。具备防伪、防篡改、防抵赖等信息安全保障特性。我国制定出台的首部统一规范各类市场主体登记管理的行政法规《市场主体登记管理条例》，自 2022 年 3 月 1 日起施行。该条例在"便捷的准入制度"中规定："电子营业执照与纸质营业执照具有同等法律效力。"新《公司法》第 33 条规定："公司登记机关可以发给电子营业执照。电子营业执照与纸质营业执照具有同等法律效力。"

电子营业执照适用于需要提供市场主体身份凭证的场合，包括但不限于下列情形：出示营业执照以表明市场主体身份，或使用营业执照进行市场主体身份认证和证明的；办理市场主体登记注册业务的；以市场主体身份登录网上系统或平台,办理各项业务、开展经营活动的;登录国家企业信用信息公示系统报送年度报告、自主公示信息的;以市场主体身份对电子文件、表单或数据等进行电子签名的;在互联网上公开营业执照信息和链接标识的;授权相关个人或单位共享、传输或获取其市场主体数据信息的;按照法律、法规和相关规定需要使用和提供营业执照的。根据市场监管总局印发的《电子营业执照管理办法(试行)》第12条规定要求,只领取电子营业执照的市场主体,应下载并打印电子营业执照文件,置于住所或营业场所的醒目位置,或通过电子显示屏等方式亮明电子营业执照。

商业实操建议

在实务中,公司想要办理电子营业执照应当找市场监管部门,且该执照的发放不收取费用。电子营业执照应当由公司的法定代表人领取和下载,在领取后可以自行或授权其他证照管理人员保管、持有、使用。需要注意的是,如果公司办理涉及营业执照记载事项变更登记的,需要重新下载。如果公司变更法定代表人的,原法定代表人下载的电子营业执照将无法继续使用,新任法定代表人需要重新下载电子营业执照。如果载有电子营业执照的移动终端丢失或损坏,法定代表人可使用其他移动终端重新下载电子营业执照,原移动终端存储的电子营业执照将无法继续使用。

84. 公司可以按照实缴资本比例(而非认缴的出资比例)进行股东会表决吗?

可以。

新《公司法》第65条规定:“股东会会议由股东按照出资比例行使表决权;但是,公司章程另有规定的除外。”公司章程中可以自主决定股东表决权的依据是实缴出资比例还是认缴出资比例，甚至也可以决定不按出资比例行使表决权。特别需要注意的是，即使公司章程未作特别约定或约定按照认缴出资比例行使表决权，根据《九民纪要》的规定，代表 2/3 以上表决权（按认缴比例确定）的股东通过，可以将章程修订为“按实缴出资比例”行使表决权。对于股东认缴出资未届履行期限的，应依据公司章程的规定确定股东的表决权，公司章程没有规定的，应当按照认缴出资的比例确定。但对于出资期限已经届至并已实际出资后又违反法律规定抽逃出资的股东（或出资届满后仍未实缴的股东），应当对其表决权予以排除，以体现对侵犯公司和其他股东权利的股东的权利限制。例如，规定股东表决权按照已缴出资占应缴出资的比例行使，或者径行减少出资期限已届满但未实缴股东的对应出资额（且该等出资不享有表决权）。通过合理利用以上规则，完全可能调整股东之间的出资比例、表决比例，是化解公司僵局、夺取公司控制权的“重要武器”。

现实案例

在最高人民法院审理的（2022）最高法民再 215 号案件中，甲公司的注册资本为 9000 万元，其中 A 酒店出资 5940 万元，出资比例占 66%，王某京出资 2910 万元，出资比例占 32. 33%，乙公司出资 150 万元，出资比例占 1. 67%。经人民法院生效判决确认，A 酒店在出资期限已经届至并已实际出资后又抽逃了 5420. 2 万元出资，并判决 A 酒店向甲公司返还该等抽逃出资。2016 年 8 月 27 日，甲公司召开股东会，会议议题为“减少股东 A 酒店在甲公司的出资额 5420. 2 万元，甲公司注册资本相应减少 5420. 2 万元”，王某京、乙公司均投同意票，A 酒店缺席会议。会议通过决议：减少 A 酒店在甲公司的出资额 5420. 2 万元，相应减少甲公司注册资本 5420. 2 万元。王某京、乙公司向法院提起诉讼，请求确认该次股东会决议有效，山东省威海市中级人民法院支持了其诉讼请求。甲公司、A 酒店上诉请求：撤销一审判决，改判驳回王某京、乙公司的诉讼请求。山东省高级人民法院审理认为，甲公司、A 酒店的上诉请求不能成立，应予驳回；一审判决认定事实清楚，适用法律正确,应予维持。经最高人民法院再审,对王某京、乙公司诉请确认解除A酒店股东资格的股东会决议合法的主张不予支持。

商业实操建议

在实务中,公司可以自主决定股东表决权的依据是实缴出资比例还是认缴出资比例,此外还可以决定不按出资比例行使表决权,但必须事先在公司章程中提前作出规定才是稳妥的。如公司章程未作出特殊规定,公司即使再以股东会决议的形式对于未出资股东的表决权作出限制,该等限制可能也会被认定为无效。

85. 如未足额实缴出资,股东权利会在哪些方面受到限制?

在公司章程未作特别约定的情形下,股东未出资或未足额出资,其经营管理性权利一般不会受到影响。因为只要认缴了一定比例的公司注册资本,被载入股东名册或公司章程,股东身份就被认可,行使经营管理性权利具备股东资格即可,不要求必须出资实缴到位。股东未出资或未足额出资,其财产性权利会受到较多限制,因为权利义务应对等,财产性权利主要是指获得财产性收益,如果出资不到位,获得财产性收益的权利将受到限制,主要指利润分配权、优先增资权、剩余财产分配权。利润分配权和剩余财产分配权比较好理解,就是指分红权和公司在清算时剩余财产的分配权。优先增资权是指公司新增资本时,股东有权按照实缴的出资比例认缴出资。这三种权利都是按照实缴的出资比例行使。但稍有不同的是,在利润分配权和优先增资权方面,《公司法》赋予了公司章程另行规定的权利,而剩余财产分配权只能按照实缴出资比例分配,公司和股东没有自由协商规定的空间。除利润分配权、优先增资权、剩余财产分配权以外的其他财产性权利,如股权转让权、优先购买权、异议股东回购请求权这类权利的行使,一般不受是否已全部出资的影响。因为股东资格的取得不受出资是否全部缴付的影响,具备合法股东资格便有权转让其股权、购买他人股权或者请求公司回购股权。但受让股权的一方最终还应履行足额出资的义务。

现实案例

1993年11月29日,A公司、B公司、C公司签订《关于合资成立“南澳亿湖厂房开发有限公司”协议书》,约定三方合资成立亿湖公司。同年12月25日,A公司、B公司、C公司签订《合资成立“南澳亿湖厂房开发有限公司”合同》,约定亿湖公司的注册资本为3100万港元,其中B公司提供9.3亩土地使用权,折价1333万港元,占注册资本的43%。2012年3月30日,亿湖公司召开董事会议,对B公司在亿湖公司的股东权利作出限制。会议结束后,亿湖公司书面通知B公司,主要内容是:因B公司未履行出资义务,B公司对亿湖公司不享有利润分配请求权、新股优先认购权、剩余财产分配请求权等股东权利。2012年4月28日,A公司以B公司未履行对亿湖公司的出资义务为由,提起本案诉讼。二审法院判决确认B公司未履行向亿湖公司出资的义务;确认B公司不享有亿湖公司的股东利润分配请求权、新股优先认购权、剩余财产分配请求权等股东权利。B公司不服二审判决,向最高人民法院申请再审。最高人民法院审理后改判,认为A公司、亿湖公司根据亿湖公司董事会决议,请求限制B公司相应的股东权利,不能得到支持。

商业实操建议

(1)《公司法》明确规定按实缴出资比例行使的权利的只有利润分配权、优先增资权和剩余财产分配权,如果公司想对未完全履行出资义务的股东给予更多限制,防止其不按期缴纳出资对公司可能造成的损失,应重视公司章程的拟定或者经过股东会决议表决。如果股东会决议程序无效,也无法对股东的权利做出限制。

(2)股东认缴出资后未足额出资,利润分配权、优先增资权、剩余财产分配权会受到限制,而分担亏损是不受出资影响的,仍应当按照认缴的出资额对公司承担责任,除非公司章程另有规定。因此,股东最好在约定的缴付期限内按期足额缴付出资,以充分行使股东权利,也避免股东资格受到影响。

86. 公司没有按照章程规定发会议通知,股东可以申请撤销股东会决议吗?

可以申请撤销。但该会议通知程序瑕疵显著轻微,未对股东权利产生实质影响的,该瑕疵可能不构成撤销股东会决议的事由。

召开股东会会议,未依法依章程于会议召开15日前通知全体股东,公司未按照公司章程规定的时间履行通知义务,均属于股东会召集程序存在瑕疵的情形。根据新《公司法》第26条的规定,公司股东会、董事会的会议召集程序、表决方式违反法律、行政法规或者公司章程,或者决议内容违反公司章程的,股东自决议作出之日起六十日内,可以请求人民法院撤销。但如果不影响股东参会并行使表决权,股东实际上参加了股东会并行使了表决权,则属召集程序仅有瑕疵轻微,且对股东会决议未产生实质影响,尚不能构成涉讼股东会决议撤销事由,根据新《公司法》第26条及《公司法司法解释(四)》第4条的规定,法院可判决不予撤销。

现实案例

如浙江省宁波市中级人民法院审理的(2014)浙甬商终字第1130号案件中,2014年开发公司通知股东房产公司召开股东会。房产公司派员参加后,以开发公司提前 14 天才通知为由诉请确认决议无效。法院认为:(1)基于对公司股东特别是中小股东或弱势股东权益保护,依《公司法》规定,股东会的会议召集程序、表决方式违反法律、行政法规或者公司章程,或者决议内容违反公司章程的,股东可以自决议作出之日起 60 日内,请求人民法院撤销。该规定仅赋予公司股东对存在瑕疵的股东会决议可通过诉讼请求撤销的权利。而股东会决议一经有效作出,即被拟制为公司意思,对全体股东和公司具有约束力,影响公司经营,产生一系列法律关系。如召集程序存在瑕疵显著轻微,对所作决议无影响或对利害关系人并无实质损害的,则该股东会决议应无撤销之必要。(2)《公司法》及开发公司章程均规定,召开股东会会议,应当于会议召开 15 日前通知全体股东。上述会议通知期间的确定,是认定开发公司在会议通知时间上是否存在瑕疵的前提。从平衡股东与公司利益角度考虑,上述法条和章程规定的 15 日期间,应以开发公司发出通知的时间为基准。在计算上,从公司发出通知之次日起算至开会前 1 日,算足上述 15 日期间。按此方式,开发公司确未于会议召开 15 日前通知房产公司(与规定期间相差 1 日),故房产公司所主张此项程序瑕疵成立。但是,该程序瑕疵情节经微,且房产公司已派员参加股东会,并无证据证明其对通知时间提出过异议,在此情形下,该股东会决议瑕疵未对房产公司股东权利产生实质影响,该瑕疵尚不能构成涉讼股东会决议撤销事由。判决驳回房产公司诉请。

商业实操建议

(1)公司章程中明确约定会议通知的送达方式和股东的联系方式。对于送达方式的选择,公司可结合自身实际情况进行选择和约定,实务中可优先选择电子邮件和书面邮寄的方式,电子邮件方式便于证据留存。在送达过程中,送达地址的有效性也是需要重视的问题。为避免争议,建议在公司章程中对股东的联系方式进行明确约定,同时约定送达条款,就能极大提升送达的效率,并能够尽可能减少争议。

（2）为了避免送达过程中可能出现的意外情况，股东会会议通知的发出时间应尽可能留有余地，比如公司章程规定提前15日通知，则股东会会议通知的发出时间至少应在17日前，提前至30日则会更为稳妥。

87. 公司可以通过微信方式召开股东会吗？

可以。

目前，微信已发展成为最便捷的社交沟通交流方式之一，因此，很多公司都选择在股东微信群里通知召开股东会，甚至直接在微信群里进行股东表决。根据《公司法》规定可知，法律并没有禁止通过微信群这种形式召集和召开股东会，因此股东会会议的召开形式系公司股东意思自治的范围，股东之间可以以灵活的方式召开股东会。通过微信召集和召开股东会应当以不违反公司章程为前提，如违反该规定，股东会决议效力仍面临瑕疵。如果已经通过微信召开了股东会，而该股东会召集和召开程序违反公司章程，则可考虑通过全体股东一致追认的形式尽可能确保该股东会决议的效力无瑕疵。为了适应数字化信息化时代发展，不拘泥于传统英国式公司治理理论中“董事会应当面对面、集体辩论”的理念，新《公司法》第24条规定，公司股东会、董事会、监事会召开会议和表决可以采用电子通信方式，公司章程另有规定的除外。

现实案例

甲公司是一家有限责任公司，有6个股东，其中，大股东张某持股65%，法定代表人由另一股东周某祥担任。张某发现，周某祥有私刻公章等损害公司权益的行为，于是在股东微信群里召开了股东会临时会议，经代表

77.5%表决权的股东表决通过决议，免除了周某祥的法定代表人资格，并选举张某担任公司的执行董事和法定代表人。双方因此产生诉讼。法院经审理查明：甲公司6位股东成立了微信群，全体股东确认每次股东会均由张某在微信群里通知。本次股东会，张某在微信群里发出通知召开股东会临时会议，主要内容包括免除周某祥法定代表人资格及推举实际控制人张某出任法定代表人。

法院认为：按照甲公司章程的规定，原告张某作为持股65%的股东可以提议召开股东会临时会议。之后的股东会临时会议程序并未按照公司章程的规定进行，而是通过微信群直接进行了通知，对此次的召集程序，公司其他股东均表示认可，并表示之前的数次股东会也是以此种方式通知和召开。原告也提供了此前在微信群中通知召开股东会临时会议的证据，故本院认定股东会会议的召开形式系公司股东意思自治的范围，股东之间可以以灵活的方式召开股东会。故通过微信群发出股东会通知合法。

商业实操建议

采用微信方式召开股东会或董事会的现象已不再罕见，为了使此种方式能够合法化，减少法律争议，建议在公司章程中对微信会议的召集、召开和表决等具体事项作出明确规定。应当将微信股东大会的内容进行留存，且会议结果由全体股东签署决议文件进行确认。

88. 股东会议能够单方面设定股东借款义务吗？

不能。

根据新《公司法》第25条的规定，公司股东会、董事会的决议内容违反法律、行政法规的无效。股东会决议的弥补亏损方案在股东出资义务之外单方面设定了股东借款义务，侵犯了出借人财产权利，亦有违股东有限责任原则，该决议内容会因违反法律而无效。

现实案例

上海市青浦区人民法院审理的（2016）沪 0118 民初 4406 号案件中，持有文化公司 51%股权的顾某在另一股东吴某未参加的情况下召开股东会，并作出决议，通过了财务决算报告，同时对 2015 年度经营亏损 18 万余元要求股东按认缴出资比例以借款形式承担。吴某以认缴出资时间为 2024 年、财务决算报告未依章程规定经会计师事务所审计、名为弥补经营亏损实为增资为由，诉请撤销股东会决议。经法院审理认为，吴某和顾某合意将出资时间确定为 2024 年，应明知公司缺乏股东出资时的运营成本问题，文化公司决议通过的弥补亏损方案并非以企业利润弥补亏损，而是要求公司股东借款给公司以偿还公司债务，其实质是在股东与公司之间形成新的借款关系，此法律行为属双方民事法律行为，借款关系须以借款人和出借人双方意思表示一致而成立。系争股东会决议中弥补亏损方案在股东出资义务之外设定了股东借款义务，在出借人未表示同意的情况下，以借款人单方意思表示设立了借款关系，侵犯了出借人财产权利，亦有违股东有限责任原则，该决议内容因违反法律而无效。判决文化公司股东会决议有关弥补亏损内容无效，有关财务决算报告决议撤销。

商业实操建议

实务中，股东应当认识到股东会单方要求股东在出资义务之外额外向公司借款的决议是无效的。如果公司经营过程中出现资金缺口，想要按照比例向公司出借资金，股东之间应当进行约定形成股东协议。需要注意的是，如果大股东在公司亏损的情况下向公司进行了借款，小股东并非必须借款，但股东之间或股东与公司之间另有约定的除外。

89. 股东会决议能否强制股东转让股权?

不可以。

依据《宪法》和《民法典》的规定,公民合法的私有财产不受侵犯,财产权等民事权利受到法律平等保护。财产权是公民最基本的民事权利,股权是其中之一。股权根据股东的意愿转让,转让的程序和受让方受《公司法》和公司章程限制,转让相对不自由;初始公司章程具有合同的性质,如果规定了股权有条件的转让,对股东有约束力;修订的公司章程无权要求不同意转让股权的股东转让股权,也就是说,股东会决议不能强制股东转让股权。

初始公司章程可以对股权转让作出规定。因为初始章程需要全体股东一致同意,如果全体股东都同意可以强制离职股东转让股权,那是对个人财产权的处置,正是财产权本质的体现。初始章程对后加入公司的股东也有效,因为如果不同意初始章程,就不会加入公司。修订的公司章程只有全体一致同意才能对股权转让的限制作出规定,否则可能会侵犯不同意章程修订的那部分股东的财产权。

90. 冒充股东签字的股东会决议有效吗?

由多个股东运营的公司的日常决策中,因为每个股东代表的利益不同,就会出现个别股东为了达到自身目的而在股东会决议中冒充其他股东签字的情况。根据新《公司法》第25条、第26条的规定,公司股东会、董事会的决议内容违反法律、行政法规的无效。公司股东会、董事会的会议召集程序、表决方式违反法律、行政法规或者公司章程,或者决议内容违反公司章程的，股东自决议作出之日起六十日内，可以请求人民法院撤销。由此可以看出：内容违反法律或行政法规的强制性规定的决议，肯定是无效的；但对于股东会、董事会的会议召集程序或者表决方式仅有轻微瑕疵，对决议未产生实质影响的，仅规定了股东的撤销权。从民事法律关系的角度讲，在决议上冒充其他股东签名，是一种无权代理的行为。对于无权代理的行为经被代理人追认的，可以视为代理人的行为；拒绝追认的，该股东的表决部分未发生效力，应当根据公司章程及相关法律对于表决程序及表决方式的规定判断决议是否成立及生效。对于股东会决议含有处分被冒充签名股东私权利的内容，应认定该内容无效，但不影响决议中的其他内容，其他决议内容还需要根据公司章程及相关法律对于表决程序及表决方式的规定，判断股东会决议内容是否有效。

现实案例

如北京市第二中级人民法院审理的（2012）二中民终字第17626号案件中，慈铭公司于1999年注册成立，注册资本50万元。其中，胡某出资40万元，李某、于某各出资5万元，胡某任法定代表人。根据慈铭公司工商档案材料：2003年5月30日，慈铭公司作出《北京慈济生物医药技术有限公司第一届股东会第三次会议决议》。2003年6月3日，以李某为转让方与受让方韩某签订《股权转让协议》，约定李某将所占慈铭公司股份5万元（占公司注册资本10%）全部转让给韩某等。后慈铭公司依据上述文件办理了股东变更登记，慈铭公司股东变更为胡某、韩某、庄某。李某主张，上述股东会决议和股权转让协议并非其本人所签。经李某申请，法院委托北京京安拓普文书司法鉴定中心对决议中签名字迹“李某”是否为本人所签进行鉴定，后认定并非其本人所签。故李某诉至法院，请求判令该决议无效。经审理认为，诉争股东会决议中关于“同意公司股东李某将所持公司股份5万元（占注册资本的10%）全部转让给公司新股东韩某，李某退出公司股东会”的内容，属未经李某同意处分其股权，因不是李某的真实意思表示，其违反了我国法律的强制性规定，应属无效。而对于该决议的其他内容，李某的签名不真实属于会议召集程序或者表决方式存在瑕疵,并不因此无效。法院判决:确认决议"同意公司股东李某将所持公司股份5万元(占注册资本的10%)全部转让给公司新股东韩某,李某退出公司股东会"的内容无效;驳回李某的其他诉讼请求。慈铭公司不服,提出上诉。北京市第二中级人民法院作出判决:驳回上诉,维持原判。

商业实操建议

公司召开股东会一定要严格按照《公司法》和公司的股东会的议事规则进行,否则"被忽视"的股东可能会拿起法律武器捍卫自己的尊严。股东会议事规则、董事会议事规则、监事会议事规则等这些规章制度对规范公司的运作和保障公司健康发展是必不可少的,有些公司可能并没有制定这些规则,建议在公司的发展过程中及早请专业法律人士介入,避免影响公司的发展及损害利害关系人的利益。

91. 小股东应当如何要求公司进行盈余分配?

作为公司股东,设立或者投资公司的基本目的就是获取公司经营利润,实现资产增值。所谓盈余分配权,也可称为利润分配请求权,系股东的固有权利,股东依法享有请求公司向自己分发经营利润的权利。我国新《公司法》第4条第2款规定:"公司股东对公司依法享有资产收益、参与重大决策和选择管理者等权利。"第210条第4款规定:"公司弥补亏损和提取公积金后所余税后利润,有限责任公司按照股东实缴的出资比例分配利润,全体股东约定不按照出资比例分配利润的除外。"

虽然关于盈余分配权利的规定很明确,通过股东会作出分配决议的权利行使路径也很明确,但实践中控股股东违反法律规定滥用股东权利导致公司不分配利润,给其他股东造成损失的情形并不少见。主要存在以下几种权利滥用行为:(1)篡改公司会计凭证、私设小金库等擅自私分财产;

(2)恶意拒绝召开股东会同时转移公司财产;(3)通过发放过高甚至超高薪酬变相侵吞公司财产;(4)购买与经营无关的服务或财产归股东个人使用。

现实案例

在最高人民法院审理的(2016)最高法民终528号案件中,上诉人主张,因没有股东会决议故不应进行公司盈余分配。最高人民法院经审理认为,公司在经营中存在可分配的税后利润时,部分股东希望将盈余留作公司经营以期待获取更多收益,部分股东则希望及时分配利润实现投资利益。一般而言,即使股东会或股东大会未形成盈余分配的决议,对希望分配利润股东的利益也不会发生根本损害,因此,原则上这种冲突的解决属于公司自治范畴,是否进行公司盈余分配及分配多少,应当由股东会作出公司盈余分配的具体方案。但是,当部分股东变相分配利润、隐瞒或转移公司利润时,就会损害其他股东的实体利益,这已非公司自治所能解决,此时若司法不加以适度干预则不能制止权利滥用,亦有违司法正义。同时,上诉人同为太一热力公司及其控股股东太一工贸公司法定代表人,未经公司另一股东同意,没有合理事由将5600万余元公司资产转让款转入其他公司账户,这一转移公司利润的行为,给公司造成损失,属于滥用股东权利,符合《公司法司法解释(四)》第15条但书条款规定,应进行强制盈余分配的实质要件。

商业实操建议

虽然盈余分配权是股东的法定权利,但鉴于公司股东特别是小股东请求公司向自己分配投资收益时,受到信息不对称、大股东控制、内部人控制等不利因素影响,小股东盈余分配权的实现会遇到诸多纠纷与障碍。基于此,相关法律在中小股东的权益保护制度架设方面,赋予了其不少保护小股东利益的权利。司法救济是最后一道股东博弈的手段,建议实操层面上小股东要做好如下准备:

(1)未雨绸缪:股东合法资格的获取与争取。

股东向公司依法缴纳出资后,就履行了股东义务。那么,股东应当获得公司的出资证明书,将股东的名称在相关文件上登记记载,并办理工商登记。中小股东要及时督促公司规范管理与经营,依法备置各类文件资料,以免在发生纠纷时没有证据可依,甚至还要另外打官司以确认股东资格,徒增讼累。最高人民法院的大数据显示,股东资格纠纷在所有公司纠纷中排名第二,仅次于股份转让纠纷,可见股东身份的确立已成为治理中国公司乱象的重要抓手。

(2)股东会治理:重视盈余分配方案落地的推动。

按照《公司法司法解释(四)》第14条、第15条的规定,股东只有在股东会或者股东大会通过具体利润分配方案的决议后,才可请求公司分配利润。该规定不仅要求股东或者股东大会通过利润分配决议,而且要求利润分配方案的内容具体。原则上应当包括:分配利润数额、分配政策、分配范围及分配时间等事项。法律不保护"沉睡的权利",中小股东只有通过股东层面的议案或者决议安排,先推动公司的决算与利润分配方案落实,才能在公司不兑现决议时,有直接要求法院做出盈余分配判决的权利。

(3)知情权保护:重视股东在查账权等实体及程序权利的落实。

现实中,公司控制情况的复杂性及财务管理的不规范性,往往造成股东不具备行使分红权的基础。如前文所述,公司通过增加不正当成本、关联交易、扩大高管薪资等方式,造成公司亏损不盈利的情况比比皆是。因此,股东知情权是股东行使各项权利的制度保障,2018年修订的《公司法》保障股东知情权有三个层次:a. 公司章程、股东会会议记录、董事会会议记录及监事会会议决议;b. 公司的财务会计报告;c. 公司财务账簿。在公司运营会计年度,可以要求公司向全体股东报告财务情况,在需要查阅原始会计凭证时,可以聘用专业人士代理查阅账簿。

(4)看好你的权利:不实际参与运营股东的权利保护。

股东有诸多类型,有一部分财务投资股东并不参与公司的实际运营,又不像投资机构有完善的投资管理与监督能力。因此,可以在投资协议或章程中，植入更多的权利性安排。比如重大事项的一票否决权、优先分配权、正当查账的监督权等内容。必要时，非专业投资人可以委托第三方机构如会计师事务所或者律师事务所，代为行使股东相应的监督权利。

(5)诉请公司强制分配利润，甚至诉请公司解散行使剩余财产请求权。

实践中，控股股东还可能利用不当关联交易转移公司利润，导致公司不能分配利润，公司也难以形成载明具体利润分配方案的股东会决议。在此情形下，中小股东可以根据《公司法司法解释(四)》第15条但书条款的规定，提起"强制盈余分配之诉"，请求公司分配利润。例如，在最高人民法院审理的(2016)最高法民终528号案件中，最高人民法院认为，"虽然利润分配系公司自治范畴，但是当部分股东变相分配利润、隐瞒或转移公司利润时，会损害其他股东的实体利益，已非公司自治所能解决，此时若司法不加以适度干预则不能制止权利滥用，亦有违司法正义"，故而支持了利润分配请求，并最终根据司法审计结论确定了公司应当分配的利润金额。

92. 董事会/(执行)董事在公司的功能定位是什么？

股东会选举产生董事组成董事会。推选执行董事，负责执行股东会的决议，是公司治理的主要力量。董事会和执行董事，负有以下职责：(1)自主决定事项。主要包括：负责召集股东会并报告工作；执行股东会的决议；企业内部管理机构的设置；决定聘任或者解聘公司经理及其报酬事项，并根据经理的提名决定聘任或者解聘公司副经理、财务负责人及其报酬事项；制定企业的基本管理制度。上述事项在没有章程特别约定的情形下，可以由董事会或执行董事根据法律规定来行使职权。(2)经由股东会审议后决定的事项。董事会或执行董事，可以根据法律规定行使以下职权：决定企业的经营计划和投资方案；制订企业的利润分配方案和亏损弥补方案；制订企业债券发行及注册资本增资、减资的方案;制订企业合并、分立、解散或变更形式的方案。以上事项,是由董事会或执行董事根据股东会职权或决议作出具体的执行方案,需经股东会审议通过,方能落地执行。此外,根据新《公司法》第 152 条的规定,公司章程或者股东会可以授权董事会在三年内决定发行不超过已发行股份百分之五十的股份。但以非货币财产作价出资的应当经股东会决议。董事会依照前款规定决定发行股份导致公司注册资本、已发行股份数发生变化的,对公司章程该项记载事项的修改不需再由股东会表决。

需要注意的是,新《公司法》第 75 条规定:“规模较小或者股东人数较少的有限责任公司,可以不设董事会,设一名董事,行使本法规定的董事会的职权……”有限责任公司中取消了“执行董事”的提法,因为实践中设立这样一名执行董事实际不仅是执行机关,也是决策机关,该董事可以兼任公司经理。

现实案例

执行董事的职权是否完全等同于董事会?

在安徽省合肥市中级人民法院审理的(2017)皖 01 民终 7360 号案件中,A 公司注册成立后,陆续制定了包括公章、证照等使用管理规定。2015 年 8 月,A 公司与 B 公司签订《增资协议》,约定由 B 公司对 A 公司增资,增资后公司执行董事及法定代表人由被告宫某某担任。随后 A 公司经过多次工商变更,一直由被告宫某某担任法定代表人及执行董事,宫某某担任执行董事期间制定了印章管理制度。2017 年 2 月,宫某某出具遗失证明称 A 公司证照及印章等丢失,随后宫某某补办上述印章及证照。基于上述事实,A 公司股东赵某某、李某某、孙某某作为原告认为宫某某违法获取公司证照及印章却不对公司进行管理经营,损害公司权益,请求法院判决宫某某作出的作废声明无效。

一审法院认为,虽然 A 公司根据相关法律规定及公司章程的规定,制定了公司内部的管理制度,但补办公司证照、印章的行为已经远超内部基本事务的管理范畴,涉及公司的重大事项,理应由股东召开股东会形成决议。被告在未能履行各类印章及证照返还请求权及召开股东会并形成决议的情况下，直接登报宣称各类印章及证照遗失并补办，有失妥当，因此支持原告请求，判决被告作出的作废声明无效。二审法院则认为，根据《公司法》及A公司章程的规定，制定公司的基本管理制度的权力属于执行董事。由此，被告作为A公司执行董事、法定代表人，有权依据《公司法》及公司章程的相关规定行使其法定职责内的职权。根据通常理解，公司印章、证照的保管、使用系公司内部基本事务的管理范畴。在A公司的股东会未将补办公司执照及印章的权力明确从执行董事的职权范围中排除的情况下，一审法院认为：补办公司执照及印章应由股东召开股东会形成决议的观点，无法律或事实依据，应予撤销。

商业实操建议

在股份有限公司中，股东会闭会期间，董事会是公司的最高常设决策机构。对于不设董事会的有限责任公司来说，其通常会设立一名（执行）董事行使大部分经营决策权。在实务中，如果公司章程中未对执行董事的职权作出规定，基于执行董事与董事会相同的法律地位，一般可以参照《公司法》中有关董事会职权的规定来对标（执行）董事的职权范围。考虑公司经营发展的阶段，当企业步入正轨，越来越需要规范治理，同时又想保持精简的业务执行机构的话，可以考虑将决定公司经营计划和投资方案的部分权利给予股东会，以平衡负责公司经营决策的董事与股东间的关系。

93. 董事会可以依章程规定行使股东会法定职权吗？

可以。

新《公司法》第59条、第67条分别是有关股东会和董事会职权的相关规定，但是并不属于强制性规定，而且根据《公司法》第4条规定，公司股东依法享有选择管理者的权利,相应地,该管理者的权限也可以由公司股东会自由决定,因此,由全体股东共同制定的《公司章程》可以授权董事会行使股东会法定职权。但是,毕竟目前司法机关也未针对股东会能否将部分职权授予董事会出台司法解释或作出明确性指引,即使公司股东会将部分经营决策权授予董事会,实践中依然容易引起争议。

现实案例

能否通过公司章程将股东会职权下放董事会?

在四川省高级人民法院审理的(2018)川民再396号案件中,2002年5月4日,甲公司召开第15次董事会会议,决议内容包括:公司集体股218,218.8股和公司收回的27万股新林政府股份,由企业法人总经理余某按0.5元购1元比例收购;甲公司《公司章程》关于股东会职权、董事会职权的规定中,均没有关于股东会、董事会处置公司股份的职权规定,章程第10条规定该公司股份未经董事会或者董事长同意不得转让赠与;第21条规定,董事会是该公司的决策机构,向股东会负责,在股东会闭会期间,负责本公司重大决策。2012年10月19日甲公司股东会决议、10月20日甲公司章程第16条、同年甲公司工商登记资料均载明,截至2012年10月19日,余某持有公司股份价值337.12万元,包含本案争议的余某于2002年5月17日出资购买的488,218.8股,证明甲公司股东会事后已对2002年5月4日公司第15次董事会的有关决定予以追认。法院认为,甲公司《公司章程》第21条的规定,实际是公司章程将股东会闭会期间对公司的重大经营决策权赋予董事会,即在股东会闭会期间由董事会代股东会行使本公司的重大经营决策权。故甲公司董事会依据《公司章程》第10条、第21条的规定,对公司股份的转让进行决策,系在股东会闭会期间代为行使重大决策权,并未超越董事会职权,不违反公司章程规定,亦不违反当时1999年修正《公司法》关于董事会职权的法律规定,应属有效。

商业实操建议

公司创始人或实控人需知,我国《公司法》是遵循股东会中心主义的,股东会是公司的权力机构,但股东会的法定职权并不妨碍授权董事会或执行董事行使,这是股东意思自治的体现。当然,这一意思自治过程要通过《公司章程》的制定、修改以及变更来体现。

94. 股东会、董事会决议被法院认定无效的,相关对外担保协议还有效吗?

一般认为有效。

公司股东会和董事会决议为债务人提供担保的意思形成属于公司内部事情,即使董事会和股东会决议被法院确认无效,亦只是在公司内部发生效力,不影响其对外形成的法律关系效力。《公司法司法解释(四)》第6条明确规定:"股东会或者股东大会、董事会决议被人民法院判决确认无效或者撤销的,公司依据该决议与善意相对人形成的民事法律关系不受影响。"

现实案例

2004年,科技公司为热电公司向银行贷款提供连带责任保证。嗣后在科技公司股东提起的诉讼中,生效判决确定科技公司股东会、董事会做出对外担保的决议无效。另案生效刑事判决认定,科技公司副董事长杨某为该担保事宜收受热电公司行贿款4万元。

(1)科技公司召开董事会形成决议,符合公司章程"董事会作出决议,必须经全体董事的过半数通过"规定。根据科技公司对外担保公告中披露,该担保系充分考虑了本企业利益和担保事项可能存在的风险后作出的决定。

无证据表明签署董事会决议的股东受杨某胁迫,故杨某刑事犯罪并不影响案涉保证合同效力。(2)科技公司为热电公司提供担保出于真实意思表示,该真实意思形成属于公司内部事情,即使董事会和股东会决议被法院确认无效,亦只是在科技公司内部发生效力,不影响其对外形成的法律关系效力。判决科技公司应承担本案担保责任。

商业实操建议

股东会或者股东大会、董事会决议存在被人民法院判决确认无效或者撤销的情况,反映出公司内部治理的问题。但是基于保护交易秩序和善意第三人的法律理念,公司不能以董事会决议被法院认定无效为由,逃避应当承担的担保或其他债务责任。

95. 董事会决议中委托非董事投票的效力是否经得住司法考验?

我国《公司法》仅规定了股份有限公司董事会会议的委托规则,对有限责任公司并未进行规定。实践中,在公司章程没有特殊规定的情况下,有限责任公司董事会应当没有委托投票方面的规则限制,董事可以自由委托相关人员参与董事会。这也符合《公司法》最少公法管制、最大契约自由的立法精神。

新《公司法》第125条第1款规定:“董事会会议,应当由董事本人出席;董事因故不能出席,可以书面委托其他董事代为出席,委托书应当载明授权范围。”股份有限公司如果违反了这一规定,所通过的董事会决议是否存在效力上的瑕疵?鉴于违反这一规定并不一定会导致董事会决议内容违反强制性规范,只是程序上的瑕疵,因此,根据新《公司法》第26条的规定,违反董事会会议的委托投票规则并不会导致董事会决议的无效,至多只会导致董事会决议可撤销。之所以规定股份有限公司董事只能委托其他董事参与董事会的,主要原因在于保护该股份有限公司的商业秘密,同时避免影响社会公共利益。

现实案例

有限责任公司董事缺席，委托他人议事的，代理人是否需要具备特定的身份？

在山东省青岛市中级人民法院审理的（2017）鲁02民终9901号案件中，甲（有限）公司上诉称，“现行法律并未禁止有限公司董事委托非董事人员代为出席董事会并行使表决权。甲公司为中外合资企业，根据《中外合资经营企业法实施条例》第32条第2款规定，董事可以委托他人代表其出席和表决。甲公司的董事徐某波、王某忠均有权委托他人。王某力是受上述两董事委托出席并行使表决权，不违反法律规定”。对此，法院明确表示“甲公司共有三名董事，其中董事王某忠、徐某波授权给王某力全权代理董事长、董事的职权，该授权并未违反《公司法》关于有限责任公司董事授权等行为的规定”，并据此支持了甲公司的上诉请求。

商业实操建议

对于股份有限公司而言，为了确保董事会决议能够无瑕疵的生效，应当严格按照《公司法》的要求，在董事自身因故不能参会时，书面委托其他董事参与。同时，对于有限责任公司而言，尽管《公司法》没有规定，但是如果公司为了确保商业秘密不外泄，也完全可以在章程中约定，董事只能委托其他董事参与董事会。

96. 独立董事一般请哪些人担任？对公司的价值在哪里？

担任独立董事的很多都是大学教授、律师、会计等人士，平时另有自己的主业，很难花费过多精力在任职董事的公司。从制度设计的初衷上来说，独立董事被寄希望能够提升董事会的独立性，替股东会监督好管理层。

在独立董事制度出现之前，公司的董事会成员大多都与公司管理层人员重合，比如，董事长兼CEO的情况非常多。这就导致董事会的独立性非常弱，无法真正替股东们监督好管理层，无法更好地化解代理问题。代理问题一般是指管理层滥用职权，利用信息不对称获得优势地位，进而损害公司、大众股东利益。为提高董事会的独立性，独立董事制度被引进。这些不直接参与公司管理的外部董事，利益相关性很弱，独立性更强，可以对内部董事起到监督作用；同时因具有某一领域的专业优势，可以发表其专业意见。我们可以解读为，独立董事的监督作用强于内部董事的经营管理作用，因此，其也被称为“独立非执行董事”。非执行，就是突出其不直接参与公司的日常事务，领取的也不是劳动工资，而是一份“津贴”。监督，就是为上市公司广大中小股东（散户）谋利益。独立，是相对于管理层、内部董事而言，不是相对于股东的“独立”。

独立董事也是董事，但董事从来不单独行动。不单独行动，指的是董事从来不以个人名义对公司实施管理，而是与其他董事成员共同以“董事会”的名义行事。因此，我们常见的是董事会报告、董事会决议、董事会意见等，而不会看到单独某个董事以自己的名义对公司进行管理，最多在董事会文件中提出个人不同的保留意见。独立董事之“独立”，是为了提升董事会的“独立性”。独立董事本是为了制衡权力过大的管理层，但实践中要保持独立性往往有很多障碍。比如，独立董事们一般能力都很强，平时还有其他工作，有的甚至在法律允许范围内同时担任最多5家公司的独立董事。独立董事一般会领取津贴报酬，比如，根据中兴通讯给独立董事们25万元/年的董事津贴，这个水平已经超过一般工薪阶层的全年全职收入。虽然说给董事们支付报酬、确定报酬的机构是股东大会，看上去是合理的，但实际上很容易出现这样一种情况：独立董事需要监督的人（管理层）和名义上给自己支付报酬的人（股东/公司），实际是同一拨人。中国资本市场的股权很集中，大股东一股独大、掌控董事会多数席位的现象普遍，大股东既控制了管理层，也控制了董事会，又能控制股东会决议结果。这就意味着聘请谁来做独立董事、支付多少报酬,都是同一拨人说了算。独立董事的报酬最终由自己需要监督的管理层来确定,导致其独立性更差。还有一个阻碍独立性的情形,即外部董事不参与公司日常管理,对公司状况了解极为有限,凭借开几次会,或看看别人的书面报告所获得的信息,很难发表独立、有价值的意见。

现实案例

2020年4月9日,一篇来自《南风窗》的长文——《涉嫌性侵未成年女儿3年,揭开这位总裁父亲的"画皮"》引起全网愤怒。中兴通讯独立非执行董事、杰瑞股份及其附属公司副总裁兼首席法务官鲍某明被爆涉嫌持续性侵14岁养女。舆论事发的第一时间4月10日上午,杰瑞股份公司发布公告已与鲍某明解除了劳动合同。同一时间,中兴通讯发布公告称独立非执行董事鲍某明已辞职,股东大会将选举新任独立董事。

商业实操建议

独立董事的独立性、专业性如果需要确保,从公司创始人或实控人的角度实际可以做很多事情。例如,明确独立董事的职责、尊重独立董事的知情权。即使不寄希望于独立董事确保其独立性或专业性,但也要注重独立董事人选的选择,确保德配其位,避免因其发生不利于公司品牌形象的事情。

97. 公司如何罢免董事?董事又有哪些反罢免措施?

公司在董事任期届满前提前解除董事职务,称为罢免董事。根据是否需要理由,罢免董事可以分为有因罢免和无因罢免。有因罢免,是指在董事任职期限内,解除董事职务须有正当理由,以此保持董事的管理人地位,维持公司经营的稳定。无因罢免,是指股东会有权解除董事职务,董事没有申辩的机会,只能对解任受到的经济损失请求赔偿。

在上市公司的董事中,职工代表大会选举的董事仍然由职工代表大会罢免;其他董事均应由股东大会罢免。具体罢免程序是:股东提交罢免董事的提案,由股东大会审议是否通过该提案。股东提交罢免提案有两种方式:一种是单独或者合计持有公司10%以上股份的股东提议召开临时股东会议,就罢免董事事项进行决议;另一种是单独或者合计持有公司1%以上股份的股东,可以在股东会会议召开10日前提出临时提案并书面提交董事会。

现实案例

针对股东提起的董事罢免提案,董事可能采取下列反罢免措施:(1)拖延召开临时股东大会。董事会收到提案后,以提案不符合形式要求等各种理由拖延召开临时股东大会。(2)拒绝将提议罢免董事的股东临时提案提交临时股东大会审议,导致临时股东大会无法审议罢免提案。以"皖通科技(002331. SZ)控制权争夺战"为例,南方银谷控制的董事会,以提案的罢免理由和证据不充分为由,拒绝将西藏景源罢免董事的临时提案提交临时股东大会审议。(3)取消临时股东大会。确定临时股东大会召开日期后,董事会制造取消会议的理由,在临时股东大会召开前取消临时股东大会。还是在皖通科技控制权争夺战中,南方银谷控制的董事会在临时股东大会召开前两个工作日,以西藏景源违规增持影响表决权为由,取消罢免南方银谷系董事的临时股东大会。(4)设置"金色降落伞"条款,增加罢免成本。为防止董事被对方股东恶意罢免,有的公司在章程中设置了金色降落伞条款,加大罢免成本。比如,中国宝安(000009. SZ)在《公司章程》中新增条款,当公司被并购接管,在公司董事、监事、总裁和其他高级管理人员任期未届满前如确需终止或解除职务,必须得到本人的认可,且公司须一次性支付相当于其年薪及福利待遇总和10倍以上的经济补偿，上述董事、监事、总裁和其他高级管理人员已与公司签订劳动合同的，在被解除劳动合同时，公司还应按照《劳动合同法》（已失效），另外支付经济补偿金或赔偿金。

商业实操建议

罢免董事是一种正面冲突对抗的举措，遭到被罢免董事的抵制也在所难免，商业世界中应当不得已而为之，而且需要寻求专业律师的帮助。罢免董事有一系列法律风险，特别是离职补偿、经济补偿、竞业限制和商业保密等很多方面需要充分考虑。

98. 新《公司法》下，董事的职务解除必须有正当理由吗？

不是，但是无正当理由的解除可能需要给被解除职务的董事予以补偿。

我国《公司法》上关于董事罢免的规制经历了从有因到无因的转变过程。1993年《公司法》在第47条第2款和第115条第2款规定，董事在任期届满前，股东会或股东大会不得无故解除其职务。后2005年修订《公司法》时将该条予以删除，但是也未对无因罢免作出明确规定。2019年4月29日施行的《公司法司法解释（五）》首次明确股东可以无因罢免董事，在第3条第1款规定，董事任期届满前被股东会或者股东大会有效决议解除职务，其主张解除不发生法律效力的，人民法院不予支持。2023年《公司法》修订又进行了平衡，依然维持了无因解除，但是规定了董事遭遇无因解除时的赔偿请求权。新《公司法》第71条规定："股东会可以决议解任董事，决议作出之日解任生效。无正当理由，在任期届满前解任董事的，该董事可以要求公司予以赔偿。"

同时，董事在辞职的时候，也不应当受到限制。最高人民法院在《最高人民法院民事审判第二庭法官会议纪要》中认为："根据《合同法》第410条关于委托人或者受托人可以随时解除委托合同的规定，董事辞职是单方民事法律行为，依据董事对公司的单方意思表示而发生效力，无需公司批准，但法律、行政法规或者公司章程另有规定，或者经公司与辞任董事一致同意由董事撤回辞职书的除外。”因此，董事在任期内也可以自由提出辞职。但是，也有例外规定。《上市公司章程指引》(2022 年修订)第 100 条第 2 款规定：“如因董事的辞职导致公司董事会低于法定最低人数时，在改选出的董事就任前，原董事仍应当依照法律、行政法规、部门规章和本章程规定，履行董事职务。”此条限制也仅仅是针对股份有限责任公司中的上市公司。

依据新《公司法》第 178 条的规定，有下列情形之一的，不得担任公司的董事、监事、高级管理人员；如果任职期间出现本条下列情形的，公司应当解除其职务：(1)无民事行为能力或者限制民事行为能力；(2)因贪污、贿赂、侵占财产、挪用财产或者破坏社会主义市场经济秩序，被判处刑罚，或者因犯罪被剥夺政治权利，执行期满未逾 5 年，被宣告缓刑的，自缓刑考验期满之日起未逾 2 年；(3)担任破产清算的公司、企业的董事或者厂长、经理，对该公司、企业的破产负有个人责任的，自该公司、企业破产清算完结之日起未逾 3 年；(4)担任因违法被吊销营业执照、责令关闭的公司、企业的法定代表人，并负有个人责任的，自该公司、企业被吊销营业执照、责令关闭之日起未逾 3 年；(5)个人因所负数额较大债务到期未清偿被人民法院列为失信被执行人。

现实案例

罢免董事的争议场景

2023 年 7 月 24 日下午，中炬高新(600872)决定改选董事会的临时股东大会如期召开。证券时报《e 公司》记者在股东大会现场看到，股东们入场登记时需要被采集人脸和识别，会场戒备森严，保安众多，拍照录像经常被禁止。当日晚间，中炬高新公告称，公司召开 2023 年第一次临时股东大会，宝能系推荐或关联的4名董事被罢免董事会董事职务,火炬系方面推荐增补的4名董事有3名获得通过,另一名董事候选人刘某辉却意外落选。而会场外也是暗流涌动,有自称宝能系前员工人士现场讨薪,有中炬高新独董称"会议未设置独董发言环节",并在场外接受媒体采访。会议进行过程中,宝能通过官网发布公告:董事会审议通过了关于取消7月24日临时股东会的议案。当日晚间,宝能亦发布声明称,火炬集团组织的7月24日临时股东大会违法违规,会议无效。原有董事将继续履职。对此,上交所也火速出手,就中炬高新有关信息披露事项下发监管工作函,涉及对象为一般股东、控股股东及实际控制人。

商业实操建议

公司董事的罢免与变更,背后往往有围绕公司控制权的斗争。股东会或股东大会的召开应当特别谨慎遵守程序,否则任何一点程序瑕疵都有可能引起纷争。

99. 监事会/监事在公司的功能定位是什么?

监事会是公司的专门监督机关,代表股东行使监督职权。监事会是为了防止董事会、高级管理人员等滥用职权给公司及股东的利益造成损害而设置的。规模较小或者股东人数较少的有限责任公司,可以不设监事会,仅设一名监事,行使本法规定的监事会的职权;或经全体股东一致同意,也可以不设监事。公司设监事会的,监事会成员一般为三人以上。监事会成员应当包括股东代表和适当比例的公司职工代表,其中职工代表的比例不得低于1/3,具体比例由公司章程规定。股东担任的监事由股东大会选举或更换,职工担任的监事由职工民主选举产生或更换。监事会主要职责如下:(1)检查公司财务;(2)对董事、高级管理人员执行职务的行为进行监督,对违反法律、行政法规、公司章程或者股东会决议的董事、高级管理人员提出解任的建议;(3)当董事、高级管理人员的行为损害公司的利益时,要求董事、高级管理人员予以纠正;(4)提议召开临时股东会会议,在董事会不履行本法规定的召集和主持股东会会议职责时召集和主持股东会会议;(5)向股东会会议提出提案;(6)应股东代表诉讼的申请,对董事、高级管理人员提起诉讼等。股东会要求监事列席会议的,监事应列席并接受股东的质询。

现实案例

江苏省高级人民法院发布的《2020~2021年公司审判典型案例(五)》中,旅游公司于2010年注册登记成立,戴某非该公司员工或股东,出于情面登记为公司监事,但一直未实际行使过监事职权,亦未在旅游公司领取过报酬。后戴某因入职新公司,要求旅游公司免除其监事职务。但旅游公司因经营不善,陷入停业状态,未能召开股东会变更监事。后戴某诉至法院,请求旅游公司赴市场监督管理部门办理涤除戴某作为公司监事的登记事项。法院认为,戴某与旅游公司之间系委任关系,戴某有权解除该委任关系。旅游公司不予办理戴某监事身份变更登记手续,也会给戴某带来因登记为公司监事所涉及的法律风险,故判决支持戴某的诉讼请求。

商业实操建议

监事变更属于公司内部治理范畴,但当监事通过内部途径仍然无法获得救济时,应当赋予其通过诉讼程序获得救济的权利。监事与公司之间构成委任关系,其有权要求公司解除该委任关系,不实际行使权利义务的监事对于公司也无实际意义。需要注意的是,公司法定代表人、董事和监事承担着法律及公司章程规定的义务,违反义务的,也将承担相应责任。因此,选择担任公司法定代表人、董事或监事之前,应当充分了解相关权利、义务和责任,谨慎作出判断,切勿盲目行动。

100. 新《公司法》下，职工代表有哪些特殊之处？何种情况下必须设立？

在全国人大常委会审议《公司法（修订草案三次审议稿）》时，为维护职工的合法权益，进一步强化公司的民主管理，宪法和法律委员会经研究，建议作以下修改：一是明确公司应当依照《宪法》和有关法律的规定，建立健全以职工代表大会为基本形式的民主管理制度；二是完善董事会中职工代表的有关规定，除对职工300人以上不设监事会的公司董事会设职工代表作出强制要求外，进一步明确，其他公司的董事会成员中可以有职工代表。新《公司法》第68条第1款、第76条第2款规定："有限责任公司董事会成员为三人以上，其成员中可以有公司职工代表。职工人数三百人以上的有限责任公司，除依法设监事会并有公司职工代表的外，其董事会成员中应当有公司职工代表。董事会中的职工代表由公司职工通过职工代表大会、职工大会或者其他形式民主选举产生。""监事会成员应当包括股东代表和适当比例的公司职工代表，其中职工代表的比例不得低于三分之一，具体比例由公司章程规定。监事会中的职工代表由公司职工通过职工代表大会、职工大会或者其他形式民主选举产生。"公司研究决定有关职工工资、福利、劳动安全、保险等涉及职工切身利益的问题，以及制定重要的规章制度时，应当邀请公司工会或者职工代表列席有关会议，事先听取公司工会和职工的意见。

现实案例

公司监事会中的职工代表监事应具有公司职工的身份。职工代表监事的产生方式应符合《公司法》规定的职工民主选举产生的程序。《最高人民法院公报》2019年第11期曾刊登过一个经典案例即上海保翔冷藏有限公司诉上海长翔冷藏物流有限公司公司决议效力确认纠纷案,该案表明了职工代表在公司治理中的重要性。该案一审判决中指出:职工代表大会决议的程序不符合相关法律规定,且魏某礼并非长翔公司职工,不具备担任职工代表监事的资格,故此,系争股东会决议中,任命魏某礼为长翔公司职工代表监事的内容违反《公司法》关于职工代表监事的规定,应属无效。监事会是一个整体,同期组成以魏某礼为职工代表监事的监事会的决议内容,也应归于无效。二审法院指出:职工代表监事应通过职工代表大会、职工大会等形式,从职工代表中民主选举产生。不符合相关条件则无法担任职工代表监事。

商业实操建议

(1)在治理公司时应坚持职工的主体地位,使职工在良好温馨的工作环境下实现体面劳动、舒心工作、全面发展,促进公司与职工共同成长,让每个员工都能分享公司改革发展的成果。新《公司法》修订后,职工人数300人以上的有限责任公司,不仅限于国有企业性质的,只要符合了法定规模要件的企业,除依法设监事会并有公司职工代表的外,其董事会成员中也应当有公司职工代表。

(2)公司在制定公司章程时,应落实职工代表大会在公司治理结构中的地位,明确其主体权责,并与其他公司治理主体有效衔接。建立与公司治理模式相适应的内部多层级职工代表大会制度,把民主管理制度融入企业生产经营管理活动之中。

101. 新《公司法》框架下,审计委员会能取代监事会吗?

新《公司法》框架下,审计委员会替代监事会行使职权的趋势越发明显,公司中可以不设立审计委员会,也可以设立审计委员会后依法不设监事会或监事,后者正越来越成为受鼓励的方向。

根据新《公司法》第69条、第121条、第176条的规定：有限责任公司可以按照公司章程的规定在董事会中设置由董事组成的审计委员会，行使本法规定的监事会的职权，不设监事会或者监事；股份有限公司可以按照公司章程的规定在董事会中设置由董事组成的审计委员会，行使本法规定的监事会的职权，不设监事会或者监事；国有独资公司在董事会中设置由董事组成的审计委员会行使本法规定的监事会职权的，不设监事会或者监事。

现实案例

《上市公司治理规则》中规定的审计委员会

审计委员会起源于美国，其设立初衷是解决经营管理层的财务舞弊问题。20世纪70年代，纽约证券交易所首先要求上市公司必须有由独立董事组成的审计委员会。在中国，最早提到董事会审计委员会的规范性文件，是原国内贸易部于1995年颁布的《国内贸易部直属企业内部审计工作规定》（已失效），该规定第3条第2款规定，部属集团公司应当根据需要建立在董事会领导下的审计委员会。但该规范性文件并未提及审计委员会的组成及职责。直到2002年1月，也就是中国证监会发布《关于在上市公司建立独立董事制度的指导意见》要求上市公司建立独立董事制度的半年后，中国证监会和原国家经济贸易委员会联合发布的《上市公司治理准则》中才首次对此作出规定。2002年的《上市公司治理准则》提到上市公司董事会可以按照股东大会的有关决议，设立审计委员会等专门委员会，专门委员会成员全部由董事组成，其中审计委员会、提名委员会、薪酬与考核委员会中独立董事应占多数并担任召集人，审计委员会中至少应有一名独立董事是会计专业人士，并对审计委员会的职责作出了规定。这是针对所有上市公司的一个指引性规定，该规定中虽然并未对上市公司设立审计委员会作出强制性要求，但此文发布后许多上市公司均陆续设立了审计委员会，而此后申报的拟上市公司也基本都设立了审计委员会。2018年修订的《上市公司治理准则》则进一步将审计委员会确定为上市公司必设机构。

根据《上市公司治理准则》,董事会审计委员会的职责主要包括:(1)监督及评估外部审计工作,提议聘请或者更换外部审计机构;(2)监督及评估内部审计工作,负责内部审计与外部审计的协调;(3)审核公司的财务信息及其披露;(4)监督及评估公司的内部控制。由此可见,与监事会不同,审计委员会制度的监督,仅专注于财务监督,属于"单兵突破"式监督。我国引入审计委员会制度后,不少研究者对其在公司治理中的有效性进行了探索。虽然研究角度、选取变量不太一致,但国内大多数的研究认为,审计委员会在财务信息质量控制方面是有效的。为此,也出现了加强审计委员会在监督机制中的地位甚至以之替代监事会的呼声。

商业实操建议

新《公司法》在组织机构设置方面的修订,一个比较令人关注的修改是赋予公司在董事会审计委员会和监事会/监事两个机构中"二选一"的权利。当前形势下,监事会的监督功能被严重虚化,成为"傀儡"机构,甚至有人认为,中国公司治理中最为失败的莫过于监事会,监事会徒增公司治理成本,挤占了公司监督机制的制度空间。设立审计委员会应当避免重蹈覆辙,特别注意需要依法回避的是,审计委员会的成员不得担任公司经理或者财务负责人。

102.

新《公司法》下,国家出资公司的特殊规定该如何解读?

国家出资公司是此次新《公司法》修订给出的一个独特概念,比原来国有独资公司的范围更加宽广。所谓国家出资公司,是指国家出资的国有独资公司、国有资本控股公司,包括国家出资的有限责任公司、股份有限公司。需要注意,国家出资公司有些不同于普通有限责任公司、股份有限公司的特殊规定。

(1)出资人权益方面。国家出资公司,由国务院或者地方人民政府分别代表国家依法履行出资人职责，享有出资人权益。国务院或者地方人民政府可以授权国有资产监督管理机构或者其他部门、机构代表本级人民政府对国家出资公司履行出资人职责。

(2)国家出资公司应当依法建立健全内部监督管理和风险控制制度，加强内部合规管理。

(3)坚持党的领导。国家出资公司中中国共产党的组织，按照中国共产党章程的规定发挥领导作用，研究讨论公司重大经营管理事项，支持公司的组织机构依法行使职权。

另外，国有独资公司在章程制定、股东会、董事会等公司治理方面也有些特殊规定。国有独资公司章程由履行出资人职责的机构制定。国有独资公司不设股东会，由履行出资人职责的机构行使股东会职权。履行出资人职责的机构可以授权公司董事会行使股东会的部分职权，决定公司的重大事项，但公司章程的制定和修改，公司的合并、分立、解散、申请破产，增加或者减少注册资本，分配利润，应当由履行出资人职责的机构决定。国有独资公司的董事会依照法律规定行使职权。国有独资公司的董事会成员中，应当过半数为外部董事，并应当有公司职工代表。董事会成员由履行出资人职责的机构委派；但是，董事会成员中的职工代表由公司职工代表大会选举产生。董事会设董事长一人，可以设副董事长。董事长、副董事长由履行出资人职责的机构从董事会成员中指定。国有独资公司的经理由董事会聘任或者解聘。经履行出资人职责的机构同意，董事会成员可以兼任经理。国有独资公司的董事、高级管理人员，未经履行出资人职责的机构同意，不得在其他有限责任公司、股份有限公司或者其他经济组织兼职。

商业实操建议

公司在逐步发展壮大过程中，如果想要吸收国资入股，一定要对国资是否达到控股比例做到心中有数，一旦成为国有资本控股公司，包括国家出资的有限责任公司、股份有限公司，就需要遵循《公司法》关于国家出资公司的特殊规定，例如，建立并发挥企业基层党组织的领导作用。

103. 修改公司章程需要经过哪些程序?

根据我国《公司法》规定,修改公司章程通常需要经过提案、表决、审批、公告、备案等程序。

公司在经营范围、经营期限、股权比例、股东构成等方面发生变化时,应当及时修改公司章程。修改公司章程的流程主要包括以下几点:第一,提出章程修改的动议。根据我国新《公司法》第59条的相关规定,股东会有权修改公司章程。任何股东、董事、监事或者公司均可提出修改公司章程的动议。动议应当以书面形式向董事会或者股东大会提出,并说明修改的具体内容和理由。第二,审议修改公司章程的动议。如果是由董事会提出的修改动议,则应由董事会进行审议。如果是由股东大会提出的,则应由股东大会进行审议。董事会或股东大会应当对修改动议进行表决,并按照公司章程的规定确定是否通过。第三,召开股东会。如果修改动议获得了董事会的通过,则应当在1个月内召开股东会。股东会对拟修改的章程条款进行表决,并按照公司章程的规定确定是否通过。第四,报公司登记机关备案。如果修改动议获得了股东大会的通过,则需要将修改后的章程报送审批机关进行审批。如果公司章程没有规定审批机关,则需要向当地工商行政管理机关报备。第五,审批通过后,公司应当将修改后的章程在官方网站或公告栏公布,以便全体股东、员工和公众了解。

现实案例

最高人民法院公报案例中曾涉及过修改公司章程的程序问题。上海市第二中级人民法院审理的(2019)沪02民终8024号案件中,公司股东会以多数决方式通过修改公司章程的决议,对章程确定的股东出资期限作出修改。对于该项决议是否有效这一问题引发了争议。法院在判决中指出:根据《公司法》相关规定,修改公司章程须经代表全体股东 2/3 以上表决权的股东通过。本案临时股东会决议第二项系通过修改公司章程,将股东出资时间从 2037 年 7 月 1 日修改为 2018 年 12 月 1 日,其实质系将公司股东的出资期限提前。而修改股东出资期限,涉及公司各股东的出资期限利益,并非一般的修改公司章程事项,不能适用资本多数决规则。除法律规定或存在其他合理性、紧迫性事由需要修改出资期限的情形外,股东会会议作出修改出资期限的决议应经全体股东一致通过。公司股东滥用控股地位,以多数决方式通过修改出资期限决议,损害其他股东期限权益,其他股东请求确认该项决议无效的,人民法院应予支持。

商业实操建议

(1)公司章程中对于股东会的议事规则等重要的问题应当予以详细规定。由于法律规定往往过于原则化,在实践中缺乏可操作性,公司章程要将这些原则性的规定细化。因此,制定一部规范、科学的公司章程会使公司及股东有章可循,避免股东之间发生纠纷。公司的股东和发起人在制定公司章程时,必须考虑周全,规定得明确详细,以免产生歧义。

(2)我国有限公司治理的模式大多由股东会、董事会和监事会构成,股东会是公司的权力机构,董事会是公司的执行机构,监事会是公司的监督机构。在制定和修改公司章程的过程中,要将三大机构与公司治理有机结合,以发挥最大功效。

104. 公司应当如何规范使用印章?印章丢失、被抢走怎么办?

印章是企业处理内外部事物的印鉴,包括公章、法定代表人章、财务专用章等,凡以企业名义对外发出的文件都需要加盖印章。因此,印章的重要性毋庸置疑。做好印章的控制和管理,对维护公司稳定、保证企业正常、顺利运营有重要意义。印章是企业重要的财产之一,是企业内外活动的重要工具和有形代表。根据国家市场监督管理总局规范性文件,企业变更法定代表人、补办营业执照、签订合同、开具发票等都需要在相关文件上加盖印章。

若印章被抢走,企业取回印章的途径有如下几种:(1)挂失。公章丢失或原保管人不予归还,如被罢免的董事拒绝归还印章时,企业可以采取到公安机关挂失的方式,重新办理印章。这种方式耗费的时间短,且挂失印章之后,原印章就此作废,有利于保护印章的安全性。(2)诉讼。根据《公司法》和《民法典》相关法律法规精神,企业董事、监事和高级管理人员应当遵守法律、行政法规和公司章程,对公司负有忠实义务和勤勉义务;无权占有不动产或者动产的,权利人可以请求返还原物。在被罢免的董事违反了国家法律法规、违法占有公司印章的情况下,企业有权要求其返还印章;拒绝归还的,企业有权向人民法院提起诉讼,以维护自身合法权益。为从根源上避免类似纠纷的发生,企业应在制定公司章程时,对保管印章的部门或负责人作出明确规定,并通过建立用章日常保管制度,尽到对印章的保管责任。只有做好印章管控,企业才能更好地保护自己的权益。

现实案例

在最高人民法院审理的(2015)民申字第342号案件中,甲公司、李某强、乙公司三方签订了《钢材供应协议书》,约定李某强为由乙公司开发、甲公司承建的唐山定福庄三期改造项目工地C区供应钢材,乙公司为该工程10层以内所用钢材货款承担担保责任。甲公司、李某强、乙公司均在该协议上加盖了公章或者签字。经法院审理查明,乙公司在该协议上加盖的公章印文确非其工商备案的带有防伪编码的公章形成,但一审时乙公司提交的营业执照、资质证书、核准证以及唐山市路南区政府函等材料上加盖的乙公司公章均未带有防伪编码,而上述材料系乙公司材料员提供,在一审出庭时证实上述情况属实;另外,乙公司原法定代表人在一审法院调查中亦证明乙公司同时使用多枚印章。据此,认定《钢材供应协议书》上加盖的乙公司公章印文是乙公司使用的公章形成,乙公司应当按照《钢材供应协议书》的约定承担保证担保责任。

公司同时拥有多枚印章时,不能仅以合同上加盖的印章非备案印章为由,主张合同对其不产生约束力。公司拥有的印章若不止一枚即备案需印章和私刻印章,公司法定代表人、实际控制人、股东等发现公司同时使用多枚印章的情形时,应立即制止并收回印章,以确保公司印章使用的唯一性。

商业实操建议

对于公司而言,事前防范永远是最好的救济方式,应制定严格的公司印章管理和使用制度。实务中,要制定一个能够有效防范风险的公司公章管理制度,需要重点关注以下问题:对公章的管理以及用印的审批流程加以明确规定;章的种类越多就越难管理,如非必要,尽可能少刻章,且应对外建议统一使用公章;公章的审批权与保管权应当分离,在发生争议时,便于将管理人与审批人之间的证言相互印证,反映真实情况并形成证据链。

105. 分散股权结构下,公司治理转型的探索路径以及存在的问题有哪些?

一方面源于国有资本的改革,如目前在实施的混合所有制改革。以2017年8月联通混改为例,联通集团通过引入百度、中国人寿等具有较高资质的投资者,对中国联通的持股比例从混改前的63.7%降至36.7%;另一方面源于机构投资者增多。随着中国A股市场的不断放开,机构投资者开始大量进入中国资本市场,据统计,在持股规模上境内专业投资机构持股市值比重在2016年末持续提升至16.3%。近十几年来，中国资本市场股权结构由“一股独大”模式逐渐转向分散的结构，也容易发生一些股权纷争。

现实案例

分散的股权结构导致公司控制权之争的几种情况

（1）“东家之争”。分散的股权结构导致公司治理在静态层面形成股权制衡，动态层面则面临外部潜在股东的机会主义行为威胁。传统的社会文化容易产生“一山不容二虎”的问题，引起股东间的利益冲突。在面对外部潜在股东时，由于缺乏信任的基础和法律保护的不完善，股东间容易产生较强的对抗性，爆发激烈的争夺控制权事件。中国长期以来“一股独大”背景下形成的治理模式无法及时适应股权分散情况下所要求的股东间权力的共享与制衡。自2015年起，资本市场上“险资举牌”屡见不鲜，而股权分散的公司则成为了备受青睐的举牌对象，这也引起了资本市场上的控制权争夺大战，上海家化、西藏药业、天目药业、绿城集团、东方银星、万科、南玻A等众多公司陷入控制权争夺的泥潭之中。在过去“一股独大”的背景下，大股东拥有绝对控制权，进而形成了与之相适应的治理模式，具有控制力的大股东往往将企业视为自己的“江山”，具有强烈的领域意识，不愿分享控制权，阻碍其他股东的权利行使，进而导致冲突。

（2）“东家与管家之争”。资本市场控制权之争本应存在于股东之间，但是在分散的股权结构下，管理层作为“管家”也成为了控制权之争的重要一方。在“宝万之争”与“南玻A”等案例中我们都观察到，管理层与股东之间发生的控制权争夺。管理层在企业长期经营过程中掌握公司的实际控制权，形成内部人控制，当外部股东介入并动摇管理层的控制时，导致双方产生冲突。

理论研究认为，财务资源（股权）、关键性知识资源和关系性资源是获取和维持控制权的资源基础。管理层的“管家”身份决定了其股权控制链不足以保证控制的实现，所以管理层对公司控制权的实现更多地依赖于个人关键性知识资源和关系性资源。而管理层个人关键性知识资源和关系性资源对企业发展往往具有历史性贡献,企业经营过程中个人的社会连接与企业组织的社会资本高度重合,极易催化管理层"心理所有权",当面对缺乏信任基础的"野蛮人"时,管理层为了维护控制权,会表现出极强的对抗性。观察现实中管理层与股东控制权之争的案例,管理层通常采用两种路径:一是依赖于管理层的道德优势以及焦点事件,通过第三方诸如媒体、政府监管部门等向控制权争夺方施压;二是寻求支持性股东,游说现有股东或利用个人关系资源引入新的股东,稀释原有股东份额。

(3)争夺的经济后果。无论是股东之争还是"管家"与东家之争,最终受伤的往往是企业本身。冲突撕裂的股东间关系、内部派系斗争、严重的内耗,使企业处于高度不确定的状态,原有大股东与管理层的隐性合约变得不稳定,管理层与新晋大股东和潜在的股东不存在信任基础,从而形成巨大的隐性合约成本。

商业实操建议

(1)内部治理:控股股东治理转向独立董事治理。"宝万之争"的结局是第一大股东持股比例重新回到较高的水平,并且在董事会的席位比例超过其持股比例。这反映出中国的股权结构进入了分散时代,但公司治理的理念并未发生转变。在股权高度集中背景下形成的传统公司治理模式,过度依赖大股东的作用,而依赖控股股东的治理模式与股权分散下要求的权力制衡相悖,所以出现了"宝万之争"等案例。在内部治理机制上,分散股权结构下公司治理,需要从控股股东治理逐步转向以第三方独立董事为中心的治理模式。在美国等股权结构分散的资本市场,公司的董事会大多由管理层和绝大多数的外部独立董事组成,为中国的公司治理转型提供了可参考的范式。首先,不同于股权集中下控股股东依靠股权控制董事会,在股权分散的背景下,对股东的董事提名比例需要设置合理的限制,以避免出现大股东通过董事会获得超过其持股比例的控制权。其次,可以逐步提高董事会中独立董事的比例。理论上,股东大会选举产生的董事会应该对全体股东负责，然而在实践中，具体董事只是其提名股东的代言人，只对其提名的股东负责。而独立董事的灵魂在于其独立性，成为董事会中除了管理层与大股东之外的重要力量。

(2)外部治理：提高机构投资者的积极性。机构投资者在监督方面更具有积极性且更为有效，机构投资者在衡量成本的基础上可以采用各种方式参与公司治理，如争夺公司代理权、反对经理提议的代理权活动、股东决议、非正式影响、解释函等。虽然近些年中国机构投资者在政府的大力扶持下，逐渐向国际靠拢，投资规模更大、种类更丰富，作为外部治理机制的部分作用逐渐显现，但相较于国外机构投资者，受限于市场发展程度和法律法规的影响，参与公司治理的积极性还不是很突出。另外，中国的基金业公会这样的行业公会能力还相对弱小，很难像国外一样就上市公司的治理问题采取集体行动，从而更好地进行监督。今后，我们可以持续扩大包括社保基金在内的各主要机构投资者的投资种类与规模，增强机构投资者行业协会的作用，规范机构投资者的行为，引导机构投资者积极投入公司治理。

(3)法律与规制治理：完善控制权市场规制与法律机制。近年来中国无论在立法还是执行层面一直致力于外部法律环境的改善，提高投资者保护水平，但在实践中爆发的问题，说明中国的法律机制依然需要完善与创新。在具体的程序和实践上，许多公司治理问题也是法律问题，如“宝万之争”中对于回避投票的独立董事是否计入投票总数的争执；山水水泥案例中职工股份的第三方托管问题；上市公司集体性修改章程以防止潜在股东机会主义行为等。在控制权市场规制方面，需要加强对入市主体资格和资金来源的监管。2015 年开始兴起的“保险资金举牌潮”，引起了整个资本市场的恐慌，据报道，600 多家上市公司仓促修改章程，增加反收购条款。通过复杂的合约安排形成的杠杆收购，一方面破坏了资本市场的稳定；另一方面导致公司高管层巨变，不利于公司整体价值实现。所以，对于保险资金等机构投资者，要通过合理的制度设计使其改变短期炒作行为，真正从事长期的价值投资，实现资本市场的稳定。法律机制方面，众多学者将中国资本市场与发达国家进行了对比，发现在反并购和发生控制权争夺时，中国可实际采用的措施远远落后，表明在制度层面，我们仍需要更多的创新。2017 年 12 月 15 日，香港联交所宣布放开“同股同权”的限制，接受“不同投票权架构”的新经济公司在香港上市。创新型公司普遍采用的双层股权结构成为了解决中国管理层与新晋股东矛盾的可能方式之一。如果管理团队预期将无法稳定掌握公司控制权，无疑会减少专用性人力资本的投入，其结果可能是限制公司的长期发展，也间接损害了全体股东的利益。而在双层股权结构下，关键的管理团队被授予具有投票权优势的 B 类股票，以保证对公司的稳定控制。从股东的角度来看，管理团队由于其知识和经验的优势，由其制定公司未来的发展路径更为科学合理，符合公司价值最大化原则，这在一定程度上协调了管理层与股东利益，实现了管理层与股东的双赢。

106. 公司订立保证合同时有哪些不得不知的“脱保”风险？

关于订立保证合同，公司掌舵者不得不知的法律风险包括：

首先，需要注意区分一般保证和连带责任保证。债务人不能履行债务时，由保证人承担保证责任的，为一般保证。一般保证人享有先诉抗辩权，也就是说，一般保证的保证人在主合同纠纷未经审判或者仲裁，并就债务人财产依法强制执行仍不能履行债务前，有权拒绝向债权人承担保证责任。当事人约定保证人和债务人对债务承担连带责任的，为连带责任保证。也就是说，连带责任保证的债务人不履行到期债务或者发生当事人约定的情形时，债权人可以请求债务人履行债务，也可以请求保证人在其保证范围内承担保证责任。

其次，需要注意保证期间在实践中具体约定的情形。保证期间是确定保证人承担保证责任的期间,不发生中止、中断和延长。根据《民法典》等的规定,当事人之间没有约定保证期间的,保证期间为主债务履行期限届满之日起的6个月。债权人与保证人约定了保证期间,不存在无效事由的,保证期间按照约定。例如,可约定为主债务履行期限届满之日起3年。当事人约定的保证期间早于或等于主债务履行期限届满之日的,视为没有约定,保证期间为主债务履行期届满之日起6个月。当事人对保证期间约定不明确的,保证期间为主债务履行期限届满之日起6个月。一般保证的债权人未在保证期间对债务人提起诉讼或者申请仲裁的,保证人不再承担保证责任。连带责任保证的债权人未在保证期间请求保证人承担保证责任的,保证人不再承担保证责任。

最后,变更主债权债务合同应经保证人同意。债权人和债务人未经保证人书面同意,协商变更主债权债务合同内容,减轻债务的,保证人仍对变更后的债务承担保证责任;加重债务的,保证人对加重的部分不承担保证责任。债权人和债务人变更主债权债务合同的履行期限,未经保证人书面同意的,保证期间不受影响。债权人转让全部或者部分债权,未通知保证人的,该转让对保证人不发生效力。保证人与债权人约定禁止债权转让,债权人未经保证人书面同意转让债权的,保证人对受让人不再承担保证责任。债权人未经保证人书面同意,允许债务人转移全部或者部分债务,保证人对未经其同意转移的债务不再承担保证责任,但是债权人和保证人另有约定的除外。

现实案例

唐山市中级人民法院审理的(2019)冀02民终8403号案件中,债权人与保证人约定"包括逾期未付货款及利息",该约定符合保证人承担保证责任直至主债务本息还清为止等类似内容,系对保证期间约定不明,认定保证人的保证期间为主债务履行期届满之日起2年。

河南省武陟县人民法院审理的(2020)豫0823民初2844号案件中,双方未约定保证期间,保证期间为主债务履行期限届满之日起6个月,原告未在保证期间请求被告承担保证责任,保证人不再承担保证责任。

越西县人民法院审理的(2020)川3434民初769号案件中,保证人只为被告向原告借款50,000元作了保证,原告与被告间的30,000元借款,保证人并不知情,也没有事后追认,因此保证人对原告与被告间的30,000元借款不承担保证责任。

广东省广州市中级人民法院审理的(2014)穗中法金民终字第1317号案件中,李某清出借大额款项,理应严格审查担保人提供担保的合法性,应当要求矿业公司在提供担保的同时提交相应的《股东会决议》,且矿业公司作为上市公司,其年度报告及相关经营性文件均为公开性文件,李某清完全可查阅了解。因此,矿业公司与李某清就涉案借款签订的《保证合同》归于无效,李某清具有审核不严的过错。

商业实操建议

公司在接受保证时,务必要注意保证方式的约定明确,否则将按照一般保证认定,增加公司债权的风险。公司在经营过程中,与债务人变更债权债务内容相应的,应当注意征得保证人的书面同意,否则可能让保证人逃脱担保责任。在接受公司作为保证人的保证时,应当对该公司的董事会决议或者股东会决议进行审查,同意决议的人数及签字人员应符合公司章程的规定。债权人还需要注意保证期间,及时在保证期间内主张权利。

107. 股权继承中,有哪些值得注意的法律合规问题?

股权继承是指因股权的合法继承而导致公司股东的变更。我国新《公司法》第90条规定:"自然人股东死亡后,其合法继承人可以继承股东资格;但是,公司章程另有规定的除外。"本条规定为股权继承提供了直接的法律依据。在实践中,股权继承可能涉及继承人的范围、股权继承程序等法律问题。

对于股权继承人的范围问题,我国《公司法》没有要求股东必须具有完全民事行为能力。继承人如果是无民事行为能力人或者限制民事行为能力人,其股权的行使可以由其法定代理人代理。根据我国相关法律规定,有些人不能成为公司股东,如公务员、现役军人等,在发生股权继承时,须注意继承人是否有法律规定禁止担任公司股东的情况。若继承人的身份不符合股东资格要求,该继承人可以依法继承该股东所拥有的相对应的财产权益,但不能继承股东资格。

在股权继承的程序方面,如果公司股东只有两个,其中一名股东死亡,由于股东人数不足两个导致公司申请解散、清算时,剩余资产由继承人按照被继承人(死亡股东)对公司的投资比例进行继承。如果公司股东仍然保持两个以上,则应参照《公司法》关于股权转让的规定,按以下程序继承股权:(1)召开股东会;(2)将继承人的姓名、住所及受让的出资额记入公司股东名册;(3)修改公司章程;(4)到公司登记机关办理工商变更登记手续。

现实案例

合法继承人可以继承股东资格,公司章程另有规定的除外。若公司章程中无书面规定禁止继承股东资格,则应当提供其他证据予以证明,提出的证据不足以证明公司确实禁止继承人继承股东资格的,应当承担举证责任。当然,即使继承股东资格,也并不等同于成为公司股东,成为公司股东还需要履行相应的程序。济南市中级人民法院审理的(2022)鲁 01 民终 1669 号案件中对此予以明确,指出张某功生前系某石化公司股东,在工商登记机关备案的某石化公司章程对于自然人股东死亡后股东资格继承问题没有规定,故在张某功 2020 年 3 月 27 日去世后,张某某作为张某功的合法继承人,可以继承张某功在某石化公司的股东资格。某石化公司 2021 年 10 月 27 日通过的《山东联友石化工程有限公司章程修正案》,对公司股权继承作出新的规定,但其产生于张某某继承开始后,对张某某不具有法律约束力。

商业实操建议

（1）涉及股权继承这类对于公司治理来说意义重大的问题，公司应将相关规定落实在公司章程之中。事先避免由此可能产生的争议，否则即使公司内部实际执行了自然人股东持有的公司股权不得继承的规定，也难以认定其法律效力。

（2）公司章程可以对股东去世后的股权分配事先安排。例如，可以对继承人的数量、资格等予以限制，从而维持公司的人合性特征，避免公司与继承人之间纠纷从而影响公司的正常经营。

三 股权激励

108. 股权激励的价值和意义在哪里?

股权激励面向为企业创造价值的“人”,是企业的长远战略规划,而不是“打赏”“点赞”式的小恩小惠。企业家有必要将股权激励作为常态化机制,将其同企业的顶层设计充分结合。股权激励的设计,应同企业运营的核心商业要素充分组合,包括商业设计、治理设计、组织规划、产融规划等。股权激励只是一种管理模式,不是一种针对公司人事管理的终极解决方案。关键是如何运用股权激励提升公司的人才管理,如果运用不好,可能会变成“鸡肋”;但如果运用得好,可以使公司业绩或股权翻倍增长。

现实案例

一举多得的股权激励:美的集团股权激励

美的集团截至2020年4月,已经实施了7期股票期权激励计划、6期事业合伙人持股计划、4期限制性股票激励计划。以股票期权激励计划为例,2016年期权行权价格为21.35元/股,2020年第7期股票期权行权价格为50.43元/股,而美的集团的总市值也从2016年的2100亿元上涨到现在超过5600亿元,且2021年2月的股价甚至一度超过100元/股。公司与员工共同从股票中获取了良好的收益,股权激励的效果显而易见。

股权激励带来的股权纠纷:太着急授予股权,导致员工离职且拒绝归还股权时引发纠纷。某A公司,为了引进一位首席财务官(CFO)级别的人才,在发出录用通知的同时,也承诺直接授予该员工公司的股权。在这位员工进入公司后,公司立即办理了工商变更,将这位员工直接登记进入公司成为股东。3个月后,公司发现这位员工工作能力未达到创始人预期的标准,因此要与此员工解除劳动关系,同时公司希望回购该员工的股权。但是该员工一直拒绝配合公司办理工商变更，间接导致了公司正在进行的一轮融资无法正常进行。可见，世上并没有通用的股权激励模板，不同的股权激励方式，对于公司人才的吸引以及公司发展的促进是截然不同的。

商业实操建议

股权激励不是万能神药，股权激励的价值和意义体现在运用之妙。公司发展的每个阶段，创始人和员工对于股权激励的心态都不尽相同，这也决定了不同阶段可以适用的股权激励方案也应有所差别。不同类型的公司，由于激励目的及公司财务、人员性质的差异，激励的对象、可授予的股权以及需要注意的问题都有差异，需要根据公司自身情况适用不同激励方案。华为股权激励模式的成功在某种程度是华为的文化、任正非的格局、公司业务属性以及财务状况多方共同作用的结果，可以说市场上大部分的公司其实并不适用这种模式。所以，成功的案例固然值得学习，但是找到最合适的发展途径和模式才是王道。

109. 股权激励应当考虑哪些基本要素？

为了设计出科学有效的股权激励方案，通常情况下，企业应根据自身特点、发展阶段、治理结构、股权结构、未来战略等总结股权激励的整体需求，然后按目标、时间、对象、数量、来源、价格、性质、机制、变化、规则等，确定股权激励方案的各细分要素。在此基础上，形成股权激励的相关文件，并最终产生法律效力。

定目标。企业应明确股权激励的具体目标。以处于发展中阶段的企业为例，股权激励主要包括以下目标：(1)通过股权激励，企业核心管理层甚至少数员工都能成为企业股东，或具有分享利润的权利，以期提升企业业绩。(2)采用针对性的股权激励方案，能让不同的人力资源充分发挥各自作用，吸引人才。(3)在发展初期和提升阶段,企业会面临不同程度的资金压力,可以用未来的资金收入来吸引人才、发挥效用,降低当下的成本压力。(4)股权激励并不只针对企业内部,通过股权激励,还能实现对供应链上下游资源的高效整合。

定时间。股权激励方案的时间界定因素,主要包括两个方面:一是在何时授予激励对象股权,二是授予过程的推进节点。从被激励对象的角度考虑,股权激励的授予时间应是其受聘、升职、评定、业绩目标下达或完成之时。职业经理人受聘、升职或业绩评定时,往往是其对企业贡献过程中的标志性节点,也是其被授予股权激励的合适时间点。股权激励计划是有大量时间点的过程,主要包括:有效期、授权日、可行权日、失效日、有效期、等待期。

定对象。在企业所处不同阶段,有不同的重点激励员工。企业可根据具体时期的特点,调整股权激励对象。初创期企业规模较小,重在发挥产品优势参与市场竞争,应是掌握核心技术、核心竞争资源的骨干员工;发展期内,企业运营走向正规化,应重点激励管理团队,适当兼顾技术骨干和市场营销骨干;成熟期后,更应侧重于对企业管理层的激励;进入衰退期后,此时的重点目标应集中在能实现企业业务再造的关键人员身上。

定数量。股权激励的数量确定分为总量和个量两大层面。企业确定股权激励总量时,应考虑多方面要素,可采用如下方法:留存额度法、薪酬比例法、业绩目标法。确定股权激励的个体数量,主要有以下方法:调研法、预定法、模型法。

定来源。非上市企业由于没有上市企业所面临的限制,用于股权激励的股份和资金来源较多。企业在制订方案时,应加以选择确定。非上市企业股权激励的来源有:原有股东转让;企业预留;增资预留。某些模式下,被激励员工也需要投入对应资金,购买用于激励的股份。在相关方案、合同中应明确解决资金来源问题:员工自筹;借款;转化。

定价格。价格是构成股权激励体系的重要单元。其中最关键的是企业与激励对象所约定的购买股份价格。确定价格时,非上市企业的选择较多,主要方法如下:资产价值评估法;净现金流量折现法;市盈率定价法;市场评估定价法。

定性质。由于企业类型不同,股权激励可选择的性质方向也有所不同。(1)可供上市企业选择的股权激励模式较少,实践中,大多数上市企业都采用股票期权模式进行激励,也有少数采用限制性股票模式,采取股票增值权模式的上市企业相对最少。(2)非上市企业对股权激励模式的选择,拥有充分自由的空间,只要不违背基本法律法规要求,都能加以选用。

定机制。主要包括激励对象的评价机制、股权激励的调整和转让机制,以及相关的薪酬机制等。一套科学完善的考核制度,能准确描绘激励对象完成的任务或业绩指标,确保激励计划的考核内容准确实施。在经营实践中,企业需要进一步发展、融资或配股分红,授予激励对象的股权数量也需相应修改,才能发挥激励作用。

定变化。主要变化包括数量和价格两方面:数量的变化与企业的转增股本、派送红利、缩股、配股等行为有密切关系,企业应根据变化的原因,进行对应调整。企业也应将行权价格调整的有关内容写入激励计划,并及时调整,避免产生争议。

定规则。在非上市企业中,股权激励计划的实施并不受到法律法规的具体约束,企业因此能灵活自主制定股权激励的相关规则。相比之下,上市企业的股权激励相关规则要更加严格。制订股权激励计划的具体规则,企业才能确保股权激励开展的内部秩序性和外部合规性,保证其能发挥预想中的作用。

110. 股权激励的时机:公司短期内不上市,要不要推行股权激励计划?

即使公司短期内不上市,也可以根据公司发展需要选择推行股权激励计划,股权激励并非上市公司的专属。具体是否推行股权激励计划,要切实考虑公司的实际情况。公司即使短期内不上市,也可以在股权融资、并购重组、商业模式调整或一些特殊情况下选择推行股权激励计划。推行股权激励主要是为了凝聚员工的人心，留住团队核心人才，增加公司的核心竞争力，对于非上市公司而言，推行股权激励计划有利于缓解公司面临的发放薪酬与人才激励的压力，充分利用好股权激励这一工具可以促使未上市的公司更好地抵抗人才流失风险。另外，非上市公司推行股权激励计划同样会带来相应的风险，在具体操作层面则需要采取措施有效应对。

但通常来说，刚刚成立的公司一般不要急于做股权激励。当公司业务完全不稳定时，做股权激励有的时候效果可能适得其反。有些创始人为了急于留住人才，加之创业早期无法支付高额费用请专业人士做股权激励计划，通过网络找寻模板或者看一些书、听一些讲座的方式，就匆忙自己制订了计划或者让渡了股权。结果就是，到了公司发展的中后期，当一些早期人员离职或者与公司发生矛盾时，已经发出去的股权难以回购，有的甚至发生法律纠纷，严重的甚至影响到公司的融资和上市。所以股权激励可以早期规划，但是不能太早期实施。那么什么时间点会比较合适呢？本书建议，在有融资的情况下，B–C 轮左右开始做股权激励；在没有融资的情况下，等公司的财务数据盈亏平衡后，或者等公司的业务发展完全稳定的情况下，再考虑实施。当然，也不能太晚。如果太晚，公司估值过高，会产生较大额的股份支付，影响公司的上市。同时，员工个人也会产生较高的个人所得税，对于员工积极性反而有较大的打击。

现实案例

我们所熟知的华为并非上市公司，但华为选择实施了独具特色的股权激励方案，促使公司在多个关键时间节点渡过难关并更好发展。华为的股权激励从 1990 年开始，大致分为三个阶段。分别为企业初创期（1990～2000 年）、企业成长期（2000～2013 年）、企业成熟期（2013 年至今）。在企业初创期，华为通过“内部融资、全员持股”的概念充实资金；在 2000 年互联网泡沫危机时期，华为面临老员工懈怠、核心员工离职的两大问题，进行股权激励调整后，由原来的全员持股转变为虚拟受限股的激励制度；2003 年 SARS 病毒危机导致通信行业出口受到严重影响,华为部分员工跳槽,华为进一步调整限制性虚拟股以强化股权激励效果。自 1990 年创立至今,华为实施了共计五次大型股权激励计划。华为的股权激励方案独特且完整,虽然其具体实施细则不能完全模仿,但华为公司的股权激励历程充分说明股权激励可以将员工的人力资本与企业的未来发展紧密联系,并形成一个良性循环。因此,即使公司短期内不上市,也可推行股权激励计划以达到公司相应阶段的发展目的。

商业实操建议

(1)非上市公司在确定推行股权激励计划前,应当充分评估内外部环境,明确股权激励目的。设计股权激励时,应当同企业运营的核心商业要素充分组合,包括商业设计、治理设计、组织规划、产融规划等。

(2)非上市公司的股权激励不受具体法律法规的限制,在确定范围上具有一定的灵活性,公司可以根据实际激励需要来确定范围。通常而言,非上市公司的股权激励对象应该是企业的董事、高级管理人员、中层管理人员、核心业务或技术骨干、其他重要成员等。

(3)非上市公司在确定何时实施股权激励方案时,要对于何时授予激励对象股权以及授予过程的推进时间予以明确。非上市公司的股权激励有效期没有硬性法律规定,要与企业战略阶段性相结合,并考虑到激励对象的劳动合同有效期,通常设置为 3~8 年。

111. 对企业核心高管,有哪些常见的股权激励模式?

在准备实施股权激励时,不少企业对于激励多少员工、激励什么职级的员工感到难以把握。先看一下国外:在美国,3%的企业只对核心层(包括董事长和首席执行官)和主要经营管理人员(副总裁、财务总监)实行管理层激励方案;22%的企业只对顶尖的管理层实施管理层激励方案;42%的企业对公司的中上管理层实施管理层激励方案,只有3%的企业对所有的雇员实施管理层激励方案。针对不同类型的公司及公司发展的不同阶段,建议适用不同的激励范围,但总体而言,建议在公司早期发展阶段,尽量将股权集中激励高级管理人员(如联合创始人、首席××官级别的员工)。随着公司业务的稳定和发展,到了中后期,可以逐步往具体领域的核心技术人员、核心业务人员及中层管理人员拓展。实践中,国内外比较常见的股权激励模式包括:

(1)超额利润激励。指对企业核心经营层设定相关业绩目标,在其达成目标并超额完成后,按一定比例进行分红。超额利润激励方案,能促进企业高管对利润的关心,他们会在这一方案鼓励下投入更多管理精力,降低经营成本,提高经营收益。

(2)在职分红激励。指针对某一类或特定职位的员工(通常为管理层),给予虚拟股份用于激励。采用在职分红激励方案,激励对象只能获得分红权。企业选择在职分红激励方案,应注意以下事项:a. 对象选择。在职分红激励的对象,应是能为企业未来发展发挥重要作用的核心管理成员。b. 不可叠加。在职分红方案,应针对具体的岗位,而不是针对具体的人员。如果存在一人同时担任多个岗位工作情形,方案就应针对该激励对象进行特别设定,以确保公平。c. 配套机制。在职分红方案,应与相应的系列考核机制配套使用。企业应将对岗位、员工的量化考核结果,作为是否授予在职分红激励的依据。

(3)渐进式激励。在非上市企业中,针对核心高层的股权激励机制可以采用"135"渐进式激励方案。所谓"135"渐进式激励方案,即1年在职虚拟股权激励,3年滚动考核转注册股,随后进入5年锁定期。进入5年锁定期后,企业可以匀速释放股权。

现实案例

小米公司在创立初期的薪酬策略吸引了大批优秀人才的加入。为了形成对内有吸引力、对外有竞争力的报酬机制,小米制订了一套组合方案,主要设置了三种报酬方式:(1)选择和跨国公司一样的报酬,少拿股权;(2)2/3的报酬+股权;(3)1/3的报酬+高股权。最后选择高工资的人数占10%,选择一般工资+股权的人数占80%,选择低工资+高股权的人数占10%,大多数人的选择是“一般工资+股权”。这种短期激励与长期激励结合的方式不仅符合员工的心理预期,结合了员工的眼前利益与长远利益,对于公司留住人才、持续发展也是非常有利的。

商业实操建议

创始人在考虑股权激励的范围时,还应当注重结合公司的发展阶段、公司的行业性质以及公司的文化,体现创始人对于人事管理的理念。一般来说,越是初创型的企业,公司对于期权的价值定位会远高于固定薪资;而越是发展稳定、现金流健康、设立时间长的企业,越是关注如何在“普惠”的基础上驱动员工长久发展。因此,固定薪资和股权价值的比例相对会更加接近,甚至固定薪资占比会更高;从行业来说,以上市公司股权激励的频次来看,计算机、电子、医药、机械设备、化工是激励频次最高的几个行业,而像互联网、生化基金、电商、人工智能等高科技行业,长期股权激励在高管薪酬中的占比较高,相对而言,类似像银行、休闲服务、信息服务、工业等更注重短期利益的企业,现金反而起了更加重要的作用,股权的价值就不是那么明显;从被激励员工职级来看,职级越高,部门越核心,其激励的额度相较于工资而言就越高,甚至不少公司在努力防止高级管理人员获取高额现金奖金,代之以授予期权的方式,以避免高级管理人员出现非理性的“短视”行为。

112. 对业务团队和非业务团队,一般采取怎样的股权激励模式?

业务团队在企业运营体系中,扮演着冲锋陷阵的角色。通过业务团队的努力,企业才能开拓客源、占领市场,获得源源不断的利润。然而,不少企业仅仅采用单一的“底薪+提成”方式对其激励,导致业务团队成员的短期行为增加,诸如降价、铺货、窜货、内外勾结等问题迭出,企业不仅没有获得利润增长,反而付出更多成本。即便情况并未如此严重,业务团队的员工激励、人才保留、目标落实等方面的难题,也始终制约着企业利润的增长。企业对业务团队的股权激励方案,应尽量简单直接。企业应着眼于业务人员收益分配的公正公平性,选择不同的股权激励工具加以组合,确保激励效果能和个人业绩直接挂钩。通常情况下,企业大都选择超额业绩法。超额业绩法,是指企业事先根据前一年的业绩、利润和财务情况,对业务团队设定合理的业绩指标作为基数。在业务团队实际完成业绩后,根据超出的情况,对利润中超出基数的部分,提取不同比例额度进行分成,使业务团队成员能分享利润。例如,J 企业对其销售团队设定业绩目标为 400 万元。如果团队全年完成业绩目标超出 25%以上,即可获得 10%的业绩提成。当年,该团队完成了 550 万元的业绩,超额部分为 150 万元,则拿出其中 10%即 15 万元分配给该销售团队。销售团队负责人可以根据相关方案规定、销售业绩情况、客户回款情况等,在团队内进行具体分配。在超额业绩法的激励作用下,业务团队完成的业绩越多,企业获利越多,其自身得到的奖金比例和实际数字也就越多。由此,业务团队会一扫既往的各种问题,主动挑战更多目标。设定超额业绩激励法时,企业应注意以下事项:(1)多劳多得。如果预估业务团队的产量、销售量等业绩情况,有较大提升空间,就应采用阶梯式的分配制度,即超出比例越多,分配给业务团队的提成比例就应越大。(2)多省多得。当企业面对的主客观环境不佳时,业务团队的产量、销售量等业绩情况提升空间相应减少,企业可以将考核目标转移到生产和运营成本上,即节约比例越多,分配给业务团队的提成比例就越大。

在大多数企业中,业务团队和非业务团队必然存在不同的评价考核标准。管理层可以用销售额、市场占比去度量营销部门的业绩,却无法用这些数字去直接评价人力资源部门、行政部门。在某些时间段,人力资源部门、行政部门对企业运营业绩改善的推动作用,甚至比其他团队更大。大多数时间内,企业的非业务团队都扮演着内部服务者、组织者角色,但他们依然有理由进入股权激励的大名单中。公平公正地对他们进行股权分配，才能充分体现其部门的整体价值。非业务团队股权激励，需要从科学评估价值着手。企业应在对非业务岗位工作内容进行分析的基础上，采用一定方法，对这些岗位在各自部门乃至整个企业中的影响范围、职责大小、工作强度、难度系数、任职门槛、工作年限等特性，进行综合评价，确定非业务岗位在组织内部不同的价值。评价者可以根据非业务岗位平均价值，建立标准化的评价模型，随后再去对照不同非业务岗位的价值序列，最终全面完成量化评估。在量化评估基础上，企业应将其自身业绩和企业整体业绩相挂钩。非业务团队的主要工作，是向企业的业务团队提供服务支持而创造间接价值。当业务部门创造的直接业绩提高或降低时，非业务部门的业绩也应有对应的提高或降低。

113. 对于企业合作商，一般可以采取怎样的股权激励模式？

对于企业合作商，同样可以采取股权激励机制。

企业想要做大，不可能总是将希望寄托在新产品、新技术的研发上，也不可能仅靠市场营销策略的创新。企业必须通过多种方式，对上下游资源有效整合，获得比竞争者更突出的优势。为此，企业家需要积极把握优质合作商，利用股权激励方式，实现双方的资源共享、合作共赢。即使是资源并不多的中小企业，如果善于分析合作商的利益需求，积极从中发现机会，也能利用不同的股权激励方式打造新的增长模式。其中，最常见的股权激励方式有如下三种：(1)横向平行激励。如果企业自身处于行业链中游，可以和上下游合作企业共同持股，开办一个新的企业。这个新的企业可以成为股权激励的新平台，甚至能将之打造成上市公司，收购原来的企业。(2)向下激励。如果企业自身处于行业链上游，可以针对某个市场、某个产品，成立新的持股平台，面向行业链下游的销售商进行股权激励。(3)直接持股。企业也可以针对特定的供应商、经销商，分配虚拟股份如期权等。这种情况下，供应商、经销商的贡献越突出，能获得的企业股票期权就越多，会让企业和合作商之间的关系更为紧密。做好上下游股权激励，企业就不再只是单独面对竞争，而是能团结一切可以团结的力量，提升企业的整体能量级别。

现实案例

L企业经营酒类产品，拥有影响较大的酒类品牌。在成功上市后，除了进行积极营销外，L企业还进行了面向经销商的股权激励。全国各地的经销商可以直接认购L企业推出的定向增发股票，当L企业经销业绩上升后，经销商即可从中获利。针对一些重点经销商，L企业给予其认购期权，使其避免承担风险，并能直接从资本市场中获得实际利益。通过股权激励方式，将经销商与企业之间的利益通过股份捆绑，L企业彻底激活了行业下游，获得了良好的业绩增长。

商业实操建议

企业合作商是企业生存发展的重要资源，合作之初可以通过合同确定合作目标和利益分配方案，建立有效沟通机制，保持良好的信任关系，而要建立更深度的资源绑定和战略合作时，股权激励的作用就显得非常关键和显著。

114. 对企业“老人”进行股权激励需要注意什么？

在拥有一定历史的企业里，存在不同数量的元老级创业团队成员。企业成立之初，他们做出了重要贡献，但随着企业发展壮大，他们逐渐无法表现出同样的价值。无论从社会责任，还是从企业文化上看，都不能让他们一走了之。但如果让他们继续停留在原有职位上，又无法解决新老更替问题。为此，企业需要推出专有的股权激励计划。对于企业“老人”，限制性股票确实是良好的激励方式。老员工在得到激励性股票后，不得随意处置股票，必须在规定条件实现后才能出售并获益。否则，企业就有权将股票收回或回购。限制性股票不仅能换取老员工的“让位”，还能保证他们在“让位”后不会身心俱疲，而是和“在位”一样关心企业发展，尽心尽力付出，提升企业的长远价值。

现实案例

联想发展到一定阶段后，考虑到团队建设及企业发展需求，决定引进并提拔一批“新鲜血液”，替换掉受到知识与精力限制的创业元老。但由于这部分老员工未到退休年龄，考虑到他们曾经为联想做出的卓越贡献，企业将他们也纳入了股权激励范畴。联想推出的股权激励方案如下：将用分红买下的35%股权作为一个整体，其中：(1)35%用于激励老员工，总共15人，这些人主要是以前创业时的骨干；(2)20%用于激励核心员工，约160人；(3)剩下的45%用来激励未来的骨干员工。对创业元老授予股权激励总额的35%，是对他们价值的承认，让他们能够心甘情愿地退居到二线，也会积极主动地支持年轻人的工作；现有核心员工得到股权激励额的20%，这将他们的利益和企业的利益长期捆绑起来；留存的股权激励总额的45%授予未来人才，实际上是给未来人才设计了成长的台阶，对于新员工来说，这也是一个巨大的工作动力，它促使年轻人义无反顾地冲到第一线，凭借个人的努力从这45%中获得自己的股份。联想的股权激励充分考虑到了老、中、青三代人的贡献和价值回报之间的关系，兼顾了企业的过去、现在和未来，既妥善地解决了创始人员的历史贡献问题，又恰当考虑了当前企业发展的需要，而且重点期待的是企业的未来发展，值得很多企业借鉴。

商业实操建议

不少人认为，股权激励是对于老员工的奖励。恰恰相反，对企业而言，“已实现的绩效”应是与管理层“短期”的现金资金相关联，而市场投资者对“企业未来预期的改变”仍尚未实现，就不应该以“现金”支付，而应使用股权或期权等“长期”激励工具来绑定，仅在未来预期真正实现的时间才能兑现。在实际操作中，有不少员工希望凭借“资历”获取更多的股权或者更好的回购条件，但实际上，公司发放期权给员工，是希望员工能为企业带来革新和发展。因此，需要创始人明确的是，期权是需要通过员工未来的努力促使公司发展而获取的，而并非依资历作为激励标准。建议公司在股权激励初始，要和新老员工有充分的沟通，并适当地予以引导，才能发挥股权激励最好的效果。

115. 给员工的股权激励份额是否要做到彻底保密？

给员工的股权激励份额不能做到彻底保密，或者说不做到彻底保密会更有利于实现激励员工的目的。

股权激励方案的实施是为了给予员工相应的激励，若因为对于员工股权激励份额进行保密，导致员工对于其背后公平性的怀疑，可能会适得其反。对于员工的股权激励方案、标准、细则等内容进行公开，反而更有利于激励员工力求上进。

对于员工股权激励份额的公开也有利于加强对于股权激励的内部风险控制，加强对于股东会、董事会、公司高管的监管和监督，降低道德风险。及时进行信息披露，可用于解决企业股东、管理者与员工之间的信息不对称问题，防止股东、高管在股权激励实施中做出损害企业利益的行为。

现实案例

在裁判文书网中可以检索到关于"穆某与北京盛世天行科技发展有限公司"的多篇判决文书,如"穆某上诉北京盛世天行科技发展有限公司赠与合同纠纷案"等,而这一系列的诉讼纠纷都起源于北京盛世天行科技发展有限公司与穆某在《身股赠与协议书》中签订的保密条款,即"分红属于公司重大机密,任何人不得泄露,泄露者视为严重违规,将被取消当年的分红权,情节严重的公司有权将其开除,并有权要求被赠与人赔偿违约金人民币 2 万元"。穆某违反了相应保密条款,公司开除并取消了其分红权,穆某不服因而产生一系列诉讼纠纷,公司反而可能因此产生更多负面影响。

商业实操建议

(1)完善关于公司股权激励的公示公告机制。各类股权激励措施的公示公告程序,不只是法律法规的强制性要求,也是收集员工建议和打消员工顾虑的有效方式。除了法律法规规定的公示项目之外,企业应当做到"应公示尽公示",消除企业与员工之间的信息不对称和壁垒。

(2)设立公允的业绩评价机制。业绩评价是确定员工股权激励产生、变更和退出的基础。企业在建立相关的业绩评价机制时,既要设立分权制衡和具有公信力的专业执行部门,也要完善包括任职年限、任职贡献等各类要素的科学评价体系。

(3)若公司在实施股权激励的过程中,想要对每个激励对象所持的激励股权数额和分红数额保密,就要在股权激励的协议书中约定具体的保密条款,或者与激励对象另行签订保密协议。对泄密和打听他人股权激励额度和分红的行为约定如赔偿、取消激励资格和开除等违约责任,以防员工出现"不患寡而患不均"的现象。还要从制度设计上提前考虑好由于额度不同,收入差距大而造成的员工间心理不平衡的问题,并在产生相应纠纷时妥善处理,以避免给公司带来更多的麻烦。

116. 股权激励有哪些常用工具？该如何选择？

股票期权，是指购买股票者达到条件、交付费用后，即取得在合约规定的到期日或到期日前按协议价买入或卖出一定数量股票的权利。股票期权由于存在约定行使价格，能拉近被激励者和股东的利益，企业也因被激励者购入股票而获得现金。

期股是指企业同被激励者经协商确定价格后，在被激励者任期内可采用各种方式获取适当比例的本企业股份。由于期限的存在，被激励者想获得利益，就必须经营好企业，也解决了短期激励行为带来的员工收入差距过大的矛盾。

限制性股票，是指被激励者达成股权激励计划中所列出的具体条件后，即可获取企业股份，但其转让、抵押等部分的权利均会受到限制。限制性股票能充分吸引员工留任企业，并确保员工和股东利益的一致性。

虚拟股票是企业向被激励者发放的无代价股票。虚拟股权的优势，在于其不影响企业总资本和股本结构，被激励者也无须投入资金。其劣势在于企业需要以现金进行激励，被激励者则可能为了获取更多分红，而只注意企业短期利益。

股票增值权是虚拟股票的特殊形式。当被激励者获得股票增值权，并在一定时期内达成预定的业绩条件时，即可按企业规定的股票价格和实际市场价格的差价，取得增值收益。

业绩股票，是指被激励者达成事先约定的业绩后，企业将普通股份支付给被激励者。在具体操作中，企业每年预先对激励对象加以考核。业绩股票除了灵活方便、不需投入资金外，更重视和绩效指标的关联性，能促进企业短期目标和长期目标的结合。

干股，是指企业经营过程中，企业股东按协议向非股东赠予的股份。企业盈利则干股持有人分红，亏损也不受损失。干股通过赠予协议发放，通常都具有赠予性质，但其具体内容和地位，要受到赠予协议内容的制约。

管理层收购，是指企业的管理层购买本企业股份或股权，以此对企业股权、控制权结构完成改变，并重组企业、获取收益。通过让企业现有管理团队变换角色成为所有者，实现了多方利益的一致。

员工持股计划，是指员工通过持有企业的期权或其他激励股权，获得分红收益的激励方法。员工持股计划通常需要激励对象出资购买，获得企业的股权或股票。员工持股平台有助于丰富企业股东构成，促进企业管理层更好地了解基层运作现状，也能实现企业的筹资、扩张，并防止外界的恶意收购。员工持股计划更适用于经营状况良好的企业。

延期支付计划，是指企业将被激励者应得薪酬的一部分，按当日企业股票价格折算为对等股票数量，存入为其设立的延期支付账户。当预定期限期满时，即以股票的市场价格，以现金方式将所有延期股票支付给被激励者。其优点在于延期对象想获得收益，在延期期间就要投入工作、认真经营，以获得的届满后股票价格上升的价差，有利于长期激励，并减少企业在短期内的现金流压力。

现实案例

2006年以前，许多上市公司开始采用延期支付的激励模式，武汉国责公司、武汉申商、武汉中百等采用的“武汉模式”是其中的典型代表。自1998年起，武汉国资公司对下属21家控股企业实行年薪制，年薪由基本薪资收入、风险收入、年终收入、特别年薪奖励四部分组成。根据《武汉国资公司关于企业法定代表人考核奖励办法》的规定，公司对企业业绩进行综合评定、计算，并核定其法定代表人包括风险收入在内的年薪收入总额。其中，风险收入由武汉国资公司根据企业经营责任书和实际经营业绩核定。对于完成或超额完成、完成任务在50%～100%之间分别有一套详细的计算公式。对于完成指标在50%以下的，不给予本年度风险收入，并将扣减以前年度风险金。风险收入的30%以现金形式当年兑付，其余70%留存并将转化为本公司股票。“武汉模式”在设计上奖惩机制相辅相成，风险收入提存比例高、激励力度大、模式类推循环保障了激励和利益捆绑的长期性，同时，严格的处罚机制又保障了国有资产的安全。

商业实操建议

企业为有效激励不同员工，需要积极运用股权激励工具。但没有哪一种股权激励工具是完美的，每种股权激励工具都有自己的适用范围和局限性，如何在主流股权激励工具中进行科学选择，企业管理者应慎重思考。所以，企业家们在对股权激励工具进行选择的时候，可以将两种或两种以上的股权激励工具相结合，灵活运用不同的股权激励工具，从而最终达到股权激励的目的。

117. 股权激励中“期股”和“期权”有哪些区别？

两者兑现时间不同。期股是当期（签约时或在任期初始）的购买行为，股票权益在未来兑现。期权则是将来的购买行为，购买之时也是权益兑现之时。

两者获得方式不同。期股既可以出资购买，也可通过奖励、赠予等方式获得。期权在行权时必须要出资购买方可得到。

两者激励与约束的作用不同。个人在被授予期股后，已支付了一定数量的资金，该股票在到期前是不能转让和变现的，因此期股既有激励作用，也有约束作用。而个人在被授予期权后只是获得一种权利，并未有任何资金支付，如果行权时股价下跌，只需放弃行权即可，个人利益并未受损，因此期权只是重在激励，缺乏约束作用。

两者标的物不同。在股票期权中，经营者取得的是一种权利。在期股制中个人直接获得的是股份或股票。

两者获得权利或股票的方式不同。在股票期权中个人是无偿获得或基本上不用现金,就能获得这种权利。在期股制中,个人必须拿出一部分现金才能获得股份或股票。

两者获得收益的时间不同。在股票期权中,个人在行权日之前一分钱都得不到,在行权日行权后才能获得应得的全部收益。在期股制中,个人在获得股份或股票之后,就相应获得分红权,但整个股票的兑现要在全部股价款支付完毕且任期届满后才能实现。

两者获得收益的来源不同。在股票期权中,个人完全靠买卖股票的价差获得收益。在期股制中,个人是从企业利润增加部分中按一定的比例获得收益。

两者性质不同。"期权"是一种"权利",而非义务。当股票期权拥有者认为有利可图,值得他去购买时,就可以掏钱去购买,而公司必须卖给他;而当拥有者认为无利可图时也可以放弃,公司不得强迫他购买。期股却带有一种义务性,只要个人选择了它,不管股份是涨还是跌,都得购买。

两者获得产权收益的时间不同。实施股票期权时,个人在行权日之前不能买卖股份,因此不能获得收益。在期股制中,根据协议,允许个人在任期内用各种方式分期付款,最终获得本公司一定数量的股份,在获得股份之前可现行取得所购股份分红权等部分权益。

两者获得收益的方式不同。个人在获得股票期权时,他实际上获得的是在约定的期限内,以预先确定的价格购买一定数量本公司股份的权利。而在期股制下,个人获得的不是权利,而是公司的股份,购股款项主要来自期股的分红所得、实股分红所得和现金付款。

两者所承担的风险不同。期权激励中,当股份贬值时个人可以放弃行权,损失的只是一小部分为购买股份而付的定金,从而避免了承担股份贬值所带来的风险。期股激励则因为预先就购买了股份,当股份贬值时个人需要承担相应的损失。因此,个人持有期股时实际上是承担了风险的。

两者对个人的激励效果不同。在期权激励方式中,个人只承担很小的风险,因此期权数量设计中不受风险承受能力的限制。通过增加期权的数量,可以产生很大的杠杆激励作用。这种激励方式,一方面鼓励个人"创新和冒险",另一方面也有可能使个人过度冒险。期股激励的基本特征是"收益共享、风险共担”，即个人在获得股权增值收益的同时，也承担了股权贬值的风险。因此，这种激励方式将引导个人努力工作，并以较为稳健的方式管理公司，避免过度地冒险。由于受个人承担风险能力和实际投资能力的限制，这种股权激励形式下股权的数量不可能很大，相应也可能会影响激励的效果。一般来讲，期权激励的效果要大于期股激励的效果。

118. 股权激励的效果该如何评估？

从企业角度来看，股权激励能否收到应有的积极效果主要是看企业的盈利能力、偿债能力和发展能力三大指标。

盈利能力，是指企业获取利润的能力。利润，是企业股东获取投资利益的资金来源，是企业经营者管理水平的集中体现，也是企业员工工资收入和福利政策的重要保障。判断企业的盈利能力，可以从净资产收益率、销售利润率等指标进行分析。如企业实施股权激励后，这些指标较之前有稳定持续地增长，即可对股权激励的效果作肯定的评价。

偿债能力，主要指企业用自身资产偿付长期或短期债务的能力。企业是否具有偿债能力，影响着债权人对企业发展状况的信心强弱，也是企业能否健康生存和发展的关键。企业偿债能力，也是反映企业财务状况和经营能力的重要参考，从资产负债率、资本周转率等指标，均能对企业的偿债能力作出评价。适合企业发展的股权激励方案，能提升企业的偿债能力，有利于企业的行稳致远。

发展能力，是企业通过不断进步创新、扩大积累并占据市场份额而形成的发展潜力。企业发展能力，反映着企业的成长性，并能通过企业营业收入增长率、净利润增长率、资产使用效率等指标来评价。有效的股权激励措施，能留住关键核心人才，提高创新能力，提升业绩、巩固市场地位，以增强企业的未来发展能力。

现实案例

阿里巴巴的股权激励效果有目共睹，其员工持股计划被各大互联网公司效仿。阿里巴巴（上市前）授予员工及管理层的股权报酬包括了受限制股份单位计划、购股权计划和股份奖励计划三种，其中受限制股份单位计划是主要的股权激励措施。员工一般都有受限制股份单位，每年随着奖金发放至少一份受限制股份单位奖励，每一份奖励的具体数量则可能因职位、贡献的不同而存在差异。员工获得受限制股份单位后，入职满一年方可行权。每一份受限制股份单位的发放则是分 4 年逐步到位，每年授予 25%；同时由于每年都会伴随奖金发放新的受限制股份单位奖励，员工手中所持受限制股份单位的数量会滚动增加，这样员工手上总会有一部分尚未行权的期权，进而帮助公司留住员工。阿里巴巴受限制股份单位的行权价格仅为 0.01 港元，对于持有受限制股份单位的员工而言，除非股价跌至 0.01 港元之下才会“亏损”，从而基本规避了股票期权激励模式下，因行权价格高于市价而导致激励失效的情形。阿里巴巴还将受限制股权单位用作并购支付手段，并购交易中一般现金支付部分不会超过 50%，剩余部分则以阿里巴巴的受限制股份单位作为支付手段。比如，阿里巴巴并购一家公司，协议价是 2000 万元，则其只会拿出 600 万元现金，而 1400 万元，则以阿里巴巴 4 年受限制股份单位的股权授予来支付。而这一部分股权激励，主要是给并购公司的创始人或是原始股东的。

商业实操建议

一份好的股权激励会从多个方面带来极大的好处。从员工的视角，好的股权激励是一种荣誉；从公司的视角，能够吸引、激励和保留人才；从股东的视角，能够明显看到公司业绩的提升。在实务中，对股权激励进行评估，能够及时得到对其激励效果的反馈，对效果不好的及时加以改进，并对股权激励的效果评估与控制进行深入反思和学习。

119. 初创企业如何做好股权激励方案？

企业初创阶段，新技术和新产品没有完全被市场接受，同时面临着资金少、人员少、市场份额小、企业管理相对不完善等问题，生存是其最大的关注点。初创企业对核心技术人员和业务骨干的依赖度较大，通过股权激励能有利于留住关键人才，促进企业发展。因此，做好初创公司的股权激励方案，应当从激励对象、激励工具等方面下功夫。

(1)激励对象。初创企业处于起步阶段，虽然具有资金少、人员少的缺点，但也意味着其受到的束缚较少，可以打破枷锁、轻装上阵，企业关键员工的一个天才想法，很可能为企业带来巨大的收益。苹果公司正是在乔布斯的带领下，坚持创新，由名不见经传到全球商业巨擘。可见，关键人才对于初创企业发展和成长的巨大作用。初创企业在制订股权激励计划的时候，要以关键人才为重点，不但在情感上留人，更要在待遇上留人，要使关键人才明白其利益与企业利益属于共同体。留在企业，不但能发挥自己专业特长，还能在未来收获巨大利益，以此坚定其为企业拼搏的决心。

(2)激励工具。初创企业的股权激励计划，受制于企业资金较少的境况，能在企业控制权不旁落的情况下，通过虚拟股票、限制性股票、员工持股计划等股权激励工具，有效达成股权激励目标。通过期权类的股权激励工具，能缓解企业初创期资金不足的难题，并产生长久的激励效果。期权将企业前景与员工个人未来利益紧密联系，促使员工以现有努力获取未来巨大收益。

(3)股权控制。制订初创企业股权激励方案，应考虑到创始团队对于企业股权的相对控制需求。创始团队的相对控股，不仅体现了创始团队的作用，更在于为后续资方合作提供了基础条件。由于初创企业更强调人的作用，更追求对未来的确定性，资方也就更倾向和股权架构清晰、创始人团队相对控股的初创企业合作，这样能最大限度地避免企业内耗带来的风险。初创企业股权控制中，有著名的“415”原则，即创始团队人数不要太多，最好不超过4个人，人多了容易“拉帮结派”，产生意见上的分歧；“1”就是有个“带头大哥”，这个人是初创企业的灵魂人物，能在关键问题和发展方向上为企业决断；“5”就是带头人物应占有企业50%以上股权，在企业有话语权。初创企业股权激励策略在激励对象、激励工具的选择，股权控制的力度等方面都应有自己的特点，此外，初创企业的股权激励方案，还要为未来的股东、资金、资源进入企业留有空间。此时，可以考虑建立“期权池”，由大股东或者所有股东按比例代持，等有新的资源加入时，再将该部分股权导出分配。

现实案例

小米集团创始人雷军在小米创业初期，就是通过股权激励的方式，将公司股份分配给了8位合伙人。这8位合伙人，在小米创立之前就已经是各自领域的“领头羊”，选择加入小米将是其职业生涯的又一次挑战。好在林斌、黎万强、黄江吉等8位合伙人对小米的认可与坚持最终得到了丰厚的回报。2018年，小米在香港上市，根据其披露的招股书，当初这些跟随雷军披荆斩棘的功臣早已成为公司股东，通过企业上市获得了巨大的回报。

商业实操建议

即使公司处于创业初期，退出机制与股份回购事宜也应当在授予股权之前做好约定，这不是斤斤计较，相反，提早约定好就能够在最后时刻保持体面，大家也能够以白纸黑字的凭据好聚好散，避免企业发生不必要的股权纠纷。

120. 中小企业如何做好股权激励方案？

不同于初创企业，中小企业在规模上已获得一定发展，在市场中具有一定占有率，有层级相对分明的中高层管理人员，企业营收有着相对的保障，正在逐渐走向规范化和正规化。因此，中小企业的主要任务是将企业进一步做大做强。在发展过程中，部分中小企业会遭遇“瓶颈期”，企业员工积极性下降，企业业绩很难有大的突破，治理结构和管理制度越来越跟不上市场的要求，亟须通过股权激励的方式实现质的突破和飞跃。(1)激励对象。中小企业的发展，更注重企业治理结构的改善，更注重发挥管理型人才的作用。科学完备的治理结构、优秀成熟的管理团队，能为中小企业带来脱胎换骨的变化。因此，中小企业的股权激励对象要考虑给予管理人才更多的比重，促进企业的内部管理机构完善。对于企业的核心技术人员等骨干，也要给予相应的股权激励措施，但其力度可能较初创企业要小一点。(2)激励工具。中小企业使用的股权激励工具，包括业绩股票、延期支付计划、员工持股计划等，这些股权激励工具能最大限度调动各层级员工的积极性。其中，管理层获得较大的股权期望，更能与企业结成利益共同体，自觉为企业的战略目标而奋斗。

商业实操建议

在实务中，一些企业的创始人将股权比例看得过重，总认为企业今年赚了1000万元，如果其占百分百股权，就会独占这1000万元利润。殊不知，如果他们将哪怕10%的股权利润拿出来，分给企业团队内的优秀人才，企业就可能获得3000万元、5000万元的利益。在中小企业，必须懂得股权激励的重要性，并正确分配股权。即便这将使企业所有者的股权份额减少，但由此带来的绝对利益增长可能是惊人的。

121. 上市企业如何做好股权激励方案？

上市企业涉及公众利益，其股权激励模式有严格的法律规定。为此，上市企业在设置股权激励方案的时候，一定要考虑到合法合规。

在选择股权激励工具方面，根据我国《上市公司股权激励模式管理办法》的规定，上市企业可选择的股权激励模式有股票期权、限制性股票和股票增值权三种模式，并要经过证监会的备案批准。从实践情况来看，选择限制性股票模式的上市企业占半数以上。

在确定股权激励对象方面，一般而言，股权激励对象包括管理层、核心技术人员、业务骨干和优秀员工等。非上市企业的股权激励对象则没有特别的法律限制，而上市企业的股权激励对象要符合《上市公司股权激励模式管理办法》的规定。(1)上市企业的董事、高管、核心技术人员或业务人员，以及公司认为应当激励的其他员工可以成为股权激励的对象，但不包括监事和独立董事。(2)单独或者合计持有上市公司5%的股东(或者实际控制人)及其配偶、父母、子女，不得成为股权激励的对象。(3)法律禁止下列人员成为上市企业股权激励的对象：最近12个月被证券交易所、证监会或者其派出机构认定为不适当的人选；最近12个月被证监会或者其派出行政机构处罚或者采取市场禁入措施；具有《公司法》规定的不得担任公司董事、高管情形的；法律法规规定不得参与上市公司股权激励的；证监会规定的其他情形的。此外，国有控股上市公司的独立非执行董事不得参与公司的股权激励计划。上市公司的母公司负责人在上市公司任职的，可以参与股权激励计划，但只能在一家上市公司参与。

现实案例

A公司是国内最大的显示屏制造厂家，经过多次股权架构改革和公司治理结构改进，A公司于2008年在A股上市。A公司在上市流通以来，实施了多次配股、送股和公积金转增股本。截至2018年，A公司的股本总额为人民币10亿元，其中第一大股东为B公司，持股比例为20%。为激励公司的中高管理层，将公司利益与管理层利益捆绑在一起，促进公司持续稳定发展，A公司决定于2018年开始，对中高管理层进行股权激励。在此次激励方案中，股票主要来源于第一大股东B公司，B公司承诺划出其所持股份中的

2%,即 4000 万股用于股权激励。本次股权激励方案的内容是:在 2018 年、2019 年、2020 年这 3 年里,若公司经审计的净利润分别达到了 6 亿元,6.5 亿元,7 亿元,则在当年年度报告后 15 个交易日内,A 公司将按当年年底经审计的每股净资产作为出售价格,向公司管理层出售 1200 万股的股份。若以上三年度净利润皆达到承诺标准,A 公司向管理层出售的股份总数为 3600 万股,剩余的 400 万股的激励方式由股东大会另行制定。A 公司进行股权激励的股票来源于控股股东,不需动用内部资金。这种方式不仅不会给公司带来资金压力,而且也不损害其他股东的利益。此次激励的股票属于限制性股票,管理层需要真金实银进行购买,有一定的成本。但为了保证较高的激励性,管理层购买的价格为每股净资产,其价格远远低于同期股票价格。以 2018 年为例,管理层购买的价格为 6.7 元,远远低于同期股票的 12.5 元。另外,激励方案为期仅为 3 年,且以净利润作为考核标准。综合多方面考虑,激励方案的操作方式和兑现方式都较为简单。实施股权激励后,中高管理层尽忠职守,A 公司也取得了辉煌的业绩。以下为股权激励计划实施情况:公司 2018 年实现净利润 6.1 亿元,高于目标净利润 6 亿元;2019 年实现净利润 7.2 亿元,高于目标净利润 6.5 亿元;2020 年的净利润几乎实现翻倍增长,达到了 13 亿元。A 公司连续 3 年都完成了考核指标,中高层管理人员在解禁期后可以行权。按照股权激励方案,中高层管理人员 2018 年、2019 年、2020 年的行权情况如下:2019 年 7 月,公司实施 2018 年度股权激励方案,A 公司将 1200 万股转让给 2018 年度股权激励对象,转让价格为 6.8 元,同期股票价格为 12.7 元;2020 年 12 月,公司实施 2019 年度股权激励方案,A 公司将 1200 万股转让给 2019 年度股权激励对象,转让价格为 6.1 元,同期股票价格为 15.1 元;2021 年 2 月,公司实施 2020 年度股权激励方案,A 公司将 1200 万股转让给 2020 年度股权激励对象,转让价格为 5.9 元,同期股票价格为 18.2 元。A 公司实施激励方案后净利润连年增长,在第三年甚至实现翻倍增长,这得益于股权激励方式规范和促进了中高层管理人员的经营行为。

由于初次使用股权激励方式,A 公司在激励方案的设计上还有以下不足:(1)激励股票来源单一。A 公司股权激励的来源单一,完全由第一大股东B公司从所持股份进行划分，经过3年的转让和减持，导致B公司的绝对控股比例由50.29%降至16.18%，对公司控制权具有一定威胁。(2)激励对象的选择较为笼统。A公司的激励对象选择的是所有中高层管理。没有排除法律禁止人员，如最近12个月内被证券交易所、证监会或者其派出机构认定为不适当的人选，因此容易造成纠纷或导致法律风险。(3)期权定价过低。A公司采用的是当年年底经审计的每股净资产作为转让价格，公司发展前景、市场占有率等无形资产皆不计算在内。因此，激励对获得股票的成本很低，容易导致部分人员出现坐享其成的心态。A公司采取股权激励制度后，在财务业绩上取得了明显增长，但从长远来看，将来可能会出现发展不稳定的情况。究其原因在于，A公司的股权激励方案既不完善且具有短视行为。在此方案中，A公司仅仅采用净利润作为考核指标，有可能出现公司为了利润，降低产品质量的现象。而且激励有效期仅为3年，不利于公司的长期发展。

商业实操建议

实务中，由于直接持股有很多限制，所以建议企业在实施股权激励时采用间接持股的方式，这样对于上市主体股权的稳定性和退出机制，都有一些可操作的途径。此外，需要注意的是，实施股权激励需要考虑很多因素与环节，如果企业尚未形成较为系统、完善的方案，最好不要宣布此事，以免影响员工的正常工作。

122. 股权激励设计不当有哪些可能风险？应当如何防范？

企业股权激励实施过程中，会因方案设计的缺陷、执行过程中的不当等原因产生相应的内部风险。内部风险的种类包括：(1)财务风险。股权激励，不论是以权益结算还是以现金结算，都需要一定的成本和费用，必然会对企业的当期损益产生影响。(2)激励失当风险。股权激励的力度过大,会加重企业的资金紧张和财务负担,不利于长远发展;股权激励的力度过小的话,则难以激发员工的积极性。(3)道德风险。在很多企业,经营者多由股东或者股东指定的人担任,“内部人控制”现象严重,股东会、董事会制定相关的股权激励方案时,很容易变成“自己奖励自己”。上市公司的职业经理人还可能利用信息差优势,获得巨额非法利益。要加强对股权激励的内部风险控制,首先,要加强监管和监督,企业应配合市场监管部门、金融监管部门,加强日常稽查,严厉打击不法行为。其次,要加强信息披露体制建设,减少信息的不对称,实现市场的透明与规范。最后,还应完善企业的会计制度,合理减少费用的支出。

股权激励还面临着外部风险。外部风险的种类包括:(1)法律风险。主要源于我国的相关法律法规、规章之间规定的不一致,企业在实施股权激励方案时,可能会产生法律适用上的风险。(2)资本市场风险。我国的资本市场还不够成熟和完善,难以通过股价指标来确定公司的价值。这让股权激励的受益人承受了较大的市场潜在风险,难以通过股价评价股权激励对象的业绩、经理人风险,经理人可能为了短期的股权激励收益,利用消息不对称的优势,做出损害公司长远发展和全体股东利益的短视行为。为了加强对外部风险的控制,董事会与股东会可以通过决议方式,形成各项有利于企业发展的决策,通过群策群力最大限度地实现企业外部风险的防控。完善企业控制制度,实现创始人或主要股东对企业的控制,可以在企业面临外部风险时积极制定应对策略。如外部审计制度、信息披露制度等。不同的外部风险防范制度,能在最大程度上实现对外部风险的可控和纠偏,构成企业股权激励外部风险防范的层层防线。

现实案例

股权激励计划中的“霸王条款”争议

牧原股份曾在 2019 年 11 月 9 日公告披露了 2019 年限制性股票激励计

划(草案)。该草案的修订版显示,拟授予的限制性股票数量为 5338.81 万股,占本激励计划签署时公司股本总额的 2.47%。其中,分为首次授予和预留部分两类。由于当年参与股权激励的员工众多,且牧原股份股价处于上升趋势,牧原股份此次股权激励计划受到市场广泛关注。根据当时媒体报道,由于股权激励价格低于二级市场价格(计划草案显示,激励价格为公司当时股价的 50%左右),被视作一项福利。但因为股权激励计划的一些减持限制条件,时隔数年后,部分参与激励对象与牧原股份出现纠纷,甚至引发诉讼。

双方的争议焦点在于,参与激励计划的员工何时可以转让获授股票。当时的限制性股票激励计划(草案)显示,本激励计划有效期自限制性股票授予登记完成之日起至激励对象获授的限制性股票全部解除限售或回购注销之日止,最长不超过 36 个月,并设置了相应的解禁条件。然而,《牧原食品股份有限公司股权管理方案》又规定了减持的 3 个"1/3"管理原则。其中,员工激励股权的 1/3 要等到退休后 3 年才能全部转让。如果员工违背相关规定,相应股权收益则归属于公司。而针对该股权管理方案,部分前员工认为,牧原股份并未在员工认购股权时告知,之后才开宣讲会并要求员工签署承诺函,且此前未对外披露该方案。根据已有的判决结果,一审、二审法院均认为牧原股份主张合理,判决公司胜诉。

商业实操建议

如案例所示,为避免后续引发争议,股权激励计划在制订之初最好也征求民主意见,条款设计尽可能科学合理,才能更有利于将好事办好,发福利发得人满心欢喜。

123. 用于股权激励的"期权池"规模多大为好?

员工持股计划(ESOP)俗称"期权池",是指提前预留出部分股权,用于激励公司的核心员工(高管、技术骨干、优秀员工)。提前预留期权池的目的在于激励现有优秀员工,同时对外吸引优秀人才加入公司,且提前预留好期权池就不必在每次做股权激励时另行做增资扩股。关于初创期公司的期权池大小,建议预留10%~20%,但也不是绝对,可以根据公司的实际情况提前规划和设计。随着公司未来不断增资扩股,期权池的股权比例也随之稀释,此时,公司实控人可根据股权激励计划的具体实施情况和公司未来的发展规划,通过老股转让或者增资方式适当调整期权池的比例,从而确保期权池预留的股权能够达成激励员工、吸引优秀人才的效果。

通常情况下,建议公司根据其未来对于重要员工的需求来确定期权池的大小,需要的重要员工越多,角色越重要,留的期权池就应越大;反之,留的期权池则越小。实践中,创业公司前期组建团队,吸引优秀人才加盟,所以预留的期权池比较大;但随着公司人员结构逐步完善与成熟,人才架构趋于完备,期权池也会随之变小。对于期权池内股权的具体分配方案,是另一个专业的问题,要根据不同公司的发展阶段,战略规划、人才结构等进行设计,且同一公司在不同发展时期的股权激励方案也不完全相同,因此,公司创始人需在公司发展的不同阶段平衡好期权池内的股权分配问题,这对公司的治理结构也是非常重要的。

目前,在我国的公司运作实践中,创业公司期权池的设置主要可分为以下几种方式:(1)股权代持。由创始股东先代持该部分股权,作为该部分未分配股权的名义股东,待期权持有人行权时,再以约定价格向期权持有人转让股权。(2)设立有限合伙企业作为期权池。即,由创始股东作为普通合伙人,以控制合伙企业,而员工为有限合伙人,再由该有限合伙企业作为公司的股东之一。从而使接受期权奖励的员工间接持有了公司股权。(3)设立其他员工持股平台。例如,通过公司的工会对公司持股,而员工则与工会订立协议,间接享有公司的股权收益。

现实案例

2019年4月,字节跳动开始了自己的第一期股权激励,允许员工将当年的年终奖以 44 美元/股的价格兑换成期权,该激励计划覆盖超过 60%的员工。非上市公司做股权激励,主要是以企业上市或被并购作为员工获取收益和退出的方式,在企业上市前或者被并购前,员工取得的期权/股权缺乏流通手段。但是字节跳动的期权激励不一样,基本每年会出台两次回购计划,一般在 4 月和 10 月,让非上市公司期权激励有了新活力。从 2019 年字节跳动以 44 美元/股的价格允许员工将年终奖兑换成期权,到 2022 年下半年回购价格为 155 美元/股,部分员工已获得几倍的收益。

商业实操建议

在设立期权池的实务中,需要注意以下几点:一是建议公司在第一轮融资前预留好期权池,因为投资人不希望未来做股权激励时自身的股权被稀释;二是在做股权激励时应当做长远规划,防止预留的股权被快速分配完,后期无足够股权用于激励未来人才,也无法对同一员工进行长期激励;三是期权池作为客观增强控制权和人才引进的重要方式,需要结合自身发展阶段、所处行业、竞争地位和商业模式等多种要素,综合考量公司的实际需要。

124. 什么情况下可以收回期权或股权激励?

通常情况下,公司在做股权激励时都会约定被激励对象的退出方式,常见的情形有:员工存在过错、主动离职、业绩考核不达标、死亡等。针对上面不同的情况,股权激励计划或者方案中,一般都会约定已经获得的股权及未行权的期权的处理方式,比如,对于已授予但未行权的期权进行注销,员工不得再行权,对于已经行权的股权则按照不同的价格进行回购,有的公司还会将已行权的股权设置为限制性股权,在限制期内的处理方式也不尽相同。关于已行权股权的回购价格,一般也会根据被激励对象的退出原因分别设置，比如，因被激励对象存在过错而退出的，则回购价格一般都会比较低，带有一定的惩罚性；但对于被激励对象无过错的情况，比如死亡等，则一般会按照该等股权的公允价值进行回购，确保被激励对象的利益不受损。

实务中，公司在做股权激励计划时，一定要在股权激励方案中提前设定好不同情况下的退出方式和退出价格，防止未来触发该等情形时无据可依，使公司陷入被动。当然，在设置该等情形时也要充分考虑公司的实际情况和员工的接受程度，确保该等条款的公平性，同时保障公司和被激励对象的利益，否则可能导致整个股权激励计划的失败。

现实案例

激励股权转让条件未成就，公司其他股东能收回其股权吗？

2008年2月1日，李某、牛某、杨某作为甲方，鲍某作为乙方，签订《新股东加入协议》，约定鲍某以40万元获得A公司10%的股份，其中，鲍某于2008年8月8日前支付人民币10万元后即获得A公司2.5%的股份。协议约定，转让的股权来自原始股东即李某、牛某、杨某根据持股比例从各自股权中出让。协议还约定，若鲍某在3年内离开公司，则上述转让无效，相应股份仍归还各转让方，且不退还鲍某“现金购买股权”条款中规定的已支付的原始现金，但以下情况例外：(1)股东会一致表决同意；(2)因身体原因不能正常从事工作，也不愿意再持有A公司股权。同年，鲍某分别向李某账户中汇款48,000元及52,000元。12月12日，鲍某收到了“现收到鲍某10万元人民币投资款(投入A公司营业员招聘网)”的收条，其落款有李某的签字，并加盖了上海某咨询有限公司的公章。2008年12月，鲍某离开上海某咨询有限公司。2010年5月28日，鲍某重新入职该公司。2011年1月，鲍某又入职上海人鼎人网络科技有限公司。同年5月30日，李某、牛某、杨某作为甲方，又与鲍某签订《A公司营业员招聘网股东股份补充协议》，确认鲍某于2008年5月支付首期股价计10万元，用于购买A公司2.5%的股份期权，该期权需要鲍某完整工作3年方能生效。由于此期间鲍某离开公司，2010年5

月重回公司，经董事会确认，可以累计工作时间，鲍某需完整工作至2012年12月才能使此期权生效，享有完整股东权利。同时补充协议确认，协议所涉股份是指A公司营业员招聘网线上广告运营公司，即上海人鼎人网络科技有限公司的股份，不包括线下猎头业务部分。2012年3月鲍某自上海人鼎人网络科技有限公司离职。一审法院确认鲍某名下登记持有的上海人鼎人网络科技有限公司2.5%股权转归李某所有。二审法院认为，鲍某要求返还已付10万元款项的上诉主张，证据不足，不予支持。

商业实操建议

公司不管在任何时候做股权激励，均应在激励计划中提前设定好退出机制，该等退出机制包括但不限于触发退出的不同条件、不同情形下的股权回购价款、回购流程等。在实操中，该等退出机制可以约定在《股权激励方案书》中，也可以约定在持股平台的《合伙协议》中，或者也可以分别约定在与不同被激励对象签署的《期权协议》中。需要注意的是，无论呈现为任何表现形式的协议约定，都需要对回购条件、受让人、价格和办理流程加以明确约定。任何一个回购要素都不得缺失，否则可能会在未来回购的实际操作过程中产生纠纷。

125. 股权激励中涉及哪些财务和税务问题?

员工股权激励计划从设计到实施过程中，均会涉及财务和税务问题。比如：

(1)从会计的角度来看，公司将股权以较低的价格给予员工，实际上是将公司股权作为员工为公司工作的对价支付，所以应当在授予日按照授予员工股权或期权的公允价值计入管理费用。如果是在授予后立即行权的股权激励，行权价格越接近公司股权的公允价格，股份支付所产生的费用成本就越小,反之,费用成本越大。如果是需要经过一段时间或需要满足一定条件才可以行权的股权激励(期权),一般该期权的公允价值是通过期权定价模型加以确定的。需要注意的是,不管用于激励的股权来源于何处,也不管员工对股权的持有是间接还是直接,公司都需要计提股份支付费用。

(2)员工在获得期权后,在尚未变现前可能就需要缴纳高额的个人所得税。但国家税务总局也出台了相应的递延纳税的相关政策,比如,《关于完善股权激励和技术入股有关所得税政策的通知》(财税〔2016〕101号),公司在做股权激励计划时,也应当考虑该等政策的条件,使被激励对象尽可能地享受到递延纳税的政策支持,以延缓其税务负担。

现实案例

股份支付对盈利数据的影响程度,可参考"快手财报"

2022年第2季度快手财报净亏损总额达31.76亿元,但经调整的EBITDA(息税折旧及摊销前利润)达4.07亿元,剔除金额近36亿元,转为盈利。其中,仅剔除的股权激励费用就达到17.18亿元。2021年全年,快手的股权激励费用总额更是达到了78亿元。当然,快手的股份支付费用之高有其本身的特殊性。快手作为以产研团队为主导的互联网公司,公司估值水平高、员工的激励规模大,自然也就会产生高额的股份支付费用。

商业实操建议

股权激励是重要的财务行为,对公司财务报表会产生实际影响,应当尽可能地早做规划、逐步实施。

(1)如果一个企业有实施股权激励的实际需求,应尽早启动股权激励方案,将股权激励按照年份、被激励人员的优先级分批次授予。这样可将预期存在的股份支付费用更早均摊在各年的利润表中,以避免股权激励费用集中在某一年的财报中,从而导致账面利润规模骤降。

(2)若公司有上市计划,可以尽量在预计上市申请的3年之前启动绝对核心员工的股权激励计划,以减轻对公司上市申请报告期内的利润冲减。

(3)非上市公司实施股权激励需要尽量避开融资期,避免被强制认定股份支付。

126. 员工持股平台:个人、公司、有限合伙有何不同?

股权激励计划已经成为众多公司增强员工归属感和企业凝聚力、吸引和留住人才的常用方式。不同公司在做股权激励时,对于员工持股方式有不同的需求,实践中常见的主要有员工直接持股、通过公司间接持股、通过合伙企业间接持股三种。

(1)员工通过公司直接持股的优缺点。

员工直接持股的优点:税负最低,限售股转让税率为20%,如按核定征收,税率为股权转让所得的20%×(1-15%),即17%。如长期持股,限售期内分红所得税率为10%,解禁后分红所得税率为5%,是三种方式中最低的。

员工直接持股的缺点:第一,员工直接持有公司股份,对于公司的治理结构和决策机制会产生不利影响,一方面会因为股权分散导致创始股东对公司的控制权受影响;另一方面如被激励对象不配合公司的股权调整,拒绝签署相关法律文件,则会直接影响公司的增资扩股和股权转让等,严重影响公司的股权治理。第二,对员工长期持股约束不足。目前国内普遍存在公司上市后,直接持股的员工股东待限售股解禁即抛售的情况,一些高管甚至为了规避一年内转让股份不得超过年初所持股份25%的约束,在公司上市后不久即辞职,辞职半年后出售全部股份套现。这也违背了公司通过员工持股将公司与员工的长远利益捆绑在一起、留住人才的初衷。第三,若员工在公司向证监会上报材料后辞职,公司大股东不能回购其股权。

(2)员工通过公司间接持股的优缺点。

员工通过公司间接持股的优点:相对于员工个人持股,更容易将员工与企业的利益捆绑在一起,控制权相对集中,且可以避免因员工流动对目标公司股权层面的直接影响。在这种情况下,即使被激励对象因股权激励事宜与公司发生纠纷,也不会直接影响目标公司层面的股权结构。

员工通过公司间接持股的缺点:第一,税负最高。股权转让税负43.39%,分红税负20%,比员工直接持股和合伙企业间接持股税负都高。第二,对于员工来讲,属于间接持股,其股权的流转机制和表决受到一定限制。

(3)员工通过合伙企业间接持股的优缺点。

合伙企业间接持股的优点:第一,相对于员工个人持股,创始股东更能将表决权和分红权分离,即将被激励对象作为有限合伙人,不直接参与目标公司的表决,使得创始股东的表决权更集中。且如果被激励对象因股权激励事宜与公司发生纠纷,也不会直接影响目标公司的股权结构。第二,相比公司制企业,在税收方面有优势,在有限合伙人转让其持有的出资份额时,一般按照财产转让所得,适用5%~35%的超额累进税率。各地区实际执行口径不一致,部分地区按照20%税率征收。第三,由于有限合伙企业的特点,若公司实际控制人担任唯一普通合伙人,可以通过少量的出资完全控制合伙企业。

合伙企业间接持股的缺点:第一,对于被激励对象来说,属于间接持股,不享有表决权,参与度和归属感会受到一定的影响。第二,目前国内合伙企业的相关法律法规仍不健全,实践中,不同地区关于“先分后税”的解释和纳税时点等方面存在区别,未来面临政策规范的风险。

商业实操建议

究竟何种方式为员工持股平台最合适的方式,没有标准答案。实践中可以根据具体情形请律师、税务师协同作业,给企业做最合适的股权治理安排。并且员工持股平台也不是一步到位的,需要根据公司和员工的需要进行动态调整。

四 股权重大事项

127. 股权转让过程中一般有哪些法律风险？哪些情形会导致“股权转让无效”？

一般来说，股权转让过程中需要注意防范以下法律风险：

(1)股权转让协议风险点：交易双方往往直接拿工商局模板进行签署，协议中未能完整清晰地约定各方的权利义务和违约责任等，导致后续发生纠纷；转让协议签署瑕疵，代理人缺少委托手续或权限；双方就股权转让签订多份内容相异的协议，出现效力瑕疵。

(2)标的股权风险点：股权为共同财产，未经共有方同意，易成为潜在的消极因素；股权已设立质权等权利负担，未经权利人同意，股权变更存在障碍；转让方出资瑕疵，未履行出资或抽逃出资，因股东出资与股权转让分属不同的法律关系，使受让方权利救济受限。

(3)股东优先受让权风险点：未依规履行书面通知义务，或通知义务未恰当履行；未充分、全面就转让事项告知其他股东，从而导致因损害其他股东优先购买权而无效。

(4)隐名持股风险点：隐名股东以自己名义转让股权，存在名义股东不配合变更登记、办理显名手续等履行风险；名义股东转让代持股权，受让方若不符合善意取得条件，则无法取得股权；以股权转让形式实现隐名持股，除却转让方的变更登记义务，易出现“一股二卖”的情况；以股权代持方式实现担保股权转让，受让方以股权代持抗辩支付转让款。

(5)审批与限制风险点：因公司行业特性，未经审核报批，导致协议无效；因标的企业的特定经营范围，忽视准入与转让限制。

(6)纯粹财产移转股权转让风险点：转让方未尽告知义务，转让方未就标的股权相关信息及时、完整地披露；资产转让与股权转让混同，股权转让协议约定的应当是资产交接事宜，而非转让事宜；合作经营事项履行障碍，因约定不明或未经股东同意导致合作目的落空。

(7)股东矛盾退出股权转让风险点：退出形式不规范，仅以签订欠条、借款等方式表示退出；退出事项约定不明；退股后标的公司性质变化未予以重视，退股导致出现不符合《公司法》规定情形。

(8)资本引入股权转让风险点：入股形式不清，未厘清受让股权与认缴增资；以百分比计算股权，未考量增资引起的股权稀释；股权回购设置瑕疵；公司为股东就股权转让行为提供担保，未经股东会决议。

商业实操建议

(1)转让方应注重交易信息沟通披露，向交易对方披露可能影响股权交易成立与否、价格高低的各种因素，积极保持与受让方的信息交流，尽量采取书面形式以保证争议时协商交流过程的再现。应向标的公司其他股东披露对外股权转让事宜，书面征询转让意见以及是否行使优先购买权。

(2)为避免交易后期矛盾的凸显，股权受让方应当完善股权交易前期的尽职调查工作。

(3)明确股权转让的目的，侧重不同股权转让目的下股权转让条款的合理设置。在经营权转让为目的的场合，注意明确资产转让部分与股权转让部分的差异；在因股东矛盾退出的场合，选取规范的退出形式，避免与公司减资程序混淆；在以资本引入为目的的场合，注重借款、出资与股权转让的概念区分。

128. 新《公司法》对于股权转让的书面通知有哪些具体规定？

新《公司法》第 84 条第 2 款规定，股东向股东以外的人转让股权的，应当将股权转让的数量、价格、支付方式和期限等事项书面通知其他股东，其他股东在同等条件下有优先购买权。股东自接到书面通知之日起三十日内未答复的，视为放弃优先购买权。两个以上股东行使优先购买权的，协商确定各自的购买比例；协商不成的，按照转让时各自的出资比例行使优先购买权。之所以强调要“采取书面通知”，一是便于对股东间是否达成（同意对外转让等）合意进行判断，从而具备证据效力；二是当股权出让导致股东身份变化时，会引起后续的一系列法定程序的启动（如修改章程、变更公司的注册登记事项、向原审批机关办理变更审批手续等），而这些程序都需要以书面材料作为事实依据。《公司法司法解释（四）》第 17 条第 1 款规定将转让股东的通知方式进行了拓展。根据该规定，在认定转让股东是否恰当通知其他股东，除了转让股东直接向其他股东“点对点”地作出书面形式的通知外，还可以采取“其他能够确认收悉的合理方式通知其他股东”。

实践中，所谓“其他能够确认收悉的合理方式通知其他股东”，一般如下：(1)向其他股东发出公告，并且为其他股东所知晓。有的公司股东常年未在公司出现，转让股东也并不清楚该股东的住所和通信地址，要求转让股东逐一书面通知可能是勉为其难。此时，转让股东如果采取发布公告的形式告知有关内容，并且有证据证明其他股东知晓了该公告内容（比如其他股东在公告后就公告内容向转让股东或他人提出了异议或意见），就应当等同于书面通知之效果。(2)在诉讼、仲裁等法律程序中转让股东陈述股权对外转让事项，并且为其他股东所知晓。因诉讼、仲裁等法律程序具有正式性、规范性、严肃性等特点，所以转让股东在这类法律程序中作出的陈述，只要为其他股东所知晓，就应当推定履行了通知义务。(3)以口头方式通知其他股东，但有证据证明其他股东已经知晓。这种情况下，因通知的功能是完成信息传递，所以在信息传递已经准确完成的情况下，也应当视为转让股东已尽到通知义务。

现实案例

在北京市怀柔区人民法院审理的（2020）京 0116 民初 1313 号案件中，北京某食品科技公司章程规定，股东对外转让股权，应当经其他股东过半数同意。因此，要判断该项决议的效力，需要判断李某梅、李某涛对外转让股权是否征得了其他股东过半数同意。在李某梅、李某涛互相同意对外转让股权的情况下，需要确定张某春、张某对股权对外转让的意见。《公司法司法解释（四）》第 17 条规定，有限责任公司的股东向股东以外的人转让股权，应就其股权转让事项以书面或者其他能够确认收悉的合理方式通知其他股东征求同意。本案中，在通过邮寄方式向张某春、张某送达股权转让通知被退回后，李某梅、李某涛又采用公告方式向张某春、张某送达股权转让通知，作为有限责任公司的股东，本院认为其已经向其他股东尽到了通知义务。经审理判决：确认北京某食品科技有限公司于 2019 年 12 月 2 日作出的股东会决议有效。

商业实操建议

由于电子通信方式的发达，实践中对于实现通知的方式反而不太在意。但是某些特殊情况下，要确认完成了通知程序，采取新《公司法》等规定的书面通知方式的事情不容忽略。

129. 新《公司法》如何认定股权转让时股权变动效力发生的时点？

股权是一种《公司法》规定的、具有独立内涵的、包括财产权等多种权利在内的、新型综合性的独立权利形态。股权的变动直接关系到股权权益的归属及风险转移，因此，股权变动时间的确定非常重要。股权转让协议签订后，股权变更为受让方所有，由受让方取得股东资格，享有股东权利。根据《公司法》第 32 条、第 34 条的规定，公司应当将股东的姓名或者名称向公司登记机关登记；登记事项发生变更的，应当办理变更登记；未经登记或者变更登记的，不得对抗善意相对人。因此，股权变动的合同效力尽管在股权转让协议签订后已经生效，但还要注意及时办理变更登记，使其具备可以对抗善意相对人的效力。商业实践过程中，股权转让协议签订后，公司应当注销原股东的出资证明书，向新股东签发出资证明书，并相应地修改公司章程和股东名册中有关股东及其出资额的记载。受让方取得股权与公司向新股东签发的出资证明书、修改股东名册是有先后顺序的，不能简单将时间在后的公司股东名册变更、工商登记等作为判断股权变动发生效力的时点。

当然，股权转让的情形不同，股权变动效力发生的时点也会有所不同。如果向股东以外的第三方转让股权，在公司章程没有特殊规定的情况下，根据《公司法》规定，需征得半数以上其他股东同意，且其他股东应放弃优先购买权，才会发生股权变动的效力。为保障其他股东的优先购买权，股东与第三方签订股权转让协议应当履行上述程序，否则认定为尚未发生股权变动的法律效力。如果是股东之间相互转让股权，包括隐名股东之间转让股权，自股权转让协议生效时即发生股权变动效力。《公司法》对股权何时发生变动效力没有明确规定。为避免产生争议，可以在股权转让合同中约定股权发生变动的时间点，同时股权变动效力也是判定股权丧失风险由谁承担的时间点。

现实案例

公司内部股东之间股权转让或份额变更的约定应以工商登记为准吗？

在最高人民法院审理的（2016）最高法民终 806 号案件中，最高人民法院认为：尽管矿业公司在二审庭审中表示，基于工商登记其仍持有争议标的公司 90%的股权，温某源等并不实际持有 46%的股权，但本院认为，工商登记虽然具有对外公示的效力，其中记载的公司股东及相应股权份额信息，一般应作为法人对外交易之基准，但在公司内部涉及股东之间的纠纷中，法律并未明确规定未经工商登记的股权转让约定不产生效力。作为公司内部股东之间产生的民事法律关系，有关股权转让或份额变更的约定在股东之间一般自成立时起发生效力。因而，万凯峰公司内部产生的有关股权份额变动的约定以及决议，在全部股东签字确认达成一致的情况下，依法发生法律效力。即在争议标的公司内部，温某源等持有46%的股权，矿业公司持有54%的股权。矿业公司在本案中对此予以否认缺乏事实和法律依据，本院不予支持。

商业实操建议

(1)在签署《股权转让协议》前，受让方应督促并核查转让方履行《公司法》规定的通知义务、取得其他股东放弃优先购买权的声明、取得其他股东同意本次转让的股东会决议等书面材料。

(2)督促公司向其签发出资证明、变更股东名册(如有)、修改公司章程、办理工商变更登记。积极行使股东权利，履行股东义务，保留参加股东会的相关证据。

130. 股权转让过程中，能否采取措施规避其他股东的优先购买权？

优先购买权，通俗来讲指的是对交易中的产品享有优先购买的权利。在《公司法》领域中，“优先购买”的概念出现在有限责任公司的股东转让股权时，基于有限责任公司“人合性”的特点，其他内部股东享有优先购买的权利。根据《公司法》规定，有限责任公司的股东之间可以相互转让其全部或者部分股权。股东向股东以外的人转让股权，应当经其他股东过半数同意……经股东同意转让的股权，在同等条件下，其他股东有优先购买权……公司章程对股权转让另有规定的，从其规定。《公司法》规定其他股东享有优先购买权的目的在于：保障有限责任公司其他股东可以通过行使优先购买权实现对公司的控制权，体现了对有限责任公司“人合性”的维护和对老股东对公司贡献的承认。

现实案例

第一次小部分转让成为内部股东，第二次正常内部交易，这样可以有效规避优先购买权吗？

在浙江省高级人民法院审理的(2016)浙民申3249号案件中，沈某明持有乙公司89.685%的股权，拟转让给外部的甲公司。在第一次转让中，沈某明与甲公司协议，将乙公司0.15%的股权以270万元(与注册资本相比溢价30倍)转让，并行使了保障乙公司其他股东优先购买权的程序，在其他股东没有认购该股权的情况下，甲公司成为乙公司的股东。之后，由于甲公司已经成为股东，沈某明又将其余89.535%的股权以注册资本价格一次性内部转让。乙公司其他股东认为其优先购买权受到侵害，故向法院起诉。历经一审、二审和再审，再审高院认为，先以畸高价格转让少量股权，使受让方取得股东资格，再将大部分股权予以转让的做法，其目的是规避《公司法》有关股东优先购买权的规定。在公司的经营状况并未发生重大变化的情况下，前后两次股权转让存有密切关系，是一个完整的交易行为，因此认定侵害了其他股东的优先购买权。

商业实操建议

上述案例中的两次股权转让，虽然形式上符合法律规定，但是由于第一次转让时转让股权价格极高，两次转让时间间隔又极短，法院认为转让方和受让方是为了规避优先购买权。因此，综合来看，公司股东在对外转让股权时，其他股东的优先购买权是必须要考量的一个因素，应防止因侵害其他股东的优先购买权导致交易失败。

131. 股权转让过程中，股东出资协议与公司章程有冲突时该如何认定效力？

股东出资协议，是指企业出资人在出资过程中，为保证各股东的权利和义务而签署的协议。企业章程，包括了企业组织结构的基本框架、经营活动的基本职责，是各股东共同意思的一致表示，是公司的纲领性文件，相当于“公司宪法”。股东出资协议与企业章程内容存在相同之处，包括约定企业名称、注册资本、经营范围、股东出资与相应比例、出资形式等。通常情况下，企业章程是以出资协议为基础制定的，出资协议的内容也充分体现在企业章程中。股东出资协议与企业章程之间存在重要区别：(1)企业章程是必备文件，而企业股东出资协议则是任意性文件。(2)企业章程主要作用对象包括企业、企业内部组织机构、股东、员工等，而出资协议的作用范围仅限于股东。(3)效力期限不同。出资协议主要在企业设立时产生法律效力。企业章程的效力时限，主要从企业设立开始到企业解散和清算终止。

在股东协议与公司章程约定不一致时，通常根据“内外有别”的规则进行认定。在“内部”关系中，主要考虑是否存在优先适用条款、股东真实意思以及签署时间的先后。而在“外部”关系中，通常直接以具备公示效力的备案版公司章程为准。

现实案例

实践中，为了规避股东协议与备案版公司章程不一致可能引发的争议，股东协议中往往会有“后续公司进行工商备案的公司章程与本协议不一致的，以本协议为准”的约定，或者公司章程中往往会有“股东间签署的股东协议与本章程不一致的，以本章程为准”之类的表述。通常情形下，法院会直接以该条款为依据，认定相关争议问题应以约定的文件为准。在河南省郑州市中级人民法院审理的（2021）豫01民终8685号河南某新能源技术有限公司与郭某田公司决议纠纷案件中，郑州市中级人民法院认为："本案中，《合作协议》是新能源技术公司发起人宋某群、郭某田为设立公司而签订的设立协议。双方在该协议中明确约定禁止郭某田与公司有同业竞争行为，否则公司股东会有权将其除名……而之后制定的新能源技术公司章程实际上亦是股东郭某田、宋某群之间达成的合意，属于合同约定。其内容中虽未再载有上述除名条款，但结合《合作协议》约定的'本协议与后续成立的新公司和持股平台公司的章程不一致的，以本协议为准'的内容，应认定相关除名条款对各缔约股东依然具有规范和约束的效力。"

商业实操建议

股东协议与公司章程作为公司股东之间的重要文件，也是容易产生争议的法律文件，从开始的制定到最后的实施均会出现各种各样的法律问题。实务中，为避免不必要的纠纷，建议尽量保持股东协议与公司章程的一致性。如出于工商部门的要求确实无法保持一致的，则建议各方应根据真实意思在相应文件中增加优先适用条款。此外，由于涉及外部关系的条款通常只能以公司章程为准，建议可在股东协议中事先增加相应的救济条款。

132. 应当报批没有报批，或者已报批但未获批准的股权转让合同能否生效?

不能生效。但是可以申请继续履行、承担赔偿责任等救济手段。

通常情况下，如果双方具备民事行为能力且内容合法，那么一般合同的订立经过双方合意即可成立。但是也存在一些特殊情况。法律、行政法规规定了一些特殊类型的合同需要依法办理行政审批手续。比如,在外商投资企业设立、变更等过程中订立的合同,以及转让全部国有股权或者转让部分国有股权致使国家不再拥有控股地位的合同等。根据《最高人民法院关于审理外商投资企业纠纷案件若干问题的规定(一)》第 1 条规定,当事人在外商投资企业设立、变更等过程中订立的合同,依法律、行政法规的规定应当经外商投资企业审批机关批准后才生效的,自批准之日起生效;未经批准的,人民法院应当认定该合同未生效。当事人请求确认该合同无效的,人民法院不予支持。前款所述合同因未经批准而被认定未生效的,不影响合同中当事人履行报批义务条款及因该报批义务而设定的相关条款的效力。因此,未经审批的股权转让合同成立但未生效,如最终未获审批机关批准,则受让方可起诉请求转让股东返还其已支付转让款,并请求赔偿相关损失。

现实案例

在业界非常有名的案例——“陈某树与云南红塔集团有限公司一般股权转让侵权纠纷案”中,2009 年 9 月 10 日,红塔集团有限公司与陈某树签订了《股份转让协议》,约定红塔集团有限公司将其持有的云南白药集团的本案争议股份全部转让给陈某树。但在 2012 年 1 月 17 日,中烟总公司作出《关于不同意云南红塔集团有限公司转让所持云南白药集团股份有限公司股份事项的批复》,载明“不同意本次股份转让”。依据该批复意见,云南中烟公司和红塔集团有限公司也作出了不同意本次股份转让的相关批复。经法院审理认为,本案所涉《股份转让协议》依法属于应当办理批准手续的合同,需经财政部批准才能生效。但因云南红塔集团有限公司上级主管部门中国烟草总公司不同意本次股权转让,报批程序已经结束,《股份转让协议》已确定无法得到有权机关批准,故应依法认定为不生效合同。因《股份转让协议》未生效,二审判决参照《合同法》第 59 条关于“合同无效或者被撤销后,因该合同取得的财产,应当予以返还”的规定,判令红塔集团有限公司负有返还财产的义务。返还财产旨在使财产关系恢复到合同订立前的状态，其范围应包含本金及利息，二审判决判令红塔集团有限公司按照银行同期贷款利率计算利息返还陈某树并无不当，对陈某树要求更改利息为赔偿损失的主张，不予支持。

商业实操建议

在实务中，相应的股权转让合同务必设计好付款流程和股权交割的时间节点，确保股权转让款的支付方式以及股权转让的审批。当事人可通过银行共管账户的模式，将股权转让款汇入双方共同监管的资金共管账户，股权转让合同获得批准且股权变更完成后，再将该股权转让款释放汇入转让方账户。在未支付股权转让款的情况下，拟转让股权的原股东就有动力协助并促成办理完成相关审批、过户等手续。

若因对方应当报批而未报批产生的违约救济，如何进行呢？根据最高人民法院发布的《民法典合同编通则司法解释》第 12 条的规定：合同依法成立后，负有报批义务的当事人不履行报批义务或者履行报批义务不符合合同的约定或者法律、行政法规的规定，对方请求其继续履行报批义务的，人民法院应予支持；对方主张解除合同并请求其承担违反报批义务的赔偿责任的，人民法院应予支持。人民法院判决当事人一方履行报批义务后，其仍不履行，对方主张解除合同并参照违反合同的违约责任请求其承担赔偿责任的，人民法院应予支持。合同获得批准前，当事人一方起诉请求对方履行合同约定的主要义务，经释明后拒绝变更诉讼请求的，人民法院应当判决驳回其诉讼请求，但是不影响其另行提起诉讼。负有报批义务的当事人已经办理申请批准等手续或者已经履行生效判决确定的报批义务，批准机关决定不予批准，对方请求其承担赔偿责任的，人民法院不予支持。但是，因迟延履行报批义务等可归责于当事人的原因导致合同未获批准，对方请求赔偿因此受到的损失的，人民法院应当依据《民法典》第 157 条的规定处理。

133. 夫妻一方代签的股权转让合同的效力应当如何认定?

股权转让合同中,股东家庭成员的代签行为在没有取得股东明确授权和事后追认的情况下,属于无权代理,但还应考察该行为是否构成表见代理。股权虽然具有人身属性,但是夫妻、父子关系作为特殊社会关系,在其中一方处置另一方所有且如此巨大的财产时,另一方完全不知情,不符合日常经验法则,此时应结合案件的相关事实进行综合判断。如因被代理人容忍家庭成员作为其代理人出现,股权受让方有理由相信代股东签字的行为人有代理权,则构成容忍型表见代理。容忍代理是表见代理的一种,它要符合表见代理的几个基本要件,即行为人没有代理权;有使相对人相信行为人具有代理权的理由;相对人出于善意并且没有过失;行为人与相对人之间的民事行为具备民事行为的有效要件。然而,容忍代理与普通表见代理还是有不同之处的,它要符合一些特殊要件:一是被代理人在主观上存在对无权代理的行为进行容忍的故意;二是代理权外观来源于被代理人的容忍行为,而无须来源于其他客观事实;三是相对人知道代理人长期存在的行为和被代理人的容忍。

现实案例

在最高人民法院审理的(2019)最高法民终424号案件中,2016年8月22日,志成公司(甲方)与宝玉公司(乙方)签订协议书,约定将甲方的全部股权转让给乙方。协议有志成公司、宝玉公司的公章,以及志成公司股东王某、徐某、李某1和宝玉公司股东李某2、千某的签名,其中徐某的签名由其丈夫马某代签,王某、李某1的签名由王某的丈夫陈某代签。2016年11月26日,志成公司(甲方)与宝玉公司(乙方)再次签订协议书,约定甲方将两栋楼(连同甲方公司及股权)一并转让给乙方,落款处盖有甲、乙双方的公章及双方股东徐某、王某、李某 1、李某 2、千某的签名,其中徐某的签名由其丈夫马某代签,王某、李某 1 的签名由王某的丈夫陈某代签。2017 年 5 月 27 日,志成公司向宝玉公司发送解除通知,要求解除 2016 年 11 月 26 日签订的协议书。宝玉公司、李某 2、千某向海南省高级人民法院起诉。海南省高级人民法院经审理,判决确认 2016 年 11 月 26 日签订的协议书无效,驳回宝玉公司、李某 2、千某的全部诉讼请求。宝玉公司、李某 2、千某不服,向最高人民法院提起上诉,请求撤销原审判决,改判支持其一审全部诉讼请求。最高人民法院最终判决:撤销海南高院一审判决,确认协议书合法有效,各方应继续履行。

商业实操建议

在股权的转让中,股东的家庭成员代签行为,如果没有取得股东的明确授权,一般属于无权代理,但是,这里还要考虑该行为是否构成表见代理。如果被代理人容忍家庭成员作为自己的代理人,那么股权的受让方就有理由相信代股东签字的行为人有代理权,此时构成容忍型表见代理。也就意味着当股东不同意时,应当通过通知、发函等方式提出异议,及时制止配偶或家庭成员对其股权的处分行为,否则其不同意也不反对的行为会被认定为表见代理的权利外观,从而使无权代理构成表见代理,最终由相对人取得股权。

134. 隐名股东能否转让自己的股权?隐名股东对外签署《股权转让协议》有效吗?

隐名股东提供相关证据,证明其实际持有公司股权,最终被认定为实际出资人。同时,隐名股东可以以自己的名义对外转让股权,如转让股权的意思表示真实，且不违反法律、行政法规的强制性规定，则签订的股权转让协议合法有效。受让第三人明知隐名股东身份情形，且显名股东对于隐名股东身份情形、隐名股东转让其股权的行为未提出异议，该转让行为应发生法律效力。

现实案例

最高人民法院审理的（2016）最高法民终18号案件中，毛某随与煤炭公司签订《股权认购协议书》，该协议确定毛某随占该公司12%的股权。2013年12月28日，毛某随与焦某成签订《股权转让合同》，焦某作为担保人，合同约定将毛某随拥有的煤炭公司12%的股权转让给焦某成。2014年12月6日毛某随与焦某成、焦某、煤炭公司签订了《补充协议书》，约定：各方认同2013年12月28日签订的《股权转让合同》全部条款内容合法有效，焦某与煤炭公司为焦某成的全部债务提供连带责任保证。后因焦某成未支付转让款，毛某随诉至法院。辽宁省高级人民法院判决焦某成支付股权转让价款及违约金，焦某、煤炭公司承担连带责任。被告不服，向最高人民法院提起上诉。经审理认为，该转让合同涉及隐名股东即实际出资人转让股权的效力问题。因此，毛某随在满足一定条件下，可以依法转让该股权。在明知毛某随为隐名股东的情形下，焦某成与毛某随之间转让该12%股权的行为依法成立。根据本案的实际情况，煤炭公司就该转让行为不但未提出异议，而且在2014年12月6日的《补充协议书》中承诺承担连带保证责任，并出具了《担保书》。此外，亦未见煤炭公司的其他时任登记股东提出任何异议。因此，焦某成与毛某随之间签订的《股权转让合同》合法有效。

商业实操建议

隐名股东对外转让股权时，需要重点关注隐名股东的身份披露和显名股东的同意。

(1)建议隐名股东在对外转让股权之前通知公司的其他股东,若其他股东放弃优先购买权,再对外转让股权。

(2)建议与受让第三人签署股权转让协议时,披露隐名股东的身份及代持人员的身份信息。签署股权转让协议时,由代持人员和隐名股东共同签名盖章。

135. 股权变更需要注意方式:增资还是股权转让?

股权的变更无论如何复杂,都离不开两种形式:增资和股权转让。增资扩股是指企业向社会募集股份、发行股票、新股东投资入股或原股东增加投资扩大股权,从而增加企业的资本金。对于有限责任公司来说,增资扩股一般指企业增加注册资本,增加的部分由新股东认购或新股东与老股东共同认购,企业的经济实力增强,并可以用增加的注册资本,投资于必要的项目。股权转让指公司股东依法将自己的股权让渡给他人,使他人成为公司股东的民事法律行为。股权转让是股东行使股权经常而普遍的方式,我国《公司法》规定股东有权通过法定方式转让其全部或部分股权。

两者之间存在一定的区别:(1)资金的受让方不同:增资扩股中获得资金的是公司,资金的性质是公司的资本金;股权转让的资金由股权受让方受领,资金的性质是股权转让的对价。(2)出资完成后,公司的注册资本的变化不同:增资扩股后,公司的注册资本必然发生变化。股权转让后,公司的注册资本并不发生改变。(3)投资人对公司的权利义务不同:增资扩股中的投资人是否与原始股东一样,承担投资之前的义务,需由协议各方进行约定。投资人对于其加入公司前的义务承担具有可选择性;股权转让后,投资人取得公司股东地位的同时,不但继承了原股东在公司的权利,也应当承担原股东相应的义务,其承担义务是无条件的。(4)表决程序采取的规则不同:增资扩股是公司资本运营过程中的内部决策问题,采用的是“资本多数决”;股权对外转让系股东处分个人的财产权,适用的是“股东多数决”。(5)对公司影响不同:增资扩股主要涉及公司的发展规划及运营决策,注重保护的是公司的资合性;股权转让导致股东变化,但公司的注册资本并没有增加或减少,《公司法》对股权对外转让的限制规定注重保护的是公司的人合性。

商业实操建议

(1)建议通过增资扩股方式入股公司的股东在入股前做好必备的尽职调查,以确认拟入股企业是否有大额隐性债务或风险,并衡量增资所支付的溢价与公司前景及估值是否匹配。

(2)建议通过股权转让入股公司的股东,需明确受让部分股权是否已经实缴,实缴期限是否已过,以及未实缴如何处理等。

(3)无论是增资扩股或股权转让,入股前应取得公司章程,确定其章程中对增资或股权对外转让是否有高于法律限制的约定,在根据章程约定履行增资或转股程序后入股。

136. 公司应当如何规范地减少注册资本?

公司减资绝不是简单的减法题。公司减资是指公司资本过剩或亏损严重,根据经营业务的实际情况,依法减少注册资本金的行为。公司减资有其原因:一方面,长期以来,我国公司注册资本的高低往往是判断公司实力大小的最直接依据,因此很多创业公司股东会认为注册资本越多越好,但事实上认缴的资本并非无须缴纳,只是可以约定更长的时间再缴。所以,部分股东选择将注册资本调低,办理减资手续。另一方面,很多创业公司都希望像华为一样用公司股权凝聚人心,当发现股权已经分配完毕,就会采用股权回购的方式,因公司不能长期持有自身股份,所以选择减资。此外,若公司无盈余可分,股东为了创造条件,也可通过减资程序促使分配条件得以成就。

减资理由虽然合理,但权利不可随意行使。我国《公司法》虽然赋予了公司减资的权利,但同时规定了严格的减资程序。我国新《公司法》第224条规定:公司减少注册资本,应当编制资产负债表及财产清单。公司应当自股东会作出减少注册资本决议之日起10日内通知债权人,并于30日内在报纸上或者国家企业信用信息公示系统公告。债权人自接到通知之日起30日内,未接到通知的自公告之日起45日内,有权要求公司清偿债务或者提供相应的担保。此外,根据《公司法》规定,公司减资需要履行以下五项必经程序:(1)董事会制订减资方案,提交股东会;(2)股东会作出减资决议;(3)董事会组织公司财务部门及其他职能部门编制资产负债表和财产清单;(4)向债权人通知和公告,公司进行债务清偿或提供担保,确保债权人对减资无异议;(5)至工商、税务部门办理工商、税务变更登记手续。

因此,减资不只是一道简单的减法题,需要对减资的原因、条件、程序等充分了解,做到规范减资不违法。

现实案例

最高人民法院审理的(2008)民二他字第2号函案件中,1993年8月,建筑公司注册资金5000万元,实际投资150万元,主管部门为管委会。1998年12月,其主管部门变更为开发公司,新老主管部门在提交工商登记部门的变更协议中约定,建筑公司变更主管部门后,其"变更前后一切债权债务均由开发公司承担"。随后,建筑公司将注册资金核减为200万元,但未通知债权人,亦未进行公告。2005年,银行在依生效法律文书对建筑公司执行未果情况下,从执行法院取得债权凭证,起诉开发公司要求其承担补充赔偿责任。法院认为:(1)依《公司法》和《公司登记管理条例》[①],公司减资必须通知债权人并依法进行公告,其目的就是保证债权人能及时了解企业情况,及

① 原条例已失效,现已迭代更新为《市场主体登记管理条例》。

时申报债权,以便充分保护债权人利益。(2)开发公司在对建筑公司进行减资时,既未通知本案债权人,也未依法进行公告。造成债权人不能及时申报债权,建筑公司债权债务亦不能及时进行清理,其行为已构成对本案债权人权益的侵害,故债权人银行可以此主张权益。何况,上述协议已载于公司登记机关,具有公示性,产生了对公允诺之法律后果,故开发公司应在原主管部门出资不实范围内对建筑公司的债务承担补充民事责任。

商业实操建议

(1)公司减资是股东会决议事项,并且必须经代表2/3以上表决权的股东通过方可生效;实务中,不能以董事会决议替代股东会决议,并且公司章程还可以约定更高的表决通过比例。

(2)资本不变原则要求公司资本一经确定,不得随意改变,如需减资,必须严格按照法定程序进行,否则可能因程序瑕疵导致减资无效,从而影响股东的相关权益。

(3)公司减资时,通知债权人和公告是两个并列的程序,缺一不可;对于已知或应知的债权人应当履行先行通知义务,不能在未先行通知的情况下直接以登报公告的形式替代通知义务。

137. 公司减少注册资本的行为对债权人发生效力吗?

从法院审判实践来看,不规范的减资程序特别是未通知债权人的公司减资行为,难以对债权人发生效力,还可能引发诉讼风险。公司减资未通知债权人,亦未依法进行公告,造成债权人不能及时申报债权,公司债权债务也不能及时进行清理的话,减资行为会构成对债权人权益的侵害。因此,公司未采取及时有效的方式将减资决议通知债权人,将导致债权人无法在公司责任财产减少之前作出相应的权衡及利益选择,则债权人在公司财产不足以清偿债务时，有权主张公司违反减资程序规定，要求股东在公司减资范围内对债务承担补充清偿责任。

现实案例

公司减资未通知债权人，股东是否要承担责任？

公司减资未依法通知债权人的，有过错的股东应在减资范围内对公司无法清偿的债务承担补充赔偿责任。如上海市高级人民法院审理的(2020)沪民再28号案件中，博达公司与梅斯公司于2015年10月至2016年1月期间签订供货合同，约定梅斯公司向博达公司购买货物，货款合计810万元，货到后4个月内付清。合同签订后，博达公司向梅斯公司送达了货物。但梅斯公司尚拖欠货款50万元一直怠于支付，博达公司无奈起诉至法院要求梅斯公司支付欠付的货款50万元，同时要求梅斯公司股东杨某、陈某对梅斯公司的债务在1000万元限额内承担连带清偿责任。本案的核心争议在于，杨某林、陈某兰是否应就梅斯公司减资未通知债权人承担责任。对此，上海市高级人民法院认为：首先，虽然《公司法》(2018年修订版)第177条规定公司减资时的通知义务人是公司，但是公司减资系股东会决议的结果。因此，公司减资未通知债权人的，股东属于未尽合理注意义务，具有过错。其次，由于梅斯公司不当减资，使其债务清偿能力降低，对债权人博达公司的债权造成了实际损害，产生了与股东抽逃出资一样的法律后果。综上，杨某林、陈某兰应在减资范围内对梅斯公司的债务向博达公司承担补充赔偿责任。

商业实操建议

在实务中，对于公司减资行为不能轻视，公司应当规范减资通知程序，明确通知相关主体，股东负有督促公司通知债权人的合理注意义务。特别是要注意通知方式，对已知的、明确的债权人，公司必须以书面方式进行通知。

138. 股东能否随便撤资？在什么情况下才可以撤资？

股东撤资不仅会导致企业经营不稳定，还会损害债权人的合法权益。因此，企业经营过程中，股东不可以随便撤资。实际经营过程中，股东撤资可以通过以下四种合法方式实现：(1)股权转让。这是股东撤资最简便的方法。其股权可以转让给其他股东或股东以外的人，但转让给股东以外的人需半数以上的股东同意。(2)减少注册资本注销股份。通过企业减资方式撤资，也是合法的撤资方式。但在减少注册资本的时候，必须履行一定的议事程序和表决程序，还要进行公告，通知债权人。(3)企业回购。企业发展的过程中，不可避免地会出现企业经营策略与个人意志相悖的情况。根据协议的约定以及法律和章程的规定，股东可以要求企业回购其股权。(4)清算。清算是通过解散企业或者是破产清算，对财产进行回收的方法。除非企业已没有办法正常经营，否则这种方法很少被使用。无论通过何种方式，股东撤资时，企业都不能贪图方便直接将出资额退给股东。否则股东涉嫌抽逃出资，企业也会面临罚款，股东个人还要承担相应的法律责任。

现实案例

公司股东能否以与公司解除劳动合同为由主张撤资？

公司成立后，股东不得抽逃出资。若股东符合撤资条件的，可以撤回出资。但股东与公司劳动关系的终止，不是其撤回出资的法定事由，并不导致其股东身份的消灭，除非公司章程规定某股东的身份以其与公司存在劳动关系为条件。如淄博市临淄区人民法院发布的案例中，原告刘某清向淄博市临淄区人民法院起诉称：被告某公司改制时要求原告刘某清出资 13,241 元作为出资股份，现原告刘某清与被告某公司通过劳动仲裁解除劳动合同时间为 2021 年 11 月 25 日，为此诉求：被告某公司支付原告刘某清公司出资款 13,241 元。淄博市临淄区人民法院经审理查明：被告某公司于 1996 年 1 月 4 日注册成立，原告刘某清原系被告某公司职工，其于 2000 年 6 月出资 13,241 元成为被告某公司股东之一。2022 年 1 月 14 日，原告刘某清申请仲裁，要求与被告某公司解除劳动合同，经临淄区劳动人事争议仲裁委员会仲裁，双方于 2021 年 11 月 25 日解除劳动合同。淄博市临淄区人民法院一审判决：驳回原告刘某清的诉讼请求。

商业实操建议

实务中，常见的股权退出方式主要包括股权转让、撤资减资、解散清算等。不同的退出方式，涉及的企业所得税处理规则存在明显差异。对企业来说，如果撤资收回的金额，小于初始投资成本加上被投资企业累计未分配利润和累计盈余公积金按减少实收资本比例计算的部分之和，先分配再撤资或许是一种更好的策略。股东撤资的路径相对比较固定，主要有股权转让、减资、公司回购几种方式。无论转让还是回购，都需要双方同意，否则即使意愿再强烈也无法退出。在保证双方都同意后，还需要按照约定履行相关退出机制和议事程序。

139. 股权收购需要注意些什么？

每个企业的特点和经营状况各有不同，股权收购属于企业重大事务，很可能会影响到企业未来发展状况。因此，收购方进行股权收购时，需注意以下事项：

（1）明确标的公司股权结构。收购方在签订收购合同前，应通过审阅公司章程、董事会、股东会决议等必要文件，深入考察公司股权主体，确保股权转让的主体拥有股权。还需注意，如果是向股东以外的第三人转让出资，股权主体必须经过其他股东的过半数同意。

（2）进行资产评估。对确认转让的股权份额，收购方应聘请国家认可的资产评估机构对相关资产进行评估，并出具权威的评估报告。

（3）调查公司债务情况。收购方不仅需要一一核查正在履行的所有合同，还需注意标的公司签订是否有保证性条款或连带责任。如果有相应债务的话，应由公司原股东承担。

（4）注册资金出资情况。签订收购合同前，收购方应查清公司注册资金是认缴还是实缴。

（5）明确权利义务。收购合同必须明确收购双方的权利和义务，并对标的企业的资产、经营状况、债务情况等进行说明。

（6）交接与变更。签订股权收购合同后，标的公司应尽快协助收购方完成工商变更登记，对接印章、财务资料、办公场所等实物。

商业实操建议

股权收购是企业大事，在制定收购战略、初步谈判、尽职调查、正式谈判签约和实施收购阶段等都要注意法律风险的防范。要落到细节上，具体措施包括：（1）重视尽职调查。通过尽职调查了解交易对手，评价标的业务或资产的内在价值，评估商业风险、财务风险和法律风险，为正式谈判及设计交易路径、交易模式做准备。（2）做好收购方案的设计以及《股权转让协议》的条款设计。（3）在可能的情况下，收购方可要求出让方就相关责任提供担保。

140. 股权投资有哪些价值？有哪些常见类型？

我国拥有数千家的上市企业，很大比例都是通过股权融资而成功上市。近年来，百度、阿里巴巴、腾讯等头部企业，均在多轮股权融资下迅速壮大。股权投资之所以如此盛行，是因为其具有极大价值和良好前景：（1）对投资者的价值。投资者投资的目的是获取回报。选择初创企业投资,在企业快速发展后,投资者将可能获得超过预期的高回报。由于初创企业的发展前景具有不确定性,投资者也面对很大风险。此时,通过股权投资方式获得企业的部分股权,对投资者能起到一定的保障作用。投资者成为企业股东后,还能在一定程度上参与经营管理,与企业结成利益共同体,利用其优秀的管理经验为企业发展保驾护航。(2)对企业的价值。初创企业想要上市,必须具备一定市场规模、盈利能力和完善治理结构,以符合上市的基本要求。这些目标都离不开资金的支持。初创企业如能顺利获得融资,就更容易在激烈的市场竞争中赢得先机。但初创企业的规模相对较小,融资能力相对较弱,通过让渡部分股权以获得投资者的投资,有利于企业的快速发展。同时,企业也能借助投资者的管理经验,完善企业治理结构。(3)对市场的价值。股权投资,为企业和投资者找到了相互促进和弥补的"双赢"模式,为企业引进了畅通的融资渠道,让投资者在投资企业的时候没有了后顾之忧。与民间借贷或银行贷款等传统融资方式相比,股权融资的程序相对简便、额度相对较大、利息代价相对较少,更容易为企业和投资者所接受。投资者投资企业后,为自身利益保障,必然也会尽心扶持企业的发展,如此一来,对良好市场投资环境的形成也有正面意义。

股权投资中,投资方和融资方都希望能在资源有效利用的基础上获得利益的最大化。企业的长期健康快速发展,是实现"双赢"的根本,而企业各方控制人的决策,对企业发展也有着至关重要的作用。由于股权投资涉及多方关注,更应做好相关平衡。根据投资人对企业股权的参与和控制程度的不同,股权投资可分为以下几种类型:(1)控制。即投资人在企业的股权达到"控制"的程度,对企业的财务管理和经营策略等有着决定的权力,并能凭借决定权在企业经营活动中获取利益。这需要投资人的股权控制占比达到"相对控制线"51%以上,或者"绝对控制线"67%以上。(2)共同控制。共同控制是指股权投资人没有对企业达到控制的程度,但根据投资人与企业或者股东的合同约定,投资人有权对企业的某项重大经济活动有着共同的决策权。现实中,股东不愿将自己对企业的控制权拱手让人,但在实施某项重大的经营活动时又需要资金支持,可以采取共同控制的模式解决投资人与融资人的需求。(3)重大影响。即投资人对企业财务和经营等事项的控制权未达到控制的程度,但有着参与决策的权利,在企业的股东会中具有一定的话语权。这种投资人与融资人"势均力敌"的股权控制程度,虽然短期内解决了企业的融资难题,但也可能为企业后来的控制权之争埋下隐患,创始人被投资人踢出局的也屡见不鲜。(4)无控制权也无重大影响。投资人对企业的投资不以对企业的控制和施加影响为目的,是基于对企业盈利能力的信任,相信对企业的股权投资能为其带来丰厚回报,或者企业的规模较大,投资者的投资额达不到控制、影响企业的程度。

商业实操建议

无论做何种投资,资产配置的理念必须先行一步。经济发展到一定阶段之后,发展动力将从传统行业转移至新型行业,而股权投资将会是捕捉新型发展机会的重要方式。建议在确认投资前,把握私募股权投资基金合同的基本框架和思路。为了相对快速地把握私募股权投资基金合同的基本框架和思路,必须要将基金的介绍材料与协议文本交叉比对阅读,具体可以分成三大步骤:理解标的基金的基本投资逻辑;了解标的基金的投资结构;在了解基金策略和结构基础上,将合同结构进行拆分阅读。

141. 股权投资有哪些风险?应当坚持怎样的风险控制策略?

市场投资波诡云谲,隐藏着巨大的风险,股权投资也不例外。正确了解股权投资的风险,及时做好风险控制,对投资者和融资者都是非常必要的功课。下面为大家介绍股权投资的五大风险和相应的控制策略:

(1)法律风险。其主要内容为保证资金安全和保证收益率等条款不受法律保护;科技型企业中知识产权持有情况的变动,可能会影响资金的投资意向,产生违约风险;投资者与融资者关于股权变动的约定可能违反《公司法》等规定;其他日常经营中诸如劳动纠纷等法律纠纷。控制策略为,聘请律师等专业人士,做好投资合同的合规性审查;合理制定违约责任条款,厘定双方的权利义务;及时保存相关证据,合理解决纠纷。

(2)投资决策风险。其主要内容为投资项目定位不准,对企业发展情况、企业所处行业周期发展情况等了解不足,盲目投资引发未知风险;投资决策程序瑕疵,在投资前的背景调查、财务审计等环节存在不足,影响投资者的投资决策。控制策略为加大对投资企业情况的了解力度,通过审计所、律所等专业机构对企业进行全面的梳理分析。

(3)企业经营风险。主要有企业经营的外在风险,如所处行业市场大环境发生变化,经济危机、金融危机带来的市场整体衰退等;企业经营的内部风险,如企业的管理层发生不稳定事件,企业陷入内耗;以及企业控制人经营策略的重大转变等。控制策略为尽量选择投资管理团队稳定、股权架构清晰的企业;加大对企业的控制力度,以及加大对企业决策、经营的参与度。

(4)资本市场风险。其主要内容为资本市场的货币政策、财政政策、金融政策、产业政策的突然转向,如为加强房地产行业的调控,对房地产企业银行信贷政策的重大调整给高负债房地产企业带来的冲击。控制策略为通过及时了解相关政策的变化,制定相应的预案和应急方案;及时调整投资以适应政策的变动。

(5)执行风险。其主要内容为股权退出机制的不完善产生的风险;由于股权投资的周期一般较长,在约定的时间内完成或者未完成相应的业绩或者上市目标,容易产生相应的股权退出纠纷;由于股权投资涉及工商登记、证交所审查、外汇管理等程序,手续烦琐、耗时长、专业程度高,也会影响到投资的时间成本和回报周期。控制策略为完善相应的股权退出机制,预防纠纷的发生;熟悉相关法律法规和规定的要求,或者聘请专业机构,准备好相应的材料备查。

现实案例

2008 年,随着国际金融危机的爆发,俏江南为缓解资金压力,9 月 30 日,与鼎晖创投签署增资协议，由鼎晖注资约合 2 亿元人民币，占有其中 10.526%的股权。要求俏江南在 2012 年底前上市，并签下对赌协议。4 年后，因多方面原因，俏江南未能如约上市，触发协议中的条款，使得鼎晖创投将股权卖给 CVC。创始人张兰的股权直接由 89.48%变成 13.8%，至此，创始人彻底丧失对公司的控制权。

商业实操建议

资本市场是一把“双刃剑”，掌控有度可以使企业如虎添翼，稍有不慎便可能对企业造成巨大伤害。股权投资者应加强对风险的认知，提前准备对应的控制策略，确保投资的安全性和投资的回报率。

142. 股权融资过程中，如何有效避免失去控制权？

股权融资最大的风险是创始人股东股权被稀释，控制权逐渐丧失，按股权占比，分为 34%、51%、67%等不同的控制线。但现实中，即使企业的关键股东没有获得这样的股权比例，也能通过一致行动人、委托投票权、AB 股、设置有限合伙企业等方式，牢牢掌握控制权。股权融资风险控制有四种方式：(1)委托投票权，即创始股东在取得其他股东同意的基础上，取得其他股东的投票委托权，实现对企业的控制；(2)一致行动协议，即小股东股权占比较小，但可以联合股东签署一致行动协议，约定在企业的某项重大决策投票中，一致通过相同的决议，达到对企业实际控制的效果；(3)合伙人制度，即提名董事的人选，控制董事会从而控制企业；(4)AB 股模式，即 B 股享有多于普通股的表决权。

现实案例

经过多轮融资，在港股上市前，京东的股权结构如下：刘强东占 14.7%、腾讯占 17.8%、沃尔玛占 9.8%、其他股东占 57.7%。由此看来,刘强东在京东的股权占比并不高,但他却掌握了京东这个“巨无霸”的实际控制权。刘强东掌控京东靠的是以下几个绝招:首先是优先股。优先股对公司的资产、利润等具有优先分配权,但对公司的事务没有表决权,优先股的股东也没有选举权和被选举权,对公司的经营业务也没有参与权,优先股股东不能退股,只能通过公司赎回。其次是委托投票权。京东在后续的普通股发售过程中,刘强东要求投资人将投票权排他性地委托给他的两家 BVI 公司。在京东上市前,刘强东通过这两家 BVI 公司掌握了京东 13.74 亿股的投票权,正是通过这种方式,刘强东无可争议地掌握着公司的绝大部分投票权。最后是双层投票权(AB 股)。为彻底解决控制权的问题,在京东上市后,刘强东仿效大型互联网公司谷歌、百度的做法,采取 AB 股制度。将其持有的股份转为 B 类股,每股拥有 20 份投票权,而其他投资人持有的为 A 类股,每股只有 1 份投票权。通过这种方式,刘强东拥有的投票权超过 50%,自然实现了对公司的掌控。多轮的企业融资,天然带来的风险是稀释了创始人的股权和控制权。但股权少不代表对公司控制权的丧失,刘强东的企业“控制术”,为广大的创始人做了很好的示范。作为创始人,既想要获得融资,又不想失去对企业的控制权,或许能从京东的案例中获得一些启示。

商业实操建议

实务中,可以从企业表决权掌控的角度实现对股权融资风险的把控,但并不仅限于上述的四种方式。具体采取何种方式,需要根据企业的特点、当地法律规定等因素由创始人明智选择。

143. 公司接受投资时,新老股东如何重新计算自己的股权比例?

从初创公司到上市的过程中,企业可能会经历多轮融资。从种子轮到天使轮,再到A轮、B轮、C轮等,公司在获得资本加持的过程中也会相应支付股权作为对价,每一轮融资后公司的股权结构都会发生变化。对于新老股东而言,如何计算公司融资后自身持有的股权占比呢?

一般而言,种子轮时期创始股东的持股比例非常容易确定,货币出资的最简单明了,土地、知识产权等非货币出资的需要进行评估,确认好各方的出资金额,各位股东的股权占比也就非常清楚了。种子轮之后的每一轮融资都会涉及新老股东的关系,需要在融资时点对于企业估值进行确认。既有可能是溢价入股,也有可能是平价入股,甚至折价入股。原则上是一道乘法题,对于新股东而言,相比于老股东,同样的出资金额可能获得的股权比例并不相同,老股东的股权占比相应会有稀释。

较为常见的溢价入股的情况如下:初创公司注册资本100万元,三位老股东的股权分别占比70%(认缴70万元)、20%(认缴20万元)和10%(认缴10万元)。经历一年经营后,新投资人李四想要加入公司。经协商确定公司投前估值180万元,那么李四投资20万元,按照"投资额/公司投后估值"计算仅能获得10%的股权,三位老股东的股权占比分别同比例稀释为63%、18%、9%。具体计算过程为:假设李四投资的20万元中有"×万元"进入公司注册资本,增资后公司注册资本金为100万元+×,李四的投资占比为×÷(100万元+×)=10%,得出×=11.1111万元。因此本次增资后,公司注册资本变更为111.1111万元。三位老股东的原始认缴出资÷111.1111万元可以得出增资后的股权占比,分别为63%、18%、9%。我们建议持股比例精确至小数点后四位,这是工商登记可以实现的最精确程度。至于李四投资款的20万元,扣除11.1111万元的增资款后,剩余的资金将进入公司资本公积金。

现实案例

滴滴于2012年9月在北京正式上线,从2012年到2021年上市前夕,一路走来在一级市场共融资23次。2012年7月,滴滴获得天使投资人王刚的数百万元人民币投资,7月10日成立北京小桔科技有限公司,经过3个月的准备与司机端的推广,9月9日在北京上线。当年12月,滴滴打车获得了A

轮金沙江创投300万美元的融资。2013年4月完成B轮融资,由经纬中国及腾讯投资1500万美元。随后滴滴快速占领打车市场,据当年10月艾瑞集团发布的打车软件行业报告,滴滴占打车软件市场份额59.4%,超过其他所有打车软件市场份额之和。2014年完成C轮、D轮融资,共计约8亿美元。2014年3月,滴滴的用户数已经超过1亿,日均订单量达521万,是当时中国移动互联网日均订单量最大的平台。也正是在2014年的3月,滴滴与优步在中国市场第一次相遇了:2014年3月12日,优步在上海召开发布会,宣布正式进入中国市场。于是一场"烧钱大战"也拉开了帷幕。与中国其他消费互联网领域的竞争一样,网约车业务发展初期的打法就围绕两个字:"烧钱"。优步的强势入场让滴滴感到了危机,自两者在中国市场正面交锋以来,疯狂发放补贴和打价格战就成了这场"战争"的主基调。在快速烧钱的同时,双方也在拼命拉融资以填补资金的耗损。从2015年到2016年8月前,滴滴共融资了8轮,一路融到了G轮,仅2016年一年就融了5次,其中还包括战略融资和债券融资。最后,这场"烧钱大战"在2016年8月以滴滴收购优步中国而告终。从2016年8月至2021年,滴滴又融资了近10次。2021年6月30日滴滴在纽约证券交易所上市,募资超过40亿美元。据金融虎网报道,在IPO上市前,滴滴所有董事和高级管理人员持股比例合计10.5%,投票权20.1%。其中,滴滴创始人、董事长兼CEO程维持有滴滴7%的股权,15.4%的投票权。联合创始人、总裁柳青持股1.7%,投票权6.7%。机构投资者中,软银愿景基金(Softbank Vision Fund Entity)持股高达21.5%,投票权21.5%;Uber持股12.8%,投票权12.8%;腾讯持股6.8%,投票权6.8%。

商业实操建议

公司经历上市过程中的多轮融资时,要注意保持创始管理团队的股权比例不要过分稀释,但在类似滴滴"烧钱"式打法下,资本的话语权就会越来越重,公司管理团队要学会用AB股、一致行动人协议等方式加强对公司的控制。

144. 股权融资有哪些常见方式?

股权融资成功的关键,在于利用股权财产价值的“变现”功能,为企业发展带来资金支持。股权存在不同的变现路径,也为股权融资提供了不同的选择方式。

(1)股权质押融资。股权质押,是股东作为出质人将自己拥有的股权作为标的物进行出质,为自己或者他人的债务提供担保,以获得资金的支持。中小企业将股权质押当成融资的担保方式,增加了其信贷融资机会。由于中小企业往往没有足够的固定资产向银行申请抵押贷款,通过股权质押的方式,能尽可能地盘活企业的资产和融资能力。

(2)股权交易融资。随着企业发展壮大和盈利能力的提升,其每份股票的价值也在逐步提升中。股权交易融资,就是通过股权的转让,将股权溢价出让给他人,以获得股权的增值,为企业发展融得资金。

(3)股权增资扩股融资。股权增资扩股融资是权益性融资的重要形式,也是股份有限公司在上市前常用的融资方式,其实质是通过增加企业的注册资本来实现融资的目的。

(4)私募股权融资。私募股权融资(Private Equity,即通常所称的PE)是相对于企业公开发行股票而言的,其资金募集的特点,是采用非公开方式面向少数个人投资者、机构投资者进行募集。该方式大多适用于已具有一定规模和现金流的非上市公司,其投资的时限相对较长,并能通过兼并收购、IPO、管理层回购等方式顺利实现股权退出。私募股权融资能为企业股权融资带来一定好处。例如,私募股权融资的资金来源相对较稳定、能有效降低企业的财务成本,同时也能通过投资人为企业带来高附加值,以显著提升企业的内在价值。当然,私募股权融资也有一定风险,其中最显著的就是法律风险。例如,拟上市企业选择了有上下游业务关系的投资机构进行融资,就可能产生关联交易的风险。

现实案例

ofo 是一家共享单车公司，曾在 2018 年获得了数十亿美元的融资，但在后来因为过度扩张、资金链断裂等问题，最终导致公司倒闭。

商业实操建议

放在企业面前的选择很多，并没有一成不变的“最佳”股权融资模式。实务中，企业要根据自己的战略需要、发展阶段、具体经营状况等，选择适合的股权融资方式。此外，不能仅将融资认为是资金支持，投资人通常也期待回报，并且会有干预和管理经营项目或公司的权利。那么，融资人需要了解投资者的关注点，在融资前做好充分的准备工作。而且融资者也需要明确自身需求，把握底线，避免项目或公司被过度干预。

145. 如何做好企业估值？公司估值越高越好吗？

在股权融资中，企业估值会直接影响投资者投资占比和未来企业的股权架构。做好企业的估值，需要选择科学的估值方法。企业融资估值，主要看的还是企业的收益、资产等因素，并需要应用以下方法：(1) 同类企业比较法。选择与自己所处行业相同、企业各项运营数据相似的企业作为参照，参考其此前被收购、并购或者投资的情况，从中获取关键的财务等信息，从而合理地对自己的企业做出估值。(2) 风险投资前评估法。当投资人与融资方对企业估值评估差距较大，无法达成一致，而投资人对企业又比较看好的时候，双方可以采取“搁置争议”的策略。具体方法是，先由投资人投入资金并约定回报率，暂不对公司的估值和投资人股权占比等作出约定。等到企业运行一段时间，到下一次融资的时候，就能够比较清晰地对企业进行估值，再反推此前融资时的估值。(3)资产价值法。该方法是将企业所有资产因素的评估值综合得出企业的整体价值，通常有账面价值法和重置成本法两种方法。账面价值法，是指主要根据会计核算中账面上所记载的净资产来确定企业的价值；重置成本法，是指在现有条件下，将资产重置成本减去相应贬值来估算资产。资产价值法注重企业现有状态价值的静态评估，而不去考虑企业未来发展所带来的资产价格变动。

作为创始人，当然希望投资人对自己企业的价值充分认可，所以一般的心态是估值越高越好，交割越快越好。但事实上，估值并不是越高越好。现实中往往出现的情况是：两个投资人都给了估值，先拿到 1 亿元估值的投资(TS)，但在尚未真正交割前又收到了 2 亿元估值的 TS。此时创始人就会面临一个选择：1 亿元估值的即将交割，而 2 亿元估值的尚未做尽调、谈合同。有的选择了估值高的，结果后面也没做成，前面也丢掉了。因为市场变化很快，给 TS 未必意味着真正能拿到钱。是优先确保融资的速度，先拿到一笔让企业能生存的钱，还是等一等拿到更高的估值，涉及融资的时间、确定性与估值之间的平衡，这就需要作出取舍。一个企业可能在拿融资时，正好赶上所谓的“风口”拿了最高的估值。但当下一轮融资的时候，市场有可能发生变化，可能还拿不到上一轮的估值。对于创始人来说，心态上会难以接受。另外，员工期权的价格如果是基于先前融资估值的，降估值肯定会打击员工积极性，有可能还会触发与前轮投资人签署的反稀释条款。所以，企业并不是估值越高就是越好的选择。

商业实操建议

对于公司融资来讲，不是估值越高越好，需知一个公平、合理的估值才是最重要的。

(1)即使估值低，也建议初创公司尽可能选择那些懂企业的人管理的基金，这是首选的投资人。如果在融资的时候，能找到优秀的投资人，相当于为公司请到了有经验、有实力的联合创始人。

(2)建议创业者在融资的时候,尤其是早期公司融资的时候,不要因虚荣而把公司的估值抬高。这样即便融到了资,也为未来的发展埋下了隐患。尽快的拿到钱,把精力放在业务上,才是最重要的事。

146. 下一轮融资时,企业估值降低了怎么办?

由于市场变化或公司发展情况不如预期等原因,公司可能在下一轮融资时出现投资人给出的投前估值低于上一轮投后估值的情况,这也称为"Down Round"。由于新一轮融资通常需要老的投资人同意,在出现老投资人不同意的情况下,公司就有可能出现资金危机。实务中,投资人均会在交易文件中约定反稀释条款,从而解决/调整本轮估值低于前轮估值的情形。反稀释调整机制主要包括两种:完全棘轮条款(Full Ratchet)和加权平均条款(Weighted Average),其中加权平均条款又有广义和狭义之分。

完全棘轮的情况下,老投资人有权把其持有的股份的单价调整为新价格。加权平均的情况下,不会只考虑新价格,还会考虑新价格对应的股份数量,即权重。因此,完全棘轮条款对老投资人最有利。加权平均的计算公式为:$CP2=CP1\times(A+B)/(A+C)$,其中,CP2 指新价格,CP1 指原价格;A 为新一轮融资前公司的股份总数或注册资本总额;B 为假设新一轮融资按照原价格进行的情况下应发的股份数或注册资本额;C 为公司拟增加的股份数/注册资本额。在这个公式中,广义与狭义的加权平均其不同在于 A 的范围。广义的情况下,A 将包含新一轮融资前所有已发行和将发行的股份;狭义的情况下,A 的范围将在最广义的基础上有所减少,其最少时,仅包含已发行的普通股。相比而言,狭义加权平均对老投资人更有利。

反稀释条款触发后,视境内外架构有所不同:在境外架构情况下,需要调整转换价格;在境内架构情况下,则需要实实在在地补偿现金或股权。在境内补偿的情况下，通常还会约定：如果投资人因反稀释条款而必须支付对价的，由创始股东向投资人进行现金补偿，且交易相关税费由创始股东承担。不过，公司低价发行股份用于员工激励计划、因各方认可的重组目的低价发行股份、因对赌失败补偿投资人或部分投资人行使反稀释权而发行股份的，通常会约定这些情况不应适用反稀释条款。

Down Round 通常是公司经营比较困难的阶段，为吸引投资、渡过难关，现有投资人可能会有放弃行使反稀释权利的意愿。为了避免小股东阻拦，也可以约定任一轮持股比例占多数的投资人同意的情况下，由该轮投资人放弃反稀释权利。如果因为下一轮估值降低导致出现员工期权行权价和公司估值倒挂的情况，公司可能要考虑主动调低相应行权价，以保持期权的吸引力。

147. 如何应对投资人开展的企业资产和财税调查?

在投资人对企业的尽职调查中，企业资产和财税的调查是个重点。这两大指标既如实反映着企业是否“健康”，也是投资人重要的决策依据。

关于企业的资产和财务调查，主要应核实以下几方面的内容：(1)对固定资产，要了解资产的规模、类别等，并核实其期末价值。一般情况下，需对前三年及最近一个会计期末的“固定资产”明细表进行核实，并详细了解计提折旧、减值准备计提是否充分和属实。(2)对在建工程，要考察工程的规模、完成程度以及完工后对于企业生产经营的影响，必要时现场观察工程的建设进度，并根据同类工程正常的建设周期，结合可行性报告，判断出在建工程项目是否能够按期完工。(3)对无形资产，主要是与企业生产经营密切相关的知识产权、商标、商誉等，判断其估值是否合理，有无合理的入账依据。(4)对公司的财税调查，主要依据企业的财会报表等资料，详细了解历年的财务和纳税情况，判断会计制度是否完善、营收与纳税情况是否匹配，了解企业有无被税收主管机关处罚的情况等，汇总相关数据，对企业进行全面“体检”。

商业实操建议

面对资产和财税的尽职调查,创始股东既不能抗拒也不能心存侥幸,而是应将调查当作对企业进行诊断的机会。

(1)实事求是。创始人不能为了达到融得更多资本的目的,而夸大公司的规模和资产状况,或者隐瞒公司的负债和不良资产等。须知,投资人具有相当的投资经验并且会聘请专业人士进行公司资产和财税的尽职调查,一旦虚假情形被发现,会给投资人带来不信任感,直接影响融资的成功率。

(2)积极配合。投资人对企业的投资,很大程度上也是对人的投资,企业为了向投资人展现积极配合的态度,应成立相当层级的专门小组配合投资人派来的专业调查人员。调查过程中,小组应积极与调查者充分沟通,解答调查人员的问题和疑惑,以坦荡的态度和做法,赢得投资人的信任。

(3)全面展示。创始人不但要展示企业的固定资产等“硬实力”,还要展示企业发展的未来愿景,更要展示创始人企业发展理念、企业文化、创始人的人格魅力、奋斗精神等“软实力”。

148. 股权投资协议的内容设定有哪些技巧?

投资协议,是约定投资方与融资方权利义务关系的正式交易文件,对双方都具有法律约束力。在签订协议时,应尽可能确保内容详尽、权责明确,并通过约定股权回购、反稀释条款等技巧,合理保障权益。股权投资协议的主要条款,应包括如下方面内容:投资及相应的交割安排;交割完成前的工作、业务安排;服务期约定、竞业禁止条款;估值调整机制、对赌协议;公司治理结构的设定和改造；股权回购条款；反稀释条款；股权转让的限制性规定；优先清算权；法律适用及违约责任。

从创始人的角度，通常有必要了解投资协议中存在的核心条款的如下关注要点。

（1）投资模式。如为增资，则资金投入公司，部分计入股本、部分计入资本公积金。如为股权转让，则资金是购买股权的对价，应直接支付给原股东，双方签订的是《股权转让协议》。

（2）认购价格。需要注意投前与投后估值的区别。

（3）支付条款。投资人在交易文件中均会约定每笔资金支付的先决条件，因此公司及创始人应当重点关注该等先决条件是否能够实现，并提前与投资人充分沟通，防止最终因无法满足先决条件而拿不到投资款。

（4）对赌条款。对赌条款是股权融资中最常见、最重要的条款之一，投资人往往均会要求在交易文件中设置该条款。投资人和创始股东在磋商该条款时，要本着公平合理的精神，一方面尽可能避免股权融资失去其真实价值，成为投资人旱涝保收的工具；另一方面也要能够杜绝创始股东利用“信息不对称”损害投资人利益。我们建议投资人可以就创始股东损害公司利益的行为设置股权回购条款，要求创始股东以其全部财产进行回购；对于因市场环境、经营风险等引发的对赌失败，建议回购责任尽可能限制在创始股东持有的公司股权，而不牵涉创始股东的家庭财产。

（5）反稀释条款。需要注意的是，要求现金补足还是股权补足，同等条件下优先考虑股权/股份补足。

（6）分红及清算优先权。如果投资人提出要分红优先权，因分红直接涉及股东对于公司盈利的分配，需要慎重考虑。

（7）强制购买/回购权。尽量设置成由公司来承担回购义务，避免股东个人的回购承诺。

（8）一票否决权。当涉及董事任免、超过一定金额的交易审批、分红、增资等内容时，因会直接影响原股东对于公司的管理及后续融资安排，需要慎重考虑。

（9）员工、董事股票期权。如果确定要设置股权激励的，建议尽早在合同中写明,以避免后续股权激励会受到已签订协议的限制。

(10)交割和募集的先决条件。该条款主要是投资人设置的支付的先决条件,需要关注是否设置了一些“软条款”。

商业实操建议

凡事预则立不预则废。对于大部分创业企业而言,企业发展到一定程度后就需要融资,面对背景资源强大的PE/VC,创始人往往会为了资金而全盘答应投资人的要求,或者创始人可能在并不理解条款约定的情形下就签署了投资人提供的投资协议。直至问题产生,创始人才意识到之前签署的协议条款对自己不利甚至是阻碍公司发展的。为避免这种情况,企业应尽可能地通过股权协议,提前明确双方的权责关系,这既是对投资者的负责,也是提高效率、避免纠纷的重要方式。

149. “一票否决权”如何影响创业公司生死?

“一票否决权”是与绝对控制权相对应的,所谓一票否决权,又称重大事项否决权或保护性权利,指投资人在创业企业的重大事项决策上拥有的否决权。根据新《公司法》第 66 条第 3 款的规定,股东会作出修改公司章程、增加或者减少注册资本的决议,以及公司合并、分立、解散或者变更公司形式的决议,应当经代表三分之二以上表决权的股东通过。也就是说,如果某一股东的股份为 34%以上时,只要这一个股东投反对票,该重大事项就不能通过了,这就相当于“一票否决权”。同时,根据 2018 年《公司法》第 42 条的规定,有限公司可以在章程中直接约定股东享有一票否决权的情形,或者公司在章程中对一票否决权不明示约定,但章程中关于表决机制的设置事实上使得某一股东享有一票否决权的,属于默示约定。对于可以行使一票否决权的情形,属于意思自治的范畴,每个公司都不尽相同。

现实案例

ofo 是一家共享单车公司，曾在 2018 年获得了数十亿美元的融资，但在后来因为过度扩张、资金链断裂等问题，最终导致公司倒闭。腾讯公司创始人马化腾曾经这样评论“小黄车”：“ofo 溃败真正的原因在于一票否决权。”在小黄车 ofo 的公司治理结构中，拥有“一票否决权”的股东竟然多达 5 名，该 5 名股东各自为政，在 ofo 进行重大决策时，持有一票否决权的股东们会从各自的利益而非从 ofo 的利益角度出发进行权衡，导致 ofo 的数次股权融资和并购计划等重大决策纷纷以失败告终，并直接决定了 ofo 的生死。

商业实操建议

在公司章程中设置表决机制时，对于一票否决权的授予一定要慎之又慎。一是要考虑股东间的相互关系；二是考虑股东入股的核心诉求；三是可以尽量让多个股东共享一个一票否决权，使其相互制约。从创始人的角度，就与公司资本结构相关的事项，一般可以考虑给予投资人一票否决权，但与公司业务相关的事项应尽量排除适用一票否决权，实在无法排除的，可以就该等事项设置一定的门槛，达到这个门槛了才需要投资人同意。另外，可以尽量将业务相关事项放在董事会层面进行审批。

150. 什么是股东锁定条款？

股东锁定条款是指公司在合格资本市场首次公开发行股票前，未经投资人书面同意，创始人不得向任何人以转让、赠与、质押、信托或其他任何方式，对其所持有的公司股权进行处置或在其上设置第三人权利。主要是投资人希望长期绑定创始人，保证公司实际控制人、股权结构的稳定，限制创始人股东在上市前套现转让股权。创业路途艰辛,充满了种种未知。投资方入场,虽是为了实现未来的收益,但谁也不能保证其能陪公司走到最后。为避免创始股东中途突然退出导致经营权出现问题,公司在股权融资时可以设定股东锁定条款,保障其他股东和公司的利益。

股东锁定条款一般包括以下内容:(1)锁定时间。公司可以通过股东大会设立股权锁定期,投资人如在锁定期内退出,必须达到锁定年数才能拿到全部股权,否则只能兑现部分比例的股权。(2)锁定利润。对于凭资源或技术入股的股东,必须转化成相应利润,才能拿到股权。(3)锁定价格。股东的退出大部分发生在企业亏损时。为保障其他股东的利益,股东退出时,仍需承担相应的债务份额。如果股东是在企业盈利时退出,为避免其坐享其成,股东应退回所有股份,如果不退,则需要缴纳高额的违约金。

现实案例

据《证券时报》新三板论坛讯,创显科教(834541)2016 年 6 月 22 日公告,公司于近期得知,广州创显科教股份有限公司创始股东王兵因个人创业需求资金,于 2016 年年初经与张燕华多次协商,欲将其持有的创显科教 192.09 万股股份转让予对方,每股价格为 5.25 元,共计 1008.47 万元。由于该股份处于限售期内,双方签署了附期限生效条件股份转让合同,张燕华以借款名义向王兵提供 500 万元,作为股份转让款的一部分,同时双方签署股份质押合同,王兵持有的全部股份质押在张燕华名下,并在中登办理了股权质押手续。后王兵辞去监事职务,按我国《公司法》规定,其持有的全部股份需半年后方可解除限售,预计 2016 年年底方能通过股转系统按约定的每股 5.25 元转至张燕华名下。由于公司所处教育信息化行业发展良好,经营业绩快速发展,资本估值也有所变化,为了避免双方于 2016 年年底通过股转系统按约定价格履行转让该股份引起的股价波动,公司特此进行公告说明。

商业实操建议

股权锁定条款是合理的,几乎所有的投资人都会要求这一条款,所以创业者要做好准备。需要注意的是,无论是股权锁定,还是股权限售,这些条款都不是绝对的。只要创始人与投资人协商沟通,征得投资人的同意,大部分投资人在C轮甚至是B轮之后,还是会允许创始股东转让一部分股权,用于奖励和激励团队。

151. 什么是反稀释条款?

反稀释条款,顾名思义就是保护投资人股份不被低估值稀释的条款,即当投资人购买公司股权的价格,由于各种原因高于后来投资者购买的价格时,创始股东需要对投资人进行投资成本补偿。比如,投资人A,一年前投资某公司的成本是每股10元。投资人B随后加入,其投资成本每股只要8元。因此,A有权要求公司的创始股东按B的投资成本给予自己一定的补偿。反稀释条款的触发条件非常简单,即新一轮的估值低于原本的估值,投资人即可要求公司创始股东进行补偿。但也有例外情况。比如,一般在以下情形时,即使新一轮的估值低于预先的估值,反稀释条款一般不触发:(1)当公司发行可转债时。(2)当税后利润或公积金转增注册资本时。(3)当创始人或原始股东为了激励员工,甘愿折价部分股权转让给员工时。对大部分投资人来说,反稀释条款是保护自己利益最直接的方式。但对于公司来说,为了保护原始股东的利益,可以协商增加不适用反稀释条款的例外条件。当反稀释条款被触发时,投资方获得的补偿有两种计算方式,即加权平均和完全棘轮,两者的金额差异很大,各有侧重,其中完全棘轮的计算方式侧重于保护投资人,而加权平均的计算方式侧重于保护原始股东。

现实案例

广东省深圳市南山区人民法院审理的(2018)粤 0305 民初 692 号案件中,《补充协议》约定,吴某海补偿原告因粤科公司对凯德科技增资导致被稀释的股权,共计 21.85 万股。由于目标公司增资导致投资人所持有的公司股权被稀释。投资人与原始股东约定,原始股东以现金形式补偿投资人因公司增资而被稀释的股权。案件争议焦点是该反稀释条款的约定是否有效。该案中,法院认为,原被告之间的约定未违反法律强制性规定,被告亦确认该约定是其真实意思表示,故对原告主张的被告以现金形式补偿原告因公司增资而被稀释的股权,法院予以支持。

商业实操建议

实务中,对于创始股东而言,加权平均条款则考虑得更为全面且阶梯性较强,对其更为有利也更温和。在具体的谈判和投资协议起草过程中,投资方应当审慎考虑触发反稀释条款后各种补偿机制的有效性以及相关税务成本,创始股东应当充分考虑反稀释条款类型的选择以及相关例外情形。虽然实践中投融资双方存在谈判地位、商业规划以及战略意图等差异,但均应充分考虑商业风险、法律风险、违约风险以及条款机制实现的可行性等因素,避免相关纠纷的产生。

152. 什么是对赌条款?

对赌条款就是实践中俗称的"对赌协议",又称估值调整协议,是指投资方与融资方在达成股权性融资协议时,为解决交易双方对目标公司未来发展的不确定性、信息不对称以及代理成本而设计的包含了股权回购、金钱补偿等对未来目标公司的估值进行调整的协议。

相对于控股股东，投资人难以全面掌握公司的运营状况，在信息获取上处于相对劣势地位。为了确保自身的利益，投资人在签订投资协议时，一般都会加入对赌条款。对赌条款一般分为对赌的内容和赌注：(1)对赌的内容。对赌的内容一般是跟营收有关的量化指标，比如未来几年主营业务的收入、业务增长率、净利润、上市等。(2)赌注。赌注一般会跟其他保护性条款联动。例如，如果对赌失败，视同触发回购条款，或者视同触发优先清算条款。但不管赌注是与其他条款进行联动还是直接进行补偿，其本质永远离不开钱、股权、控制权这三样东西。在对赌条款的设计上，如果对赌内容能激发企业最大的潜力，赌注又在企业能力承受能力范围之内，那对赌条款可以激发团队完成很多之前无法完成的事情。

现实案例

投资者与目标公司对赌无效，投资者与股东之间对赌协议约定合法

如最高人民法院审理的(2012)民提字第11号案件中，目标公司甘肃众星公司(后更名为世恒公司)由香港迪亚100%投资设立，陆某为香港迪亚唯一股东。2007年11月，海富投资与香港迪亚、甘肃众星、陆某签署《增资协议书》，约定海富投资以2000万元人民币对甘肃众星进行增资，其中新增资本114.7717万元，其余1885.2283万元进入资本公积金。增资后海富投资占比3.85%，迪亚公司占96.15%。对赌条款为：(1)甘肃众星2008年净利润不低于3000万元人民币，否则，甘肃众星需向海富投资进行补偿，甘肃众星不能补偿的由香港迪亚公司履行补偿义务，补偿金额=(1-2008年实际净利润/3000万元)×本次投资金额；(2)若至2010年10月20日甘肃众星无法完成上市，则香港迪亚公司有义务回购海富投资所持甘肃众星的股份。至本案诉讼时，目标公司未能实现约定目标。最高人民法院经审查认为：海富投资可就其投资资金获得相对固定的收益，且不会受到甘肃世恒经营业绩的影响，损害甘肃世恒及其债权人的利益，香港迪亚对于海富投资的补偿承诺并不损害甘肃世恒及其债权人的利益，不违反法律法规的禁止性规定，是当事人的真实意思表示，故而有效。

商业实操建议

为尽可能地保障投资方业绩补偿和股权回购条款的内容和金额都能得到支持，建议在设计对赌条款时明确约定业绩补偿款并非公司分红，亦非违约金，在股权回购价款中明确业绩补偿款的支付不影响股权回购价款的计算公式，特别是回购价款作为投资本金的金额以及价款总额均无须扣减业绩补偿款。在目标企业业绩补偿或股权回购事件触发后，投资方应及时主张权利，避免应回购的溢价、业绩补偿、违约金等各项金额因合计过高而导致不被法院支持的情形。

153. 什么是优先清算权条款？

优先清算权指的是当企业出现清算情形时，投资人优先于创始股东分配公司剩余财产。此条约定的主要目的是保护投资人的利益，一般情况下，投资人在约定优先清算权时也会根据投资人的投资轮次和投资价格排列优先顺序，即后期的投资人优先于早期投资人，投资人按照事先约定的顺序和金额拿到优先清算额之后，如有资产剩余的，才会按照公司的股权比例在各个股东之间分配。优先清算权通常通过定向分红方式履行，当企业发生清算事件时，在不违反法律规定的前提下，需要股东一致同意才可向投资人股东支付相应款项。根据投资协议规定的参与权程度，优先清算权的履行分为以下 3 种情况：(1)无参与权的优先清算权。投资人可根据投资金额优先获得清算价值的全部或部分，对多出来的清算价值部分，投资人不参与分配。(2)有参与权的优先清算权。与无参与权的优先清算权大致相同，但对多出来的清算价值部分，投资人依然可以按照股权比例参与分配。(3)有限参与权的优先清算权。企业清算时，投资人可以优先拿回投资金额，多余的清算价值可以参与分红，但是分红的上限有规定。

现实案例

在北京市第三中级人民法院审理的（2019）京 03 民终 6335 号案件中，北科中心与校园电影院线三位公司自然人股东以及校园电影院线公司签订《增资协议》，约定北科中心对校园电影院线公司进行增资。协议还约定当标的公司未达成业绩目标时，甲方可以向任何一方或多方主张其承担回购义务。此外，北科中心依约享有优先清算权，即，校园电影院线公司如果因破产或其他原因实施清算，则在分别支付清算费用、职工的工资、社会保险费用和法定补偿金、缴纳所欠税款、清偿公司债务后，对校园电影院线公司的剩余财产进行分配时，应保证北科中心优先获得本次增资中其对校园电影院线公司的全部实际投资加上该等实际投资对应的红利。后由于校园电影院线公司未达业绩目标，北科中心起诉其中一位自然人股东要求承担回购责任，一审支持其诉讼请求。自然人股东上诉称，案涉《增资协议》中包含的优先清算权等约定违反相关法律法规，故该协议应属无效。二审法院经审理认为，根据 2018 年修订的《公司法》第 186 条规定，公司清算时，清算费用、职工的工资、社会保险费用和法定补偿金、所欠税款、公司债务等优先于股东分配。而案涉《增资协议》第 15 条“优先清算权”条款的约定，系在支付了法定优于股东之间分配的款项后，股东内部对于分配顺序进行的约定，并不违反 2018 年《公司法》第 186 条的规定。因此，《增资协议》中对优先清算权的约定并不违反法律法规。最终，二审法院驳回上诉，维持原判。

商业实操建议

在实务中，优先清算权是当发生“清算事件”时对投资人的一种保护方式，股权投融资中，因投资人均是根据估值进行投资，其实际投入的资金往往比其持有的股权对应的注册资本高很多，但其获得的股权比例并不高，如果按照《公司法》常规的分配方式，对于投资人来讲，显然是不公平的。因此，投资人和创始股东在设置优先清算权条款时，建议兼顾公平合理性，以保证全体股东的利益，防止因该条款设置不当，导致公司在出现被并购等“清算事件”时，出现个别股东不予配合的情形。

154. 什么是最惠权条款？

最惠权条款，来源于国际贸易中的“最惠国待遇”，意指企业现在或以前的股东比投资人享有更好的一项或多项待遇时，则投资人将自动享有同等权利。例如，创始人 A 跟股东 B 签订了股东协议，股东 B 的投资成本是每股 10 元。后面创始人 A 又拉拢了股东 C 参与公司的管理，股东 C 的投资成本是每股 8 元，并且协议约定如果股东 C 退出，创始人将全额回购并且支付相应利息。一年后股东 B 打算退出公司，于是协商让创始人 A 全额回购其股份，因为之前在签订股东协议时里面有最惠权条款，所以自己也应该享受跟股东 C 同等的待遇。但创始人 A 不认可，因为他认为公司的不同发展阶段，投资的成本和所获得的福利肯定是不同的。以上这个案例，股东 B 按照最惠权条款，自动享有跟股东 C 一样的福利待遇。因此，按协议规定，创始人 A 必须全额回购股东 B 的股份并且支付相应利息。

在股权融资中，投资人要求最惠权待遇一般是基于以下考虑：(1)针对信息不对称的防御。投资人在签订投资协议时，需要对所投资的公司做尽职调查，但投资人一般占股比例较低，无法全面了解公司。因此，在投资条款清单中会有一系列保护自己权益的条款，为减少信息不对称给自身利益带来损害，投资人会要求拥有最惠权，以保证自身权益不劣于其他股东。(2)高风险投资的积极防范。投资人不仅需要承担企业未来经营的不确定性，还需要面临信息不对称所带来的权益受损，如后来的投资人享受更优待遇或只承担更低的融资成本等情况。为将投资风险降到最低，体现公平性，最惠权条款不仅适用于现在的股东，也适用于今后即将吸纳的股东。为防止股东滥用最惠权待遇影响公司经营的稳定性，企业或创始人可以与投资人协商制定最惠权待遇的具体触发条件。

155. 企业上市一般需要进行哪些股权改造？

企业上市的前提条件是企业必须为股份有限公司。股份有限公司的股东人数众多，具有公众性，企业想要上市，首先要完成对应的股权改造，通过新设立或变更设立的程序改造成为股份有限公司。

新设立情况下，股份有限公司有发起设立和募集设立两种方式。

（1）发起设立的程序。第一步，确定发起人并签订发起人协议。发起的人数应在 2 人以上 200 人以下，发起人既可以是法人，也可以自然人。既可以是我国居民，也可以是境外居民，但必须半数以上的发起人在我国境内有居所。关于发起人协议，是指发起人关于设立企业有关事项的协议，包括企业的基本性质和结构等，发起人协议约束的是发起人之间的权利义务关系。发起人还需订立公司章程，并经全体发起人一致同意并签名盖章。第二步，发起人认购企业股份。发起人的出资既可以是货币，也可以是知识产权、实物、土地使用权等非货币财产，以非货币财产出资的，要依法办理财产权转移手续。第三步，组建公司机关。发起人在认购公司股份并按照公司的章程缴纳完出资后，选举产生董事会和监事会并构建公司相应的治理机关。第四步，办理公司设立登记。公司董事会准备公司章程和其他法律法规规定的公司设立登记申报材料，依法向登记机关申请登记后，公司即完成登记手续。

（2）募集设立的程序。第一步，发起人认购公司股份。在确定公司的资本总额和股份数后，发起人按照规定应当承诺认购不少于公司股份总数

35%的股份。第二步,向社会公开募集股份。发起人认购完的剩余股份,经国务院证券管理部门批准后依法向社会公众募集。发起人应当制作招股说明书,由专门的证券经营机构承销、代销。第三步,缴纳股款。发起人和公众在认购股份后,应当按照法定方式和时限缴纳所认购的股款。第四步,召开创立大会。发起人依法定程序召开创立大会,选举产生董事、监事并组成董事会、监事会。第五步,依法办理公司设立登记。

变更设立股份有限公司,主要是指由有限责任公司按法定程序将公司形式变更为股份有限公司。因为有限责任公司已事先存续,根据我国《公司法》的有关规定,变更公司形式的必须经有限责任公司股东会决议通过。待公司股东决议通过后,公司股东签订相应的《股东协议书》规定股份有限公司的性质和结构,并制定公司章程、认购公司股份并缴纳出资(需办理增减资手续的依法办理),然后再召开创立大会选举出董事会和监事会,最后依法办理公司登记,宣告变更为股份有限公司。

156. 企业上市应当如何选择时机?

上市不能一味地追求越快越好,企业上市后的市盈率会受到企业自身经营状况影响,也会受到市场环境的影响。因此,上市的时机选择非常重要,通常需要从企业自身因素、市场环境因素两个方面进行综合判断。

企业自身因素。(1)企业股权架构清晰,分配制度合理。如果公司的控制结构稳定,发展方向和策略明晰,就不会产生大的股权纷争;员工的稳定性好,就不会频繁跳槽带来企业经营的困境。类似的企业,才能让投资者放心,上市后的市盈率自然不会太差。(2)企业处于高速发展期。市场投资者更愿意追捧处于上升期的企业,因为这样的企业能够带来确定性的回报。此外,企业高速发展时也需要大量资金支持,以提高市场占有率和盈利水平。相反,处于衰落期的企业则很难从市场上募集到资金。(3)企业的经营和财务处于较佳的运行状态。财务状况、经营业绩集中反映了企业的资产运作情况、盈利水平、债务偿还能力等诸多指标，是投资者考量企业运营状况的重要因素。

市场环境因素。下面是判断市场环境的重要标准：(1)企业所处行业是否属于热门行业。行业也有周期性的规律，当行业处于强周期的时候，行业内的企业选择上市会受到更多的资金青睐。如，前几年的互联网行情兴起的时候，互联网企业密集地选择上市融资。(2)股票市场是否处于繁荣期。股市就是“钱”市，当投资者都对股票市场看好的时候，股市的资金量就大，如果投资者态度积极，企业的市场估值水平就会比较高，超出“熊市”时的水平。(3)发行数量是否相对平稳。一段时间内证券市场上的资金总量是有限的，如果固定时段内企业密集上市，必然会产生资金分配的问题。因此，企业在上市的时候要综合考虑前后一段时间内的股票上市情况，合理选择时机和决定发行数量。

现实案例

万达上市计划一波三折

根据第一财经报道，万达的巨额对赌问题，源于上市前那笔机构投资。据招股书披露，郑裕彤家族、碧桂园、中信资本、蚂蚁、腾讯、PAG 等 22 家投资人，2021 年 8 月对珠海万达投资约 380 亿元，其中 PAG 投资约 180 亿元，现有投资人在原投资安排中享有到期赎回权。

与此同时，珠海万达与投资者签下对赌协议，一是 2021～2023 年实际净利润不能低于 51.9 亿元、74.3 亿元、94.6 亿元，否则万达商管将以零对价转让相关数量股份、或支付现金补偿；二是最迟在 2023 年上市，否则万达商管要向投资者回购股份，并额外支付补偿。

引入投资者后，珠海万达开始向港交所递交招股书，但此后的过程充满了波折。2021 年 10 月、2022 年 4 月、2022 年 10 月、2023 年 6 月，该公司前后四次向港交所递交上市申请材料，珠海万达上市来到最后期限。

如今来看，经过多方博弈，万达和投资者就回购问题达成了新协议：

PAG 将联合其他投资者，在其 2021 年的投资赎回期满时，经大连万达商管集团赎回后，对珠海万达商管再投资。就上市问题，新投资也将不再设置对赌协议。值得注意的是，王健林也为这场上市对赌付出了代价，新投资者进入后，大连万达商管将持股 40%，为单一最大股东，PAG 等数家现有及新进投资人股东参与投资，总计持股将达到 60%。而在此前，大连万达商管直接拥有珠海万达已发行股份总数约 69.99%的权益，并通过珠海万欣、珠海万赢及银川万达间接拥有已发行股份总数约 8.84%的权益；22 家公司战投及六位高管持股，持有 21.17%股权，后续万达方面的持股比例将被稀释。

商业实操建议

企业上市考虑的各方面影响因素比较多，都想在上市后获得较高的估值。但是理想很丰满、现实很骨感，万达上市的案例也让人感慨在当前房地产企业融资较为困难的处境下，对一家房地产企业而言，只要能上市任何时候都是好时机。

157. 企业上市应当如何选择地点？

A 股、港股、美股，是我国企业所熟知的证券交易市场。企业选择不同的地点上市，就意味着面对不同的融资环境。因此，企业要综合多方因素后，了解并选择适合自身的上市地点。

（1）不同地区的上市标准。不同地区的交易所对企业治理结构、企业规模、会计规则等方面都有着不同的要求。如美国自安然公司丑闻之后通过的萨班斯法案，对企业的合规性提出了更高的要求，使赴美上市的企业需要投入更大的成本以符合合规要求。

（2）投资者市场偏好。选择不同的交易所上市，其实就是选择不同的投资主体和股东，股东对于不同行业的认可度在一定程度上也决定了企业在市场上的融资能力。

(3)企业核心客户分布。企业的主营业务和核心客户所在地区的分布情况,是企业上市地点选择的因素之一。例如,国内的传统制造型企业因其制造基地、主要市场都在境内,大部分都会选择在A股上市。

(4)上市后的监管环境。企业上市不是一上了之,上市后的监管要求和监管环境是拟上市企业应考虑的重要因素。例如,美股虽然号称资本自由,但近些年来对中概股的无理打压甚至强制退市要求,已迫使中国移动等在美股上市的公司重回A股,后续拟在美上市企业将不得不考虑这一监管政策风险。

(5)其他因素。主要包括企业的战略发展方向,企业主营业务与上市地点的关联程度,上市所需的费用成本等。另外,上市地点的法律制度、文化背景、政府政策等也是企业选择上市地前需要考虑的因素。在选择上市地时,企业应立足长远,同时也要把握实际,通过选择适合自己企业特点的投资群体,让企业发展与资本增值相得益彰。

商业实操建议

企业在选择上市地时除了重点考虑以上因素外,还需考虑各地的监管环境、再融资条件、退市规则等因素。总之,企业要根据自身特点选择合适上市地点,吸取在境内外上市公司的经验,缩短上市进程,节约财务成本,早日实现上市。

158. 企业上市应当如何选择板块?

目前,A股有主板、科创板、创业板、北交所四大上市板块,各板块对行业定位和规模要求存在较大差异,拟上市企业需要提前筹划、慎重选择。(1)主板:突出"大盘蓝筹"特色,重点支持业务模式成熟、经营业绩稳定、规模较大、具有行业代表性的优质企业。(2)科创板:面向世界科技前沿,面向经济主战场,也面向国家重大需求。优先支持符合国家战略、拥有关键核心技术、科技创新能力突出、主要依靠核心技术开展生产经营、具有稳定的商业模式、市场认可度高、社会形象良好、具有较强成长性的企业。(3)创业板:深入贯彻创新驱动发展战略,适应发展更多依靠创新、创造、创意的大趋势,主要服务成长型创新创业企业,支持传统产业与新技术、新产业、新业态、新模式深度融合。(4)北交所:深入贯彻创新驱动发展战略,聚焦实体经济,主要服务创新型中小企业,重点支持先进制造业和现代服务业等领域的企业,推动传统产业转型升级,培育经济发展新动能,促进经济高质量发展。

不同板块对于不同行业的公司有不同的接纳倾向。科创板、创业板更适合科技创新型企业,而主板更适合传统产业,从行业限制来看主板目前是唯一没有限制的板块。上市前的财务状况和业绩对选择板块也有影响,科创板、创业板对营利性要求较低,而主板则要求相对较高的盈利能力。考虑公司未来的融资需求,不同板块对于再融资规模和方式有不同的限制和规定。不同板块的审核和批准速度也有所不同,比如北交所审核流程更为迅速。另外,监管政策和法规对于上市公司也有一定的影响,需要考虑不同板块的政策规定。

综合来看,A 股主板市场上市条件要求最高,适合大型成熟企业或已进入发展成熟期、盈利稳定的中小企业;创业板、科创板的上市条件相对宽松,但对拟上市企业的业务定位有一定要求,专利、研发投入占比、持续研发能力及成果均能满足科创板属性要求的企业,可以优先考虑科创板;成长型创新创业企业和传统产业与新技术、新产业、新业态、新模式深度融合的企业,可以优先考虑创业板;北交所的上市条件更加宽松、包容,制度设计对创新型中小企业更加友好,目前还处于成长期的创新型中小企业可以选择先在新三板挂牌,一年后登陆北交所上市。

现实案例

山东兆物网络技术股份有限公司的主营业务为网络信息安全与大数据

信息化领域的技术研究、产品开发、销售及服务。其主要产品包括网络行为分析产品、电子数据取证产品、网络安全审计产品、基于大数据和应用交换系统的新一代信息系统，下游主要是公安、政务等信息化程度较高且对信息安全较为敏感的行业客户。报告期业绩如下：2016 年至 2018 年，兆物网络的营业收入分别为 1.31 亿元、1.84 亿元、1.94 亿元；同期，扣非后归属于母公司股东的净利润分别为 5099.48 万元、6202.68 万元、7099.15 万元。被否可能原因分析：该公司业务依赖公安系统，营收、净利润双降；扣非净利润率高于同行，或借压缩员工薪酬节约成本；兆物网络的扣非归母净利润率较高；发出商品会计处理不合理。

商业实操建议

如果企业所属行业没有上市障碍，但其盈利能力和规范运作较弱，可以考虑规范运作几年后申请 IPO 上市；也可以考虑伴随着盈利能力和规范运作的提升，先后完成股改、新三板挂牌、北交所上市以及转板至沪深交易所。如果企业的盈利能力与规范运作较强，但从实践情况来看，所属行业 A 股 IPO 上市压力比较大，可以论证借壳上市或者境外上市的可行性。

159. 企业上市应当如何选择模式？

企业上市，有首发股票上市和借壳上市两种模式。

首发股票上市，即通常所说的 IPO 上市，是企业依法首次将自己的股份向公众出售以获取资金，是企业首次公开发行股票。值得注意的是，IPO 其实并不等同于上市，IPO 与上市是两个不同的概念，并且有着先后的顺序：IPO 在前，上市在后。根据我国的相关法律规定，企业要先公开发行后才能上市。通常情况，上市企业把这两个程序一并完成，即“IPO 上市”。

借壳上市，顾名思义是借别的企业已经上市的“壳”来完成自己的上市目的，是通过把资产注入已经上市的“壳公司”，取得“壳公司”的控制权，再通过重组等方式把自己的业务、资金与“壳公司”进行融合。一般情况下，等融合完成之后，“壳公司”都会改名。

IPO上市与借壳上市的利弊对比。IPO上市程序对企业的资质审查较严，在上市的过程中，企业可以对自己的股权架构、治理结构、财务状态等做一个全面的梳理，有利于企业构建良好、稳定的企业治理模式。同时，IPO上市募集的资金较大，能够解决企业发展所需的资金问题。有利就有弊，由于IPO上市的审核程序烦琐、审核时间较长、所需费用较大，因此通常不符合急切要求上市企业的需求。借壳上市能绕开证监会等主管部门的一些审核和监管，采取借壳上市方式的，一般审核程序比较简单，标准也比较宽松，周期也相对较短，这样就节省了时间成本和交易成本。而且，借壳上市的企业无须向公众公布自己的各项指标，增加了企业的隐蔽性。企业对上市的定价也有一定的控制权。当然，借壳上市也有自身的潜在风险。例如，控制“壳公司”的资金投入大，资金短时间回笼压力大；二级市场投资者对借壳行为的接受程度对股价影响大；如果“壳公司”有诉讼、债务纠纷等问题的话，对借壳上市后企业的股价和后续发展都会有不利影响。

160. “技术性离婚”对于股权会产生哪些影响？

所谓“技术性离婚”是指夫妻双方非因感情确已破裂而协商一致的离婚，即以规避住房限购、禁业政策、股份减持规定、逃避债务等为目的而采取离婚的方式。随着中国经济社会发展水平提高以及法律制度逐步完善，越来越多的企业家开始采用技术性离婚这种方式有效规避财产分割等问题，更加便于企业家进行资产管理和传承。采用这种方式的具体原因在于：首先，中国的夫妻共同财产制度存在着很多漏洞和问题，容易导致财产纠纷。其次，在企业经营中，夫妻双方可能会出现意见不合或者个人利益冲突等问题，影响企业发展。最后，在资产传承方面，夫妻之间存在着继承权、赠与权等法律限制。这种做法既能规避夫妻共同财产制度带来的风险，又能保证企业稳定运行。但同时也存在着一些潜在风险和问题，比如：在执行过程中可能会出现法律漏洞或者操作失误导致无法达到预期效果；在道德层面上可能会引起公众争议或者社会不满情绪。

现实案例

近年来，有几起大股东离婚案引发关注，其中，恒大集团董事长许家印与其妻子刘姝威就完成了一次技术性离婚。对于恒大集团而言，许家印的技术性离婚并不会对公司经营造成实质性影响。恒大集团已经建立了完善的股权结构和管理机制，并且有专门的管理团队来处理公司运营事务。此外，在股市上也没有出现明显波动。虽然恒大集团股价短期内没有受到明显影响，但是投资者还是对公司未来发展表示担忧。毕竟，许家印作为公司掌舵人之一，在公司战略决策、资源配置等方面具有重要作用。如果他由于个人原因无法参与公司管理，则可能会给公司带来一定风险。从个人角度而言，许家印选择采用技术性离婚主要是为了更好地保护自己和自己所创办企业所积累下来的财富。他可以通过将部分股份转移给子女或者其他亲属实现资产传承，并且避免了由于夫妻共同财产制度带来的风险。此外，在某些情况下也可以通过采取这种方式保护自己在商界中的形象和声誉。

商业实操建议

作为投资者，要及时关注上市公司披露的相关信息，尤其是上市公司是否会因为离婚等事由而导致实际控制人变更，因为这会对股价以及公司未来长远发展产生巨大影响。

161. 婚姻存续期间，登记在一方名下的股权应当如何认定权属？

夫妻一方在婚姻关系存续期间“投资的收益”，为夫妻的共同财产，归夫妻共同所有，但是并不能据此判断股权本身是否成为夫妻共同财产。婚姻关系存续期间登记在配偶一方名下的股权能否成为夫妻共同财产，可由司法程序据实确认。登记并非股权设立或生效的要件。股权基于股东出资而产生，是股东因出资事实而发生的法律效果之一，即在取得股东资格之外，股东通过投资取得的相应财产权利。股权登记与否，不是判断该股权设立与归属的实质要件。股权变更登记仅对作为民商事主体的第三人产生对抗效力，且此种对抗效力实为推定效力，而不宜认定为确认效力。

现实案例

在最高人民法院审理的（2023）最高法民终45号案件中，韩某与马某婷系夫妻，宝恒公司于2010年设立，其法定代表人为马某婷，马某婷、梁某分别持有90%、10%股权；北京丰年公司于2001年设立，其法定代表人为马某婷，马某婷、马某芬分别持有70%、30%股权；黑龙江丰年公司于2000年设立，其法定代表人为马某婷，马某婷、马某芬分别持有60%、40%股权。垦丰公司与中油丰年（北京）石油销售有限公司、马某婷买卖合同纠纷案，由上海市第一中级人民法院作出（2019）沪01民初169号民事判决书。黑龙江丰年公司、马某婷提起上诉。二审期间马某婷死亡，其继承人韩某、马某宁（马某婷之子）被追加为当事人。该案审理期间，上海市高级人民法院裁定查封、冻结或扣押韩某、马某宁继承的价值5000万元的马某婷遗产，于2021年1月冻结马某婷名下宝恒公司90%股权、北京丰年公司70%股权、黑龙江丰年公司60%股权。2021年3月8日，韩某向上海市高级人民法院提出异议，申请解除对宝恒公司45%股权、北京丰年公司35%股权、黑龙江丰年公司30%股权的保全措施。韩某认为，自己与马某婷系夫妻关系，马某婷去世后其持有的宝恒公司90%股权、北京丰年公司70%股权、黑龙江丰年公司60%股权中的一半，应属于韩某所有，但该申请被驳回。后经公证处作出公证书，载明登记在马某婷名下北京丰年公司的股份是夫妻共同财产，一半的产权份额属韩某所有，一半为马某婷遗产由韩某继承。同年，北京市国信公证处作出一份公证书，载明马某婷名下宝恒公司90%股份是夫妻共同财产，一半的产权份额属韩某所有，另一半为马某婷遗产由马某宁继承。原审法院认为：韩某对案涉股权并不享有排除保全措施的民事权益，韩某的诉讼请求无事实和法律依据，故驳回韩某的诉讼请求。最高人民法院认为：案涉股权属于马某婷生前与韩某的夫妻共同财产。韩某的部分上诉请求成立，应予支持。

商业实操建议

在实务中，作为债权人，可以执行被执行人配偶名下的股权、股票；可以对夫妻共有的股权、股份进行分割，分割后申请法院解除对个人财产的查封。此外，除了析产诉讼，公证也是一种很好的财产分割方式。

162. 上市公司如何防止"野蛮人"入侵？

"野蛮人"系针对恶意收购情形下的恶意收购方的称呼。恶意收购是指收购公司在未经目标公司董事会允许，不管对方是否同意的情况下，所进行的收购活动。由于此类收购的本质是一种短期获利行为，与企业的长期发展相违背，与"野蛮人"的行为无异，故将恶意收购方称为"野蛮人"。以下是防止野蛮人入侵的方法：

（1）"白衣骑士"：指企业遭遇恶意收购的时候，管理层主动寻找到一个友好的、资金充裕的、不会干涉管理层经营方略的第三方公司，向该公司定向增发股权，让该公司控股本企业，以达到增加收购成本，驱逐恶意收购方的目的。引入“白衣骑士”救场是很多企业进行的第一选择。首先，在股权结构上，“白衣骑士”系控股股东，没有导致公司股权过于分散，甚至在一定程度上起到了“强强联合”的目的，有利于公司治理。其次，“白衣骑士”虽然为控股股东，但因为系公司管理层找来的，不会在取得公司控制权后解散公司董事会，保留了公司原有的经营理念和习惯，尊重公司的企业文化，可以使优秀的传统得以延续，再创辉煌。在万科与宝能系的股权之争中，万科便是通过找到深圳地铁集团作为“白衣骑士”的方式来抵御宝能的收购。

（2）“毒丸计划”：指被恶意收购的公司通过发行证券，以降低公司在收购方眼中的价值的措施。由于它不需要股东的直接批准就可以实施，所以在20世纪80年代后期被广泛使用。毒丸计划有以下几种形式：a. 负债毒丸计划。就是被收购企业事先向债主借一大笔钱，并约定如果自己被收购了，债主就可以提前赎回这笔钱，进而导致企业现金流恶化甚至财务困难，或把这笔债务转成被收购企业的股票，进而稀释收购者的持股比例。b. 人才毒丸计划。指被收购的公司事先与自己的高管约定，当公司被并购的时候，只要这些高管中的任意一人被降职或革职，原来所有的高管都将集体辞职。c. 优先股毒丸计划。指被收购的原股东有权增发股票，并以低价优先购买，借此摊薄收购方手中的股权。

（3）“金色降落伞”：指在公司章程里设计一个条款，以确保公司现有的高管如果因为公司并购或收购而被解雇，则收购方应当向被解雇的高管提供巨额的补偿金。这样的反收购策略会给收购方带来巨大的现金流压力，增加收购成本，迫使其终止收购。金色降落伞条款有利有弊。好处是公司支付给高管的巨额补偿费用将使得收购方的收购成本大幅增加，成为抵御恶意收购的一种防御措施。弊端是有可能诱使高管为了得到巨额补偿低价出售企业。

（4）“驱鲨剂”条款：指通过增加收购方接管公司的难度来抵御恶意收购，其操作过程是由董事会组织召开股东会，设立相应条款来增加收购方接管公司控制权的难度。“驱鲨剂”条款主要有以下3种方法：a. 交错选举董事条款。该条款规定每年股东大会只能更换小部分董事，董事在任职期间，股东大会不得无故解除其职务。这样的方式能防止股东“大换血”，从而保住公司的控制权。b. 董事任职资格条款。该条款对董事任职资格和提名程序进行详细规定，当收购方提出董事候选人时得经过各种严格考核，增加收购方对标的公司的控制难度。c. 特别决议条款。我国《公司法》中明确规定，对公司产生重大影响的决议须经过股东大会 2/3 以上的股东人数表决通过。因此如果收购方的决议被判定为“对公司产生重大影响”，就得以特别决议的方式进行表决，从而延缓或削弱收购方的控制权。

现实案例

毒丸计划：盛大和新浪

2004 年年初时，盛大上市之后募集了很多资金，在 2004 年 1 月在二级市场不断收购新浪网的股票，当时新浪网的管理层没有在意，以为盛大正在进行股权投资。2 月 19 号，盛大突然宣布持有新浪 19.5%的股权，就是一个临界值。如果盛大持有新浪 20%的股权，二者就要合并财务报表，新浪此时才突然意识到盛大对自己的恶意收购，所以新浪网花了三天时间，非常仓促地推出了股权稀释毒丸计划。当时，新浪股权价格大约为每股 35 美元，新浪网的股权稀释毒丸计划就是让另外 80%的股东以 15 美元左右的价格买新浪网的股票，一旦盛大持有达到 20%的股权，这个毒丸计划立刻生效，另外 80%的股东将以 15 美元每股的价格购买新浪网增发的股票，使盛大的比例掉到 20%以下。这时，除非盛大特别有钱，继续在二级市场购买。后来盛大知难而退，新浪反收购成功。

商业实操建议

如果公司股东想防止容易造成“野蛮人入侵”的“股权间接转让”这种交易形式，可以一开始就在公司章程中，加入对优先购买权的扩张性解释，以保障受到认可的“其他股东”的优先购买权，在英美法商界已经有较为成熟的实践可供参考。

163. 个人股权“平价转让”是否合理？税务机关如何认定股权转让的合理性？

个人股权“平价转让”是个技术活，想要免除个人所得税不是想当然的，处理不好就会引来税务稽查，要求补缴税款。

根据国务院发布的关于《股权转让所得个人所得税管理办法（试行）》的公告（国家税务总局公告2014年第67号）第3条规定，股权转让是指个人将股权转让给其他个人或法人的行为，包括以下情形：（1）出售股权；（2）公司回购股权；（3）发行人首次公开发行新股时，被投资企业股东将其持有的股份以公开发行方式一并向投资者发售；（4）股权被司法或行政机关强制过户；（5）以股权对外投资或进行其他非货币性交易；（6）以股权抵偿债务；（7）其他股权转移行为。个人转让股权一般是按照“财产转让所得”缴纳个人所得税，应纳税额=（股权转让收入-股权原值-合理费用）×20%。

依据《税收征收管理法》第35条的有关规定，纳税人申报的计税依据明显偏低，又无正当理由的，税务机关有权核定其应纳税额。什么叫“计税依据明显偏低”，什么叫“无正当理由”，目前权威机构并没有作出准确的解释，除了《股权转让所得个人所得税管理办法（试行）》有些列举示例。因此，对是否构成“明显偏低、无正当理由”的判定，基本属于税务机关自由裁量权的范围。税务机关在行使该项自由裁量权时应遵守基本的法治原则，在保障国家税权的同时，应充分考虑纳税人的权利保护问题。实务操作层面上，“正当理由”的基本标准是合法、合理，也就是说只要不违法、不违反道德底线，都可以认为是正当的。例如，纳税人将应税标的以明显低价转让给子女，这种行为不违法，也不违反道德，应属于可接受的“正当理由”的范畴。

根据《股权转让所得个人所得税管理办法（试行）》的规定，股权转让收入应当按照公平交易原则确定。符合下列情形之一，视为股权转让收入明显偏低:(1)申报的股权转让收入低于股权对应的净资产份额的。其中,被投资企业拥有土地使用权、房屋、房地产企业未销售房产、知识产权、探矿权、采矿权、股权等资产的,申报的股权转让收入低于股权对应的净资产公允价值份额的。(2)申报的股权转让收入低于初始投资成本或低于取得该股权所支付的价款及相关税费的。(3)申报的股权转让收入低于相同或类似条件下同一企业同一股东或其他股东股权转让收入的。(4)申报的股权转让收入低于相同或类似条件下同类行业的企业股权转让收入的。(5)不具合理性的无偿让渡股权或股份。(6)主管税务机关认定的其他情形。符合下列条件之一的股权转让收入明显偏低,视为有正当理由:(1)能出具有效文件,证明被投资企业因国家政策调整,生产经营受到重大影响,导致低价转让股权;(2)继承或将股权转让给其能提供具有法律效力身份关系证明的配偶、父母、子女、祖父母、外祖父母、孙子女、外孙子女、兄弟姐妹以及对转让人承担直接抚养或者赡养义务的抚养人或者赡养人;(3)相关法律、政府文件或企业章程规定,并有相关资料充分证明转让价格合理且真实的本企业员工持有的不能对外转让股权的内部转让;(4)股权转让双方能够提供有效证据证明其合理性的其他合理情形。

现实案例

所谓"平价转让"需要补缴税款

2018 年 1 月,长春某科技公司原股东李某与段某达成股权转让协议,李某将其持有的科技公司 20%的股权(原值为 500 万元)悉数"平价转让"给段某,股权转让金额为 500 万元。李某与段某均认为,上述转让股权的行为属于"平价转让",在转让过程中没有实现增值,不需要缴纳个人所得税。后主管税务机关发现股权转让价格异常,经调查核实,按照独立第三方出具的企业价值评估报告中显示,长春某科技公司的净资产为 3000 万元,根据国家税务总局 2014 年第 67 号公告的相关规定,李某转让给段某 20%的股权应按照"财产转让所得"缴纳个人所得税共计 20 万元[即(3000 万元×20%−500 万元)×20%]。

商业实操建议

股权转让个人所得税问题向来被大众所关注，自国家税务总局发布关于《股权转让所得个人所得税管理办法（试行）》的公告，进一步明确了个人股权转让中关于转让行为认定、收入确认原则、核定条件及方法、股权原值的确认、股权转让的纳税时点等相关问题，减少了实践中关于个人股权转让所得税问题的争议。但是，该文并不能解决现实中的所有涉税问题，对于股权"平价转让"行为是否符合公告的相关规定，是否属于股权转让收入明显偏低，如果偏低是否有正当理由都是实务中不得不面对的现实问题，需要请专业律师咨询指导。

164. 公司如何进行股改搭建 VIE 架构？

VIE 架构即可变利益实体，也称"协议控制"，即不通过股权控制实际运营公司而通过签订各种协议的方式实现对实际运营公司的控制及财务的合并。VIE 架构最开始是用于规避国内监管对外资准入的限制，现在主要运用于企业实现海外上市融资。设置 VIE 架构有几大优势：享受税收优惠和公司注册地宽松的法律环境；能成功规避现行的不可自由兑换的外汇管制制度；帮助外资有效规避政府管制和纠纷。

构建 VIE 架构需要完成以下几个步骤：

（1）设立 BVI 公司。构建 VIE 架构的第一步，就是公司（境内权益公司）的自然人股东在英属维尔京群岛（The British Virgin Islands）等地设离岸公司，可将其称之为"BVI 公司"。根据该岛法律，除了每年必需的管理费，其他收入和盈余无须再交税费。而且这里几乎无外汇管制，对隐私高度保护，金融服务发达，多种原因共同缔造了这个离岸公司注册的"天堂"。简单来说，在这里设立公司既方便、便宜，保密性又高。但信息不公开，法律制度也并不那么完善，世界上主要的交易所并不认可注册在这里的企业上市，因此，要开展第二步公司搭建。

（2）设立开曼公司。以风投、其他公众股东和BVI公司为股东，设立一家注册在开曼群岛（The Cayman Islands）的公司，作为上市主体。

（3）设立香港公司。由开曼公司设立特殊目的公司SPV（Special Purpose Vehicle），一般将其注册地选择在香港。SPV可以基于境内外第三方的担保直接向境外机构进行债务融资，在境外筹措资金。而香港作为知名的国际金融中心，适用英美法系，有着便利的融资和金融服务体系，适合SPV的生存和成长。

（4）设立WFOE。由SPV（香港公司）设立境内外商独资公司，即WFOE公司（Wholly Foreign Owned Enterprise）。这是境外上市主体伸向境内的法人机构，虽不能有实际经营，但却由它控制着有实际经营的公司。

（5）协议签署，利润转移。由WFOE签署一系列协议控制VIE公司（境内权益公司，即境内的实际经营主体），而这个VIE公司作为境内的经营实体，它的股东全部是国内的自然人或机构。这些协议包括但不限于贷款协议、股权质押协议、独家顾问服务协议、资产运营控制协议、认股权协议、投票权协议等。签署这一系列的控制协议后，按照美国的会计准则，作为经营实体的VIE实体实质上已经等同于WFOE的"全资子公司"。因为VIE实体在股权上仍为境内控制，所以它也就可以在大陆开展外资禁入的业务。但在美国看来，他又是开曼公司的实际控制公司，也就认可了开曼公司作为上市主体。

165. VIE架构切换为境内架构时应当做哪些安排？

2018年曾经引起热议的"CDR试点①"，是针对境外已上市且市值在2000亿元以上的少数几家中概股公司，以及尚未在境外上市的创新企业，使

① 参见2018年3月30日发布的《关于开展创新企业境内发行股票或存托凭证试点的若干意见》。

得境外架构公司有可能实现无需改变架构而直接在 A 股 IPO。但截止到目前,拆除 VIE 架构依然是回到国内上市的必经之路。通常要考虑几个因素:未来是希望以 VIE 公司还是 WFOE 作为拟上市主体?境外投资者是否退出?创始股东是否具有境外身份?公司是否有足够留存资金支付老投资人回购价款?等等。这几个问题的回答共同决定了采取什么样的方案拆除 VIE 架构。以下列举了一些常见情形:

情形一:VIE 公司作为拟上市主体,境外投资者退出。

如果境外公司有足够的留存资金,则可以不引入外部投资人,直接终止 VIE 协议,步骤如下:(1)开曼公司以境外留存资金回购境外投资者持有的股份;(2)终止 VIE 协议;(3)注销境外公司;(4)WFOE 的处理方式:转让给非关联第三方或注销。

如果境外公司没有足够资金支付境外投资者的回购价款,则需要引入人民币基金,操作步骤通常如下:(1)由人民币基金向 VIE 公司增资;(2)VIE 公司收购 WFOE,股转价款支付至香港公司并分红至开曼公司;(3)开曼公司以实际退出价格回购境外投资者持有的股份;(4)终止 VIE 协议;(5)注销境外公司。

情形二:VIE 公司作为拟上市主体,境外投资者不退出(前提是 VIE 公司从事的是外资允许或鼓励类业务,或者虽然是限制类,但外资可满足法定要求)。

本情形下拆除 VIE 架构方案的主要步骤如下:(1)境外投资者向 VIE 公司增资;(2)VIE 公司收购 WFOE 和香港公司,股转价款支付至开曼公司;(3)终止 VIE 协议;(4)开曼公司回购境外投资者持有的股份;(5)注销开曼公司和境外 SPV。本方案下亦可同时引入人民币基金的投资。最终的 VIE 公司将变为中外合资企业。

情形三:WFOE 作为拟上市主体,境外投资者不退出。

如果决定将 WFOE 作为拟上市主体,可以将 WFOE 转变为 JV 式或是纯内资公司(由境外投资者的境内平行人民币基金接盘)。拆除步骤一般如下:(1)由境外投资者收购 WFOE 部分股权,股转价款支付至香港公司并分红至开曼公司;(2)开曼公司回购境外投资者持有的股份;(3)终止 VIE 协议,WFOE 收购 VIE 公司。如果创始股东具有境外身份则可以保留其持股架构不变,如果创始股东是境内人士则需要回到境内持股。

商业实操建议

折红筹的法律服务工作简单来讲,可以分为前期准备的“尽职调查”和后期操作的“边拆边建”两个部分。尽职调查要注意对拆红筹的目的、未来的股权架构计划,对境内主体和境外主体的股东持股情况、注册资本及实缴情况等进行详细调查,特别注意公司设立过程中是否涉及返程投资以及 37 号文备案情况。边拆边建的操作过程中,如果境外企业没有在境外上市,则不涉及私有化,主要考虑法律程序、资金流规划、交易税费、境内上市主体股权重建、外资准入、外汇合规和股权激励方案重建等。

166. 什么是“37 号文”登记？未经登记有怎样的法律风险？

内地企业于境外上市,一般都需要搭建 VIE 或红筹架构,通常就会涉及办理“37 号文”登记。所谓“37 号文”,是指 2014 年 7 月 14 日,国家外汇管理局发布的《关于境内居民通过特殊目的公司境外投融资及返程投资外汇管理有关问题的通知》(汇发〔2014〕37 号)。在目前境内个人对外投融资存在外汇管制的情况下,通过完成 37 号文的登记程序,允许境内个人到境外设立以融资为目的的特殊目的公司,用于境外融资后返程投资境内。

依据 37 号文的规定,所称“特殊目的公司”,是指境内居民(含境内机构和境内居民个人)以投融资为目的,以其合法持有的境内企业资产或权益,或者以其合法持有的境外资产或权益,在境外直接设立或间接控制的境外企业。所称“返程投资”,是指境内居民直接或间接通过特殊目的公司对境内开展的直接投资活动,即通过新设、并购等方式在境内设立外商投资企业或项目,并取得所有权、控制权、经营管理权等权益的行为。所称“境内机构”,是指中国境内依法设立的企业事业法人以及其他经济组织;“境内居民个人”是指持有中国境内居民身份证、军人身份证件、武装警察身份证件的中国公民,以及虽无中国境内合法身份证件,但因经济利益关系在中国境内习惯性居住的境外个人。所称“控制”,是指境内居民通过收购、信托、代持、投票权、回购、可转换债券等方式取得特殊目的公司的经营权、收益权或者决策权。根据37号文的规定,在境外融资上市架构中,所有持有股份的中国籍自然人都需要办理37号文登记,以保证外汇合规,主要包括以下三类人群:中国企业创始人;中国企业的其他中国籍自然人股东;中国企业上市前的公司职工持股计划(ESOP)激励已行权的员工。

现实案例

2018年10月22日,中国外汇管理局公布了20起外汇违规案例,首次提及两例境内居民通过境外SPV(特殊目的企业)返程投资的外汇违规案例,其中包括:某包装有限公司逃汇案。2010年12月至2016年11月,某包装有限公司办理外汇登记未如实披露返程投资企业实际控制人信息,并违规汇出利润290.12万美元。处罚依据是认为该行为违反了《国家外汇管理局关于境内居民通过特殊目的公司境外投融资及返程投资管理有关问题的通知》第15条,构成逃汇行为。根据《外汇管理条例》第39条,处以95万元人民币罚款。

商业实操建议

境外投资也好,返程投资也罢,只要外汇不登记,就可能被追究逃汇的法律责任。依据“37号文”的规定,应当注意做好以下几个时点的外汇登记工作:

(1)境内居民以境内外合法资产或权益向特殊目的公司出资前,应向外汇局申请办理境外投资外汇登记手续。境内居民以境内合法资产或权益出资的，应向注册地外汇局或者境内企业资产或权益所在地外汇局申请办理登记；境内居民以境外合法资产或权益出资的，应向注册地外汇局或者户籍所在地外汇局申请办理登记。

(2)已登记境外特殊目的公司发生境内居民个人股东、名称、经营期限等基本信息变更，或发生境内居民个人增资、减资、股权转让或置换、合并或分立等重要事项变更后，应及时到外汇局办理境外投资外汇变更登记手续。

(3)非上市特殊目的公司以本企业股权或期权等为标的，对其直接或间接控制的境内企业的董事、监事、高级管理人员及其他与公司具有雇佣或劳动关系的员工进行权益激励的，相关境内居民个人在行权前应到外汇局申请办理特殊目的公司外汇登记手续。

(4)特殊目的公司完成境外融资后，融资资金如调回境内使用的，应遵守中国外商投资和外债管理等相关规定。返程投资设立的外商投资企业应按照现行外商直接投资外汇管理规定办理相关外汇登记手续，并应如实披露股东的实际控制人等有关信息。

(5)境内居民从特殊目的公司获得的利润、红利调回境内的，应按照经常项目外汇管理的有关规定办理；资本变动外汇收入调回境内的，应按照资本项目外汇管理规定办理。

167. 什么是 Term Sheet？签订 TS 条款意味着一定会有投资吗？

无论是创业者还是投资人，对于签署的每一份文件的功能都是需要了解的。Term Sheet，即条款清单(亦称“投资条款清单”或“TS 条款”)，是指投资人在对目标企业有了初步投资意向后，与企业及创始人就可能达成的投资交易所作出的原则性约定，列明投资的主要条件和投资人想获得的优先权利，一般也会作为双方未来达成投资意向后签订正式投资协议中的主要条款。有的外资机构的条款清单十几页，有的中资机构的条款清单却只有一页。即使有了 Term Sheet，也不意味着一定会有成功投资，这个过程中仍然需要注意风险防范。

对于投资人而言，Term Sheet 中需要关注争取的条款大致分为两类：投资人保护性权利；交易费用承担以及排他期。关于投资人保护性权利，目前市场上较为常用的有以下几类：回购条款、优先认购权/购买权、共同出售权、领售权、反稀释权、对赌以及业绩承诺、股东会/董事会议事规则调整、优先清算权等。在 Term Sheet 中也会考量部分具有法律约束力的条款，特别是交易费用承担以及排他期条款。通常情况下，如果投资人最后完成投资，可以考虑将全部或部分的尽调费用通过交易费用承担条款由目标公司承担，因为这样可以适当降低投资人的投资成本，并且只要投资成功，目标公司也较为乐意承担一部分尽调费用。如果投资人对于目标公司较为强势，往往还可以签署一个排他期条款，即在排他期内，目标公司除了配合投资人进行尽调以及与投资人进行交易谈判外，不得与其他任何投资人或中介机构对接融资事宜，否则视为违约，并需要根据 Term Sheet 中的违约责任条款承担赔偿责任。

现实案例

投资意向书的约束效力

在天津市第一中级人民法院审理的[（2019）津 01 民终 2387 号]中钰资本与任某祥股权转让纠纷案中，双方签署《投资框架协议》与《投资意向协议》，并对交易架构、交易价格、保证金、质押期限等交易细节进行具体约定。且任某祥等自然人股东按照约定办理了股权质押，中钰资本支付了 373 万元的保证金。在这个案件中，即便《投资框架协议》中有约定“无论何种原因，导致交易事项未能全部实施完成的，任某祥应返还交易保证金 373 万元”，但是法院仍然认为，《投资框架协议》是签约各方当事人的真实意思表示，内容不违反法律、法规的强制性规定，为有效合同，各方当事人应该遵守。作为违约方的中钰资本，无权要求解除《投资框架协议》并要求返还相关保证金。

商业实操建议

（1）过于细致、可执行的交易条款，可能会被法院认定为合同成立，从而具有一定的约束力。因此，律师团队在设计条款时，需要明确哪些条款具有约束力，哪些条款不具有约束力。

（2）Term Sheet 往往是投资方会披露交易架构和重要交易条款的文件，即便其中明确约定了 TS 条款不具有强制约束力，最终以签署的交易文件为准，但创始人仍然应该在这一阶段对于投资方的特殊股东权利条款予以应有的重视。

168. 什么是过桥贷款？有怎样的法律风险？

Term Sheet 签订后，正式协议谈好之前如果要尽早锁定投资人，可以提出先要一笔过桥贷款。过桥贷款指的是在投融资双方签订 Term Sheet 之后，在较短的时间内，投资人给予公司的一笔贷款；在融资完成后，这笔贷款会转成投资款。过桥贷款通常是无息或者低息的。虽然从法律上来说，这笔贷款到期后是可以无理由回收的，但是从投资人的心态上来说，如果给了过桥贷款，这个项目就基本成立了，投资人会尽量去达成投资交易。在有前期过桥贷款的情况下，融资成功的概率会高得多。过桥贷款还有一种目的，就是满足公司迫切的资金需求。从 Term Sheet 签订到正式交割，有时候需要好几个月的时间（视协议谈判的情况以及投资人要求的交割前提条件而定），而公司可能急需资金开展业务，先拿过桥贷款是一个比较好的解决办法。

但需要注意,使用过桥贷款也有风险,风险来源于各方主体:一是银行反悔,在收回贷款后不再重新续贷,这样企业和垫资过桥人就麻烦了;二是企业本身已经出现资金困难,银行批贷后,企业可能会直接卷款跑路,这样对于银行和垫资过桥人都是损失;三是如果垫资过桥人是高利贷,甚至是套路贷,企业可能会因此受到很大打击。

现实案例

"燃眉之急"下的过桥融资:华融公司向德隆系发放2.3亿元过桥贷款

2004年8月,华融资产管理公司(以下简称"华融公司")受托以市场化方式,全面参与"德隆系"资产重组。随后,德隆国际战略投资有限公司将其所属全部资产,即包括上市公司在内的实业公司股权、证券公司在内的金融机构股权以及有权处分的其他资产,不可撤回地全部交由华融公司托管,并由华融公司行使全部资产管理和处置权利。"德隆事件"的爆发使德隆系所属企业的信用水平和融资能力急剧下降,一些经营尚属正常的实业企业,其正常生产经营也因此受到较大影响而难以为继,ST屯河和天一实业就是如此。为了摆脱经营困境,这两家企业先后向华融公司提出了发放"过桥"贷款的申请。2004年11月9日,为维持德隆系部分有效益的企业正常生产经营,推动重组工作顺利进行,华融公司向德隆系的ST屯河和天一实业这两家实业企业发放了总额为2.3亿元的过桥贷款,其中向ST屯河提供2亿元流动资金过桥贷款,专项用于甜菜收购;向天一实业提供3000万元流动资金过桥贷款,专项用于亚麻收购。2005年7月26日,ST屯河(600737)公告称,根据6月14日签署的《股权转让协议》的约定,中粮集团已于7月21日通过委托贷款方式,由中国工商银行向公司提供专项借款9200万元,用于偿还华融公司提供给公司的过桥贷款,公司已将上述款项汇入华融公司指定账户。截至2005年7月22日,ST屯河已归还了华融公司提供全部过桥贷款的本金和利息。

商业实操建议

中小企业寻求投资时一定要有长期战略规划，不要等到急需资金的时候再找投资方，尽管有所谓“过桥贷款”能解燃眉之急，但是在寻求投资的时候会使企业变得相对被动。企业还经常会有较多的融资需求，一定要找正规的金融机构，或者找金融专家提前为企业建立好融资平台，不要等到企业急需资金的时候再盲目融资。

169. 什么是投资人的拖售权？有哪些法律风险点？

拖售权（Drag Along Right），又称领售权、强制出售权，在拖售权的条件触发后，享有拖售权的股东向第三方出售股权时，有权强令其他股东以相同价格和同等条件向第三方出售其股权。享有拖售权的股东为目标公司的投资方，所以设置拖售权的目的就是保护投资方的投资权益，为拖售权人退出公司提供路径。在内容上，拖售权一般在协议中约定与公司业绩挂钩，所以在某种程度上拖售权的设置能够更好地督促公司管理人经营好公司。当出现整个公司被并购时，涉及所有股东或大多数股东都作为转让方来卖股份，但在实践中会存在一些“钉子户”，即某些小股东不愿意签字卖股份，此时拖售权就可以解决“钉子户”的问题。从公司的创始人角度，需要重点关注拖售权的行权条件。若仅需投资人同意，而创始人没有拒绝权，就需要设置拖售权的行权门槛。可以要求买方不得是竞争对手或投资人的相关利益主体，以避免恶意收购的情况。还可以设置创始人的优先购买权，即投资人要求出售股权，创始人或其指定的人可以在同等条件下优先购买股份。降低创始人风险的最好方式就是，明确规定拖售权的行使需要征得投资人与创始人双方的同意。

现实案例

在阿里巴巴收购“饿了么”案例中,其收购在程序上没有受到太多阻碍。“饿了么”在境外的融资主体为 Rajax。2017 年 8 月,阿里巴巴投资“饿了么”,并与公司和全体股东签署了优先购买权协议,在协议中关于拖售权的安排具体约定为:“Rajax 未来发生并购、重组、资产买卖、股权买卖、控制权变更等重大清算事件时,在阿里巴巴、Rajax 多数优先股股东以及多数普通股股东书面同意的情况下,其他未书面同意的股东必须接受并执行交易安排,并且 Rajax 任何董事可以代表未书面同意的股东签署交易文件”。2018 年 4 月,阿里巴巴提出整体收购“饿了么”。当时华联股份的全资子公司 Beijing Hualian Mall(Singapore)Commercial Management Pte Ltd. 是 Rajax 的小股东,股权比例仅占 4.83%。在本次整体收购中,大部分“饿了么”的普通股股东和优先股股东已经同意出让股份,但是华联股份对此未向 Rajax 发出书面同意的意见,但是根据上述优先购买权协议,拖售权的启动条件已经大部分满足,在 Rajax 的董事张旭豪代表华联股份签署了全部的交易文件之后,拖售权启动,而华联股份不得不接受本次交易安排,最终 Rajax 以 1.847 亿美元的对价将全部股份转让给阿里巴巴。由此可见,阿里巴巴在收购“饿了么”的进程中,通过设定拖售权条款完成全体股东优先购买权协议的签订,扫除了小股东对收购提出异议的障碍。

商业实操建议

拖售权的启动能够撼动创始股东的地位,所以需要给拖售权设定合理的限制,具体实务建议如下:

(1)股权转让底价的高低对于被拖售的股东来说尤为重要。为了保障创始股东能够被分配到尽可能多的金额,在投资文件没有将拖售权与优先清算权之间的关系隔断的情况下,建议创始人要提前估算一下在拖售权被触发后能够分到多少,在此估值基础上与投资方谈判,协商在该权利条款中设置一个合理的股权转让底价。

(2)有些收购方是目标公司创始团队的竞争对手或者是拖售权发起方本身及其关联方,为了防止利益冲突以及公司控制权的恶意争夺,公司创始人在与投资方谈判时,可以设置收购方的负面清单。

(3)为了防止投资者轻易将其他股东的股权拖售,可以在行使拖售权的程序上增加一些环节,例如,需要经过一定比例的股东同意或者董事会批准等。

170. 什么是投资人的认股权?有哪些法律风险点?

一般认为,认股权是指公司或相关方按照协议约定,授予特定主体在未来某一时期认购一定数量或一定金额的企业股权的选择权。从法律关系来看,认股权是一种股权买入期权,是一个合同。基于该合同,持有人享有未来认股的权利;从财务角度看,认股权是相关主体持有的一种金融工具。认股权其本身并不发挥融资功能,是作为股权或者债权的附属权利出现,目的在于增加特定股权或债权的吸引力。在实践中,认股权常被用于弥补损失、支付服务报酬等。认股权不等同于股权,所以,持有人并不享有股东的分红权、表决权等。但是认股权可以转让。因此,持有人既可以行权,按照约定投资持股并在未来受益;也可以不行权,通过认股权交易受益。

投资人通常在两种特定情形下想要获得认股权:一是投资人投资占股低于预期的比例,期望认股权能锁定未来增加或维持股权比例的机会,以及获得一个未来认购新股的预定价格。二是投资人想要投资的金额大于过桥贷款的金额,由于仅用过桥贷款来做债转股是达不到目的的,此时就需要配合获得认股权。认股权的本质是投资人享有的选择权,即在未来可以选择以约定的数量和价格投资于公司的权利。对于公司而言,认股权是一种负担。因此,可能的情况下最好不给。但是,有时作为获得投资或过桥贷款的交换条件,不得不考虑给予投资人认股权。在这种情况下,需要注意以下几个问题:

(1)价格越低对公司越不利。比较合理的是与下一轮的融资挂钩,有个适当的折价。在过桥贷款的场合,如果作为本轮投资的预先安排,其价格可以就是本轮投资已经谈好的价格。

(2)期限越长,对公司越不利。期限较长的话,公司的估值很可能已经涨了很多,若还按照认购股权的价格行权会使公司吃亏。因此,认股权要设置一个确定的、较短的期限,过期不行使的话就失效。

(3)数量越大,对公司越不利。一般而言,认股权不要超过公司股权比例的5%。

(4)认股权的约定越模糊,对公司越有利。认购股权协议一般不会约定得很详细,但如果和认购权人就投资达成了协议,认股权一般就会适用这个协议的约定。

(5)公司应该争取约定认购权只能一次性行使完毕,否则自动失效。

现实案例

在因认股权证引发的纠纷中,较为常见的是,信息披露义务人或其他利害关系人因未适当履行披露义务,遗漏或误导重要披露信息,致使投资者难以准确判断甚至错误判断而产生的纠纷。在"胡某华诉国信证券有限责任公司上海北京东路证券营业部、上海万得信息技术有限公司赔偿纠纷案"中,原告认为证券公司与证券软件提供商仅提示权证到期日,未提示最后交易日,误导了其对白云机场认股权证交易期限的判断,导致其未及时交易该权证,要求两被告赔偿其损失。法院认为,股票、权证交易的投资者,首先要明白"股市有风险,入市须谨慎"的警示,充分理解"买者自负"的原则。作为一个权证投资者,应掌握和正确理解条款。同时,案涉争议权证的发行企业也公开发布了相关风险提示包括最后交易日讯息内容的公告,两被告在"操盘提示"中也提供了上述信息,原告作为权证投资者,对所涉权证公开性讯息应及时加以关注并行使投资权利。由于国信证券北京东路营业部和万得信息技术有限公司在本案中都没有过错,因此,原告的损失应由其自行承担。

商业实操建议

实务中,企业参与认股权业务需关注如下事项:

(1)建议拟参与认股权业务的企业在签订认股权协议前与现有股东进行沟通并取得其同意,避免认股权行权时触发其他股东的优先认购权或反稀释权等股东权利安排或产生其他争议问题。

(2)认股权持有方通常会在认股权协议中要求认可其有权将认股权转让给任何第三方。建议企业关注是否要求排除企业的竞争对手作为认股权受让方,并且可进一步考虑提出要求,创始团队或大股东对该认股权享有优先购买权。

171. 对创始人的股权转让限制是否有例外?

一般情况下,投资人会在投资文件中约定,创始人未经投资人同意,不能转让公司股权。此约定目的在于将创始人和公司的利益绑定,防止创始人套现甚至“抛弃”投资人。但也不是说创始人在所有情况下的股权转让都必须要征得投资者的同意,有几种比较常见的例外情形是可以写入合同的,投资人通常都会接受。例如:允许创始股东转让不超过一定比例的股权;允许向创始人全资持有的公司转股,向其近亲属或信托转让股权;允许创始人自由转让股权用于激励员工;允许持有优先股的创始人与投资人持有的优先股同等对待,可以自由转让。除此之外,如果公司有多个创始人,那么也允许这些创始人之间自由转让一定额度的股权,尤其是为还原创始人之间的股权代持进行的股权转让,或者为实现股权激励或股权奖励而在创始人之间进行的股权转让等。

现实案例

对创始人股权转让的限制不等于禁止

在上海市浦东新区人民法院审理的(2020)沪0115民初81228号案件中,上海市浦东新区人民法院认为:在有限责任公司中,由于各股东往往是基于相互信任才出资设立公司,股东更替意味着原有信任关系的断裂和新信任关系的建立,如果不能恰当处理股权转让问题将会影响到公司未来的正常经营。因此,我国《公司法》赋予了公司股东自主决定股权转让事项的权利,亦即公司股东可以通过公司章程对股权转让进行一定的限制。但是限制不等于禁止,限制必须符合立法目的和不违反法律的强制性规定。股东享有的股权是一种财产性权利,任何财产权皆具有处分权能,公司章程对股权转让的限制不得违反财产权的本质。如果公司章程通过其他条件和程序的设置,实际造成了股东股权转让极度困难或根本不可能,则会因违反《公司法》的规定而无效。本案被告的公司章程约定股东转让股权必须经董事会一致同意方能转让,该约定明显比《公司法》规定的经其他股东过半数同意的条件更为苛刻。同时,在董事反对股权转让时,被告公司章程未约定转让股东的救济程序,使转让股东的股权转让目的落空,实质上无法通过转让股权退出公司经营,显然有违《公司法》的规定。

商业实操建议

实务中,为企业创始人提出如下几点建议:将受限制的期限与比例进行合理评估,把握好“不超过X%”“下轮融资前”等关键节点;明确所持股权的权益归属,以防反向约定“限制性股权”分期兑付及回购条款;对豁免股权转让限制条款适用的例外情形应加以明确约定。

172. 对投资人的股权转让可以有哪些限制?

一般来说,投资人通常是比较强势的甲方,因其投资会给企业发展提供重要资源。同时,投资人希望通过投资获得回报,其中一个重要方式就是适当时机下的股权转让。这是投资人收回投资、实现盈利的重要关键一步。因此,接受投资时很难限制投资人的股权转让,这也是符合法律上尊重保护财产权和意思自治精神。

但是,在三种情况下可以对投资人的股权转让作出限制:一是在公司较为强势的情况下,特别是明星企业的上市前融资,投资人排队进场,公司可以提出要求规定投资人转让股权必须经公司同意,这是较为极端的情形,一般只有在明星企业上市之前的融资中才能看到。二是在双方平等协商的情况下,可以要求投资人在想要转让股权时,无论是否转让给竞争对手,公司都可以在同等条件下行使回购权,或创始人在同等条件下行使优先购买权。这是基于有限责任公司人合性特点,对所有股东都同样适用的条款,特别是在章程或投资协议中有类似约定的情况下。三是在投资人抱有良好的合作诚意,愿意与公司共进退的情况下,要求投资人不将公司股权转让给公司的竞争对手也就无可厚非了。

针对投资人的股权转让限制大致可以分为三类:一是明确未经同意投资人不得转股(转给关联方除外);二是约定投资人转股时其他股东有优先购买权;三是约定未经同意投资人不得转股给公司竞争对手。在这三类限制中,投资人不得转股给公司竞争对手所占比例最高,是目前投资交易文件所主要采取的约定安排;相反,约定未经同意投资人不得转股(转给关联方除外)的项目所占比例最低。

商业实操建议

通常时候，投资者作为甲方会更强硬一些，不愿意接受股份转让方面的限制。为尽快获得资金，企业可以尝试提出一些较为温和的解决办法。例如，在同等价格下，如果投资者打算将公司股份转让给其竞争者，那么创始人或者他的指定人将拥有优先购买权。要让协议具有可操作性，企业可以制定出一份竞争对手清单，该列表通常包括该公司的主要竞争者，并且可以每年进行一次更新。

173. 投资人可否要求创始人作出不竞争承诺？

投资既是在投项目，也是在投创业团队。投资人一般都会要求创始人作出不竞争承诺，即要求创始人只要持有公司股权或在公司任职，或当不再持有股权或离职后的一定期限（一般两到三年）内，不能从事、投资或参与和公司现有业务相同的或构成竞争关系的业务，也不能通过亲属等关联方开展竞争业务。这是因为，如果创始人还有别的与公司竞争的业务，极大可能会影响现有公司的业务表现。同样道理，公司往往也会要求高管和核心员工和公司签订不竞争协议，履行竞业限制义务。不同于普通员工的竞业限制条款，创始人作为股东的不竞争义务约定在投资协议中，一般没有“向创始人支付经济补偿金义务才生效”的说法。如果创始人还作为雇员与公司签署了不竞争协议或者在劳动合同中有竞业限制条款，则创始人离职后的不竞争义务只有在公司向创始人支付了竞业限制的经济补偿金后才能强制执行。

现实案例

天价竞业限制赔偿案

腾讯游戏前高级研发人才徐某华，在腾讯游戏任职期间及离职后，成立公司研发出多款与腾讯研发的游戏相似的产品,其中包含一款与《王者荣耀》存在高度相似性的游戏。腾讯方面质疑徐某华的行为违反了双方签订的劳动合同中的竞业限制条款,因此要求徐某华承担违约责任。一审判决徐某华存在违约行为,需支付腾讯违约金 372 万元,双方均不服判决。随后二审判决,徐某华应返还腾讯授予股票所获得的所有实际收益,向腾讯支付 1940 余万元,这一数额创下此类案件的最高赔偿纪录。

商业实操建议

创始人如果同时持有其他公司股权,或为其他公司工作,即便不构成同业竞争,也会引起投资人担心。投资人可能会要求创始人完整披露这些工作情况,承诺把主要时间和精力投入本公司,并关注和限制不同公司之间的关联交易。无论员工还是创始人,不竞争承诺都不是说说了事,法律合规意识还是必须要有的,天价竞业限制赔偿案就是个很好的教训。

174. 创始人对投资人也可以提出不竞争要求吗?

一般而言,投资人对公司股份的转让是没有或者难以进行限制的。但是,如果投资人将其股份转让给竞争者,则有可能形成“引狼入室”的现象,从而阻碍企业未来的发展。所以,创始人和企业有权要求投资者不得向同业竞争者转让其股份。也就是要求投资人作出不竞争承诺。投资人的不竞争承诺一般体现在两个方面:一是投资人在持有公司股权期间不能投资于公司的竞争对手;二是投资人不能将其持有的公司股权转让给公司的竞争对手。在公司较为强势或者投资人愿意协商的情况下,投资人作出不竞争承诺的也并不少见。

由于一些投资人采取“广撒网”“投赛道”的方式同时投资同一个业务领域的多家公司,因此,在对公司进行投资前,该投资人可能已经投了同类型的其他公司,或者投完公司以后可能还会投资其他从事同类型业务的公司。因此,要求投资人在持有公司股权期间不投资公司的竞争对手比较困难,除非公司极其强势。这时公司可以考虑与投资人约定:如果投资人在其他同类型的公司持有的股权超过一定的比例(比如超过在自身公司所持的股权比例),则该投资人如果在本公司有董事会席位的应该自动丧失该董事会席位,且该投资人的信息权,如获得公司的财务报表、运营报告等关键信息的范围将受到限制(比如只能是《公司法》规定的范围)。

现实案例

以两公司的实际经营活动、经营行为判断是否构成同类业务。

在上海市第一中级人民法院审理的(2011)沪一中民四(商)终字第889号案件中,上海市第一中级人民法院认为"法律规定的'自营或者为他人经营与所任职公司同类的业务',采取的是较为宽松的标准,禁止的竞业范围包括与所任职公司完全相同的经营业务,也可以是同种或者类似的经营业务。并且,禁止的业务并不能仅仅局限在公司章程或营业执照规定的经营范围之内,还应当包括公司实际从事的、该经营范围以外的业务。对竞业限制的范围进行解释时,应当把握的一个原则便是考察董事、高级管理人员从事的各种经营活动是否侵害了公司现实利益或者可预见的预期利益,以此作为判定标准"。

商业实操建议

由于商业、市场的发展,公司业务也在不断拓展,公司竞争对手的范围可能处于不断变化中,部分文件约定公司可以一定频率更新竞争对手清单,但竞争对手清单的制定和更新都要格外谨慎,否则可能会引起与投资者的纠纷。事实上投资者也的确可以在有充分根据的情况下,要求否决竞争对手清单中的具体列举。

175. 投资人想要董事会席位，想要就能给吗？

一般而言，除非是比较小的融资，基本每一轮融资的投资人都会想要董事会席位。实践中，即使投资方未获得董事会席位，也希望能够委派人员出任董事会“观察员”的角色。观察员不具有投票表决权，也起不到参与决策的作用，但却能够帮助投资方更好地了解公司运营情况。需要注意的是，公司应当尽量避免给出董事会席位，因为每增加一个投资人的董事席位的同时，就可能要增加一个创始人董事席位，才能保持创始人占多数席位的情况。但这样会导致董事会规模的扩大，从而降低决策的速度。而且事实上，创始人想要寻找合适人选来当己方董事也并不容易。

一般来说，董事会人数为单数。有限责任公司董事会通常由 3～13 人组成，股份有限公司董事会通常由 5～19 人组成，但也可能存在例外情形。实务中，有些有限责任公司在 B 轮就已经达到这个上限，所以在进行下一轮融资的时候，就只能劝说先前的一些投资人放弃董事席位了。所以，给予投资人董事席位需谨慎。对于前期的融资，低于 10%的股权的投资人尽量不给其董事会席位；而当董事会的规模达到 7～9 人的警戒线时，需要与投资人约定设置丧失董事席位的门槛，即可以设定一个固定的股权比例，也可以是按照现有的董事席位的投资人的股权比例排序，末尾者会丧失董事会席位。若公司存在多名创始人，就需要集中决策权到一个创始人，可以以一致行动协议的方式体现，也可以在股东间协议中直接约定，由创始人持股过半数的人来委任董事。

现实案例

《增资扩股协议书》约定董事长由特定方股东委派，违反该约定的公司决议可否撤销？

世纪盛康公司股东为杨某、舒某平。2009 年 9 月，杨某、舒某平作为甲方，中证万融公司作为乙方，世纪盛康公司作为丙方，签订了《增资扩股协议书》。该协议约定：中证万融公司对世纪盛康公司进行增资入股。增资完成后，世纪盛康公司董事会由甲方委派2人，乙方委派3人。董事长在乙方委派的董事中产生，副董事长在甲方委派的董事中产生。增资扩股后的世纪盛康公司董事长变更为赵某贤（中证万融公司委派）、副董事长吴某（杨某、舒某平委派）。2014年3月20日，在赵某贤未参会的情况下，世纪盛康公司董事会作出了董事会决议，决定免去赵某贤担任的董事长兼法定代表人职务，选举吴某为董事长兼法定代表人。中证万融公司向法院提起诉讼，请求撤销“320董事会决议”。法院认为：《增资扩股协议书》由全体股东一致同意，并经世纪盛康公司签署。因此，该文件虽名为协议，但在主体上，包括公司和全体股东；在内容上，关于董事长的产生办法属于公司章程的法定记载事项；在效力上，协议明确约定“本协议在不与新世纪盛康公司章程明文冲突的情况下，视为对世纪盛康公司股东权利和义务的解释并具有最高法律效力”，因此具有仅次于章程的最高效力。该股东间协议的法律性质应属世纪盛康公司对公司章程相关内容的具体解释，违反该协议应当可以作为决议的可撤销事由。最终，法院判决撤销“320董事会决议”。

商业实操建议

实务中，建议企业前期不要安排过多董事，最理想的状态是随着后期融资轮次的增加，每一轮增加一名领投方董事的同时，再安排一名创始团队董事。在设计和选任董事会成员时，除了考虑创始团队与投资人之间的平衡外，还需要根据投资人席位数的增加、企业经营管理的深化而作相应调整。

176. 创始人股权比例很低的情况下，如何保持对公司的控制权？

公司控制权，是指对公司决策和管理的最终权力，由公司的股东或利益相关者行使,涉及对公司资源、战略、人力和财务等方面的决策权,对企业的运营、资产及重大事项的决定等领域实现操纵和直接影响的权力。根据我国《公司法》的规定,股东会是公司的权利机构,掌握公司经营中重大事项的决策权利,而股东会决策的行使在股东间没有特殊约定的情况下,是以所持股权多少来决定投票权的,持股比例越少的股东,在股东会的决策中,起到的影响力就会越小。股权比例达到 67%,则获得绝对控制权。当公司章程无例外规定时,就会默认适用《公司法》里的 2/3 表决规则,即公司股东持有的出资比例达到 66.67%时,作出的重大事项决议均会有效。股权比例达到 51%可获得相对控制权,除《公司法》规定必须通过 2/3 以上表决权的重大事项外,理论上有相对控制权。

但股权多少并不是决定公司控制权的唯一因素,低股权比例也不等于完全失去公司控制权。围绕着公司控制权,可以从股权和公司经营管理两个角度考虑:(1)从股权角度而言,一是可以在股东协议及章程中设置“同股不同权”,根据《公司法》的规定,可以不按照股权比例来行使表决权。二是签署一致行动人协议,即多名小股东联合起来,在公司决策时采用一致的表决意见,达到能够实际影响公司决策的表决投票数。即使公司的实际控制人只是小股东身份,但仍能实际控制公司。三是设置委托投票权,通过委托投票,可以将小股东的投票权集中起来,增加小股东的股权比例,从而有效地影响公司决策。(2)从公司经营管理角度而言,股东会仅对公司经营的一些重大事项做出决定,而公司的具体经营还会由董事会、高管负责。一是通过约定使得小股东占据董事会的多数席位,以获得控制公司日常经营管理的权利。二是明确小股东担任法定代表人,有权在法律规定的范围内代表公司对外行使职权,且视为公司的行为,实现对公司的控制。三是通过由小股东掌握公司公章、资质证照等重要资料来控制公司。

现实案例

以京东为例,刘强东团队上市前的股权比例为 23%,但老虎基金、腾讯、高瓴资本、今日资本等 11 家投资人均将其投票权委托给了刘强东团队行使,使其获得委托投票权。上市后，刘强东团队虽然持股 20%，却拥有了 83.7% 的投票权。

商业实操建议

持股比例小但能控制公司，是创始人为守护自己开创的事业的一项底线保证。在实际操作中，在公司设立、发展和壮大的过程中，必须要将公司所处的业务领域、人才配置、资源需求等都考虑进构建公司股权架构以及公司治理机制中去，综合分析后选择恰当的方式来实现对公司的控制。

177. 公司上市一般需要做哪些"规范"动作？

企业要想上市，通常需要经历三个阶段：上市前的准备；上市申报；上市发行股票。其中，上市前的准备工作非常重要，因为该阶段在一定程度上可以决定企业能否成功上市。对于企业而言，要想成功上市，就必须在各个方面做到合乎法律规范，建立适合企业自身发展的管理体系。

企业上市的准备主要分为心理准备和实务准备。心理准备主要是指企业的决策层要对上市有足够的信心，对于本企业发展的长远目标有一个规划，要清楚企业上市并不是轻而易举的，要具备风险承受的能力。实务准备包括组织、业绩、财务会计、制度建设等方面的准备。上市工作是一项纷繁复杂的工作，必须调配专门的人才，成立专门的组织机构来从事这项工作。企业业绩的好坏是决定企业能否成功上市的关键，良好的经营业绩是企业成功上市的重要保证，因此，企业必须在业绩方面足够亮眼，符合企业上市的基本要求。此外，企业的财务管理、会计核算是否规范，涉税事项的处理是否规范，也是企业能否成功上市的重要条件。

现实案例

档案工作会影响企业上市进程吗?

2007年11月28日,中国重型汽车集团有限公司在香港主板成功上市,这是中国制造业第一只上市的红筹股,是一种崭新的生产经营管理模式。2004年年初,中国重汽就开始筹备上市的准备工作,其集团公司成立了上市工作领导小组,全面铺开上市各项准备工作。而开展工作的首要任务,就是建立起与上市有关的档案信息系统。为此,中国重汽集团专门从各部门抽调精兵强将,专职负责建立围绕上市的档案信息系统。由于中国重汽原有的档案制度与上市要求有很大的差别,因此需要在原有的基础上重新制定一系列适合企业上市的规定及制度。为此,中国重汽的档案人员在较短时间内制定了《上市档案分类办法》《上市档案保密制度》《上市档案借阅制度》等制度及规定,增强了可操作性,并在规范档案管理的前提下,积极拓展档案信息资源。很多人可能想象不到,中国重汽的成功上市,背后其实还有优秀细致的档案准备工作所作出的贡献。

商业实操建议

企业上市并非易事,要想顺利上市,一定要做好充足的前期准备工作。企业上市对公司各方面都有着很高的要求和严格的审查程序,各方面都符合规范要求才具备上市的资格,公司规范化运作会成为企业成功上市的重要助力。

178. 公司上市前的内部重组重点是要解决哪些问题?

上市前进行内部重组,主要是为了解决拟上市主体在独立性、同业竞争、关联交易以及股权清晰方面存在的问题，进而打造一个优质的上市主体，实现整体上市。

内部重组重点要解决以下问题：

一是为了实现主营业务突出、避免同业竞争。上市条件中要求拟上市主体具备完备的产供销体系，具备直接面向市场的独立经营能力，不允许把与主营业务相关的资产、人员、资质等放到上市主体之外。因此，内部重组首先是要将拟上市主体内与主营业务不相关的业务、资产及人员剥离出去，其次是要将与拟上市业务相关的业务、资产及人员纳入上市主体，从而达到主营业务突出、与控股股东和实际控制人及其所控制的企业相互独立的目的，避免未来上市时因与关联企业经营相同或相似业务而被认定为同业竞争。

二是实现公司独立运作。上市公司应当具备资产独立、业务独立、机构独立、财务独立和人员独立五个要求，避免陷入公司和股东的人格混同。

三是为了避免及减少关联交易。在上市前重组的过程中，拟上市主体一般会考虑将关联交易金额比较大的企业植入上市主体内并实现财务并表，从而达到减少关联交易的目的。

四是为了实现股权结构清晰。IPO 审核规定要求拟上市主体的股权必须清晰，不存在法律障碍或任何纠纷。部分企业历史上存在设立或股权转让方面的重大瑕疵或工会/员工持股等问题，通常考虑将拟上市业务及资产整合到一个历史沿革较为简单、清晰、干净的主体中，以扫清上市道路上的障碍。

五是为了提升公司整体的运营效率。通过上市前并购重组和企业改制，建立公司完善的股东大会、董事会、监事会以及经理层规范运作的制度，建立健全完善的、合法合规的财务会计等制度，促进企业管理水平的提升和业务流程的优化，从而提升公司整体的运营效率。

179. 对赌协议会影响公司上市吗？

公司发展过程中引入的投资人，在为公司带来资金和机会的同时，为了保障其自身利益，常常会与公司和创始人签署对赌协议，就公司估值、业绩补偿、回购、上市时间等事项进行特殊约定。这是因为投资人考虑到目标公司未来发展的不确定性、信息不对称等因素，特意设置保留了对未来目标公司的估值重新进行调整的机会。对赌协议通常约定：如果目标公司未来的获利能力达到约定的业绩指标，由融资方行使估值调整的权利，以弥补其因目标公司价值被低估而遭受的损失；否则，由投资方行使估值调整的权利，以补偿其因目标公司价值被高估而遭受的损失。其本质上属于期权的一种形式，即如果约定的目标未达成，投资方可以行使协议条款中的请求权来维护自身的利益。

需要注意的是，对赌协议中约定的可能触发创始人回购股权的情形、投资人享有的各项特殊权利等，均与A股上市要求的股权清晰、不存在权属纠纷、同股同权等并不相符。中国证监会对于对赌条款的监管态度较为明确：为A股上市申报需要，根据中国证监会的审核要求和可供参考的市场案例，对赌协议应当全部终止。原则上要求发行人在申报前清理对赌协议，但同时满足以下要求的对赌协议可以不清理："一是发行人不作为对赌协议当事人；二是对赌协议不存在可能导致公司控制权变化的约定；三是对赌协议不与市值挂钩；四是对赌协议不存在严重影响发行人持续经营能力或者其他严重影响投资者权益的情形"。

现实案例

保留对赌协议的案例——四会富仕(300852)

2017年12月，深圳市人才创新创业二号股权投资基金合伙企业（有限合伙）通过受让的方式取得了四会富仕电子科技股份有限公司股权135.74万股，持股比例为3.20%。人才基金与出让方签署股权转让协议时，也与四会富仕及其控股股东、实际控制人签署了《四会富仕电子科技有限公司股权转让之补充协议》。2019年5月，四会富仕创业板IPO提交申请时，人才基金与该公司、公司控股股东及实际控制人之间的业绩对赌、上市对赌等特殊权利条款未彻底清理，仍然保留效力恢复条款。因此，中国证监会首轮反馈问题中提及："需说明股东与发行人及相关主体之间的对赌协议或类似安排，是否符合有关监管要求的规定"。

鉴于此，四会富仕及其控股股东、实际控制人再次签署了《四会富仕电子科技有限公司股权转让之补充协议（二）》，彻底终止了包括业绩对赌等特殊权利的条款，但重新约定了有关上市的对赌条款。《补充协议（二）》已解除了公司应承担的义务，仅为公司股东之间的对赌约定，公司不作为对赌协议当事人。在新的股东之间对赌协议中，人才基金要求股权回购未与公司市值挂钩，不影响公司控制权，也不存在严重影响发行人持续经营能力或者其他严重影响投资者权益的情形。因此，虽然该对赌协议未终止，但具备了充分且合理的理由，符合中国证监会的相关规定。

经过上述两轮反馈，四会富仕于2020年5月携"对赌协议"在创业板IPO过会，成为近年来首例未彻底清理对赌协议而顺利过会的企业。

商业实操建议

由于监管部门要依据公司的经营状况、履约能力等综合评定，建议公司在上市之前就履行完成对赌协议。确实也存在拟上市公司满足证监会四项要求可以不清理对赌协议的情形，建议公司在与相对方签订对赌协议的时候进行合理约定，避免需要另行签订补充协议而阻碍迟滞上市进程。若拟上市公司在审查后发现不符合监管要求的，可以考虑签订对赌协议的终止协议。

180. 影响公司上市的"致命伤"可能会在哪里？需要在哪些方面予以重点防范？

从律界辅导众多公司上市的实务经验出发，以下几个方面的问题需要重点处理或者防范好,否则非常容易对公司上市造成障碍。

一是需要注意尽到股东信息披露义务,清理好股权代持关系。股权代持是指实际股东与名义股东之间的股权委托代理关系。股权代持合同规定了实际股东与名义股东之间的权利义务,包括投资、收益分配、管理等方面的约定。第一,股权代持可能会涉及存在隐名股东的问题。隐名股东是指由于某些原因不便或不愿以自己的名义在工商行政机关登记为股东,而通过与名义股东达成书面或口头的协议,以该名义股东的名义在工商行政机关登记,将自己的投资权益全部或部分地转让给名义股东的实际投资人。由于隐名股东的存在,可能会导致公司的股权结构不清晰,进而引发一系列法律问题。第二,股权代持可能会涉及股权转让的问题。如果实际股东要将自己的股权转让给第三方,就需要通过名义股东进行,名义股东可能会不同意转让,或者需要支付额外的费用等。为了解决这些问题,在企业上市前依法清理股权代持是非常必要的,需要确认实际股东的身份和权益,清理名义股东与实际股东之间的合同关系,并对其进行合法化处理。

二是需要处理好同业竞争关系。IPO 中的同业竞争是指发行人所从事的业务与其控股股东、实际控制人及其所控制的其他企业所从事的业务相同或近似,双方构成或可能构成直接或间接的竞争关系。由于同业竞争涉及独立性及潜在的利益输送问题,历来是 IPO 过程中关注的要点。从目前企业上市的审核逻辑来看,核准制下,同业竞争是红线;但在目前的注册制下,交易所容许发行人存在“不会导致重大不利影响的同业竞争”,更多的是要求中介机构从实质大于形式的角度“对重大不利影响”予以判断,从完善信息披露、加强风险提示的角度对同业竞争问题进行处理。

三是保持持续盈利能力。“具有持续经营能力,财务状况良好”是我国《证券法》对 A 股上市企业财务条件的一句简单描述,但其内涵却十分丰富。任何对拟上市企业经营不利的情形都可能被认为对企业持续经营能力造成不利影响,判断的关键就是看是否构成“重大影响”。业绩真实合理,即不存在可能引发发审委对业绩核查不清、滥用会计政策调节利润的疑虑。比如,发审委在反馈问题中经带会问道:会计处理是否符合企业会计准则?公司毛利率比同行业高的原因和合理性,收入增长与净利润情况不匹配的原因和合理性,海外客户收入真实性等,这些都是业绩可能存在不真实、不合理问题的考虑因素。盈利的可持续性关乎企业的未来经营状况,拟上市企业应重点关注是否存在下述可能对持续经营造成不利影响的情形:(1)行业地位或所处行业环境发生重大变化。考虑因素包括公司收入、利润、市场占有率、竞争优势及核心竞争力、上下游行业发展状况对发行人所处行业的影响、产业政策和环保等方面的政策发生重大不利变化以及外贸环境变化等。(2)营业收入或净利润对关联方、重大不确定性的客户存在重大依赖。(3)经营模式、产品或服务的品种结构已经或即将发生重大变化。考虑因素如市场竞争、新产品出现、商业模式发生重大变化以及主营收入结构发生重大变化且无规律等。(4)公司在用的商标、专利、专有技术及特许经营权与第三方发生纠纷,轻者会延缓上市进程,重者则构成实质影响。(5)其他可能对发行人持续盈利能力构成重大不利影响的情形,这一兜底条款赋予了发审委更大的自由裁量权进行实质性判断。

四是本着“以和为贵”的理念,及时恰当处理各种合同债务或侵权纠纷。上市不影响公司正常维护自己的合法权益,如果正当权利受到侵害,应当采取法律途径予以解决。判断一个纠纷是否为影响企业上市的重大障碍,需要结合多方面因素进行考量,例如,纠纷涉及的金额大小、是否涉及核心资产、可能给企业造成何种损失等。若纠纷涉及金额较大,可能造成企业的重大偿债风险或坏账;若涉及核心资产,可能会影响公司持续经营。基本原则是尽量在上市申报前妥善解决;如无法解决,应当评估可能产生的损失和对上市的实质影响。企业切勿自行盲目决断,应当及时与保荐人、发行人律师等中介机构充分沟通,应用中介机构的丰富经验妥善处理,避免对上市进程产生重大影响。例如,深圳市凯立德科技股份有限公司在 2012 年申请 IPO 时,因多起诉讼涉及电子地图著作权问题,影响公司业务的稳定经营,且败多赢少,从而导致上市失败。

181. 企业境外上市一般采用什么方式?

企业境外上市分为直接上市和间接上市两种方式。条件成熟的企业会选择直接上市，但对于相当多的中国企业而言，直接境外上市的条件尚不够成熟，且直接境外上市成本昂贵，上市所需时间通常在一年以上，而上市成功与否受到外在因素影响较多，风险较大。因此，间接上市成了中国企业境外融资的最快、最直接的途径。

境外直接上市，是指直接以注册在中国内地的公司作为发行人向境外证券主管部门提出登记注册、发行股票的申请，并向当地证券交易所申请挂牌上市。境外直接上市必须同时符合我国证券法律和境外上市地的证券监管要求，且需获得中国证监会的批准。此种方式的程序较为复杂，成本较高，花费时间也较长。一般来说，国企和大型民营企选择境外直接上市的比较多。因为国内中小企业在境外上市的门槛过高，监管对于企业的资产和利润都有严格的要求。

境外间接上市，是指中国内地公司借助境外公司，以非中国企业身份的过渡形式达到上市目的。通常所说的“红筹上市”就属于境外间接上市的范畴，即公司主要运营资产和业务在国内，但间接以注册在境外的离岸公司（如开曼、百慕大、英属维尔京群岛等）名义在境外交易所上市。红筹上市多为民营企业的首选，相较于直接上市而言，无须取得中国证监会的批准（大红筹除外），无疑是非常便利的。此外，也可以通过借壳上市的方式来实现境外上市的目的，如先行收购境外上市公司的控制权再注入拟上市的资产。境外间接上市和借壳上市的方式好处在于成本低，花费时间短，还可以避开国内复杂的审批程序。

现实案例

“海外上市陷阱”

安基生物科技公司主要从事药物的研发生产，公司成立以来始终处于药物研发阶段，从未进行过任何生产销售。2004 年，安基公司法人代表郑某结识了自称能替安基公司在美国买壳上市的谢某，谢某随即以恩麦联公司名义与安基公司签订协议，为安基公司在美国买壳上市。实际上，恩麦联公司的经营范围中没有任何与证券相关的项目。协议签订后,谢某在美国纳斯达克市场的场外交易板块购买了一个停牌交易的壳公司,另在美国注册成立了安基美国生物有限公司。在安基公司未向安基美国公司注资,并且壳公司未与安基美国公司合并的情况下,郑某同意谢某销售安基美国股票。随后,谢某自行设计制作安基美国股票,对外则宣称该股票系美国寄来,将安基美国股票以每股1.5~2美元的价格向投资人销售,并承诺安基公司于两年之内将在纳斯达克上市,上市后股价不低于每股4美元;如果不上市则将按原价回购股权,并支付相应的银行同期利息。谢某通过销售安基美国股票共诈骗100多名投资人共计700多万元,其中4.75万美元交给了郑某。法院经审理认为:谢某未如实告知投资者所售股票在美国市场的真实情况,将没有任何资产、毫无投资价值的股票以欺骗手法包装后出售给投资人,且出售伪造的股票,充分体现了其非法占有的目的。谢某采用随机拨打电话号码的方式,邀约投资人到各销售点后,诱骗他们购买伪造的股票,且诈骗人数众多。郑某在未经批准、没有经营资格的情况下同意谢某出售股票,虽未直接参与股票的销售,其行为也构成非法经营罪。

商业实操建议

企业在决定境外上市前,需要自查或聘请中介机构确认其是否符合境外各交易所各板块的上市条件。相比境内上市,境外上市需要聘请较多的中介机构,由中介机构展开尽职调查工作。此外,企业在境外上市还一定要严格遵守外商投资、网络安全、数据安全等国家安全法律、行政法规和有关规定。

182. 境外上市前有哪些值得关注的风险防范措施?

考虑境外上市前,建议公司创始人或实控人不要忽视以下这些很有价

值的风险防范措施:

(1)超级投票权,即所谓 AB 股/超级投票权的设置。因为上市前已经进行了多轮融资,有的创始人在公司的持股比例已经被稀释到较低的水平,比如 30%左右,如果上市时进一步稀释融资,创始人如何继续持有公司的控制权,应考虑超级投票权或类似设置,即以较小的股权比例调动较大的投票数。

(2)创始人信托计划。创始人在上市前可以考虑为财富管理和财富传承目的设置家族信托,将上市公司的部分股份放入信托结构中,由信托公司持有,其家庭成员为受益人。信托一经成立,信托财产就成为一种独立运作的财产,在单独开立的信托资金专用账户内封闭管理,仅服务于指定信托目的,独立于受托人自有财产及受托人管理的其他信托财产。

(3)员工持股计划(ESOP)。通过授予员工认购期权、限制性股票等激励政策,改变了企业与员工之间单一的雇佣关系,用巧妙的方式让企业既可以缓解起步阶段的现金压力,又可以招募心仪的高端人才,还能够以利益共享的方式凝聚公司核心团队。为了避免上市后扩大 ESOP 规模引发复杂的内部批准流程,创始人可以考虑在上市前即扩大 ESOP 的规模,或者约定永续(Evergreen)的 ESOP。操作方式是在一定期限内(如 7 年),公司将每年自动增加前一年已发行股份的 2%到原 ESOP 池子中。

(4)董事等人事安排。上市前,部分董事(特别是财务投资人提名的董事)为避免承担繁重的披露等责任,可以考虑在上市前辞职。同时,公司应在上市前决定独立董事的人选,并在上市时生效。

(5)上市时的私募。在美股上市时,公司可以考虑同时做一次私募融资,融资价格与上市价格相等,交割时间与上市交割之日也相同。

183.

“借壳上市”是怎么一回事?

借壳上市属于一种“曲线上市”的方式,通常指一家未上市公司通过收购一家上市公司的股票,并取得该上市公司的控股权,从而获得上市公司身份,在避免自己进行IPO的同时,也有效规避了IPO的烦琐流程和高成本的问题。借壳上市的优点在于:相比于传统的IPO上市方式,借壳上市的程序更为简单,时间更为短暂,成本也更为低廉;借壳上市是在已经上市的公司上进行的,因此可以避免一些IPO中可能会出现法律法规、市场情况、政策变化等方面问题,成功率相对较高;借壳上市可以借用已上市公司的身份,提高原公司的形象和知名度,从而更好地吸引投资者和获得资本市场的认可。

目前,对于借壳上市的审核越发趋于严格,但是由于市场上存在"不干净"的壳公司,如收购过程中不妥善处理,日后会造成麻烦。那么,"选壳"就十分关键了,可以考虑以下几个方面:(1)壳公司的市值大小是评价壳好坏的首选标准。目前,借壳上市主要的探索方式都是采用增量,即发行股份购买资产,对于借壳方而言,最大的成本在于借壳后权益被原有上市公司股东分享与摊薄。(2)在壳公司市值差不多的前提下,股本越小股价越高的壳越好。尽管从重组后股比及估值角度看并无实质影响,但小股本意味着重组后每股收益高,更容易得到股东及监管的认可。(3)壳是否干净。收购方的目标是上市,不是去替壳公司解决复杂的债务问题。壳公司有没有负债、风险或潜在风险,以及能否顺利实现剥离,都是必须要关注的重点。

现实案例

浙江建投借壳多喜爱是一个典型的城投公司借壳案例。浙江建投的借壳方式是股份转让、资产置换以及增发新股。根据《多喜爱集团股份有限公司 关于重大资产置换及换股吸收合并浙江省建设投资集团股份有限公司暨关联交易之股份发行结果暨股份变动的公告》,并购方案分为3步:第一步,多喜爱控股股东陈军、黄娅妮向浙建集团或其控股股东以20.5882元/股的价格转让其所持有上市公司29.83%的股份;第二步,上市公司以其拥有的置出资产与国资运营公司拥有的部分置入资产交易定价的等值部分进行置换。同时,上市公司向交易对方以非公开发行股份的方式购买置入资产超出置出资产定价的差额部分,并对浙建集团进行吸收合并;第三步,国资运营公司以置出资产为对价(作价金额等于置出资产交易定价)受让陈军、黄娅妮持有的剩余上市公司股份,差额部分以现金方式补足。

商业实操建议

对于借壳上市这件事,我们要正确地看待,其并没有好坏之分。相比于传统的IPO上市方式,借壳上市虽有很多优势,但也存在成本不可控和不能及时融资的情况,后期的监管与标准都可能有改变。所以,对于借壳上市需要理性对待,收购人应在全面了解自身需求与外部环境下,慎重选择上市的方式来完成自身的目的。但近两年,由于注册制的铺开与新退市制度的推行,借壳上市呈现降温的态势。

184. 与同行业的其他公司合并应当注意哪些问题?

与同行业的其他公司合并较为常见的交易模式是:A公司的股东以其持有的A公司股权出资到B公司,使A公司成为B公司的子公司。

从交易步骤角度而言,涉及增资和股权转让两个交易,即A公司的股东向B公司增资以及A公司的股东向B公司转让A公司的股权。从交易安全性的角度而言,应尽量做到增资交易和股权转让交易同时完成交割,如果无法保证同时完成增资和股权转让的两项工商变更登记,则应确保同时递交工商变更登记的申请材料。

在合并交易中,关于A公司及B公司的估值问题,可聘请第三方对其各自公司的股权价值进行评估,并且可以提前约定可能的估值调整情形。无论是董事会还是经营管理层,合并都会引起公司治理架构的重大变化。当合并交割时,或者交割后的一段时间,往往会存在某方的高管离开公司的情形。此外,合并还需考虑反垄断申报问题,即双方在中国的年营业额如果均达到4亿元人民币,则会触发反垄断申报义务。

现实案例

不同于滴滴和快的的同质化合并,美团和大众点评更像是58同城和赶集网那样的互补式合并。美团的强项是"交易(团购)",其主力区域在二三四线城市,其优势业务是餐饮、电影业典型的高频、低客单价。而大众点评的强项是"信息(评论)",其主力区域在一二线城市,在婚庆、展会等方面的优势则是典型的低频、高客单价业务。随着O2O的狂野发展,两者不得不展开正面对决。美团上攻一线城市,鼓励用户写评论,开展高客单价的酒店等业务;大众点评则下沉三四线城市,扩大地面推广队伍,试图从媒体属性转型为交易属性。以上操作导致了竞争迅速同质化,补贴成本上升,结局只能是大家都一直烧钱下去,直到一方倒下。如是,投资方肯定受不了,对未来的IPO也不利。此时此刻,王兴、张涛体现了新一代互联网企业家的智慧和格局,放下过去,开辟未来。进行战略性合并之后,双方优势互补,也不必再狠烧钱,而是更好地发挥自身特点,去迅速抢占本地生活服务业务蓝海。

185. 如何做好股权平移,将集团中的子公司做成独立公司?

股权平移是指发行人股东通过股权转让或增资的形式,对发行人的持股方式由直接持股变更为间接持股,或由间接持股变更为直接持股的形式。股权平移主要作用为优化股权结构、税收筹划、将境外股权平移到境内、拆除红筹架构、规范工会持股、解决代持等。股权平移的形式包括整体平移和部分平移,整体平移是股东同等股权比例设立持股平台,实控人及其他投资者将股权转让到持股平台或以股权出资的形式入股持股平台;部分平移主要是实控人将部分或全部股权转让给其100%持股的投资平台或员工激励平台，其他投资者持股形式不变。股权平移本身是一个股权转让的过程，虽然最终穿透后，持股比例未发生改变，但相关的对价支付以及涉税问题是平移过程中需要关注的要点。

现实案例

可孚医疗科技股份有限公司——通过股权转让实现部分股权平移

2017 年 9 月，张敏将其持有的可孚医疗科技股份有限公司 1990 万元出资中的 1208 万元转让给械字号投资，转让价格为 1 元/出资额。本次股权转让为同一控制下的股权转让，系实际控制人持有的发行人部分股权由直接持股变更为间接持股，转让价格为 1 元/出资额，转让方张敏无财产转让所得，不涉及个人所得税缴纳义务。2020 年 9 月，国家税务总局长沙市雨花区税务局出具《确认函》，张敏本次股权转让实质为同一控制下的股权转让，张敏未实际取得相关收益，确认张敏无须就上述股权转让缴纳个人所得税。同时，聂娟、械字号投资、科源同创以现金增资入股发行人，价格为 1 元/出资额。发行人和实际控制人张敏、聂娟及控股股东械字号投资无须就本次增资缴纳所得税。

商业实操建议

股权平移实质是股权转让的过程，许多案例中基本都是以平价或者无对价转让。实务中，基于税收风险考虑，建议通过股权平移做架构调整的，最好先与税务局沟通相关税负问题并取得当地税务局的确认函。

186. 拆除红筹股权架构，应当注意哪些法律风险防范？

拆除红筹架构，是指将发行人的实际控制权由境外转回境内，即实际控制人由原通过境外特殊目的开曼公司(红筹企业)作为上市主体,调整为直接持有发行人股权或通过境内持股主体控制发行人。新修订后的《证券法》放宽了IPO条件,新《税法》取消了外资税收优惠,在境内资本市场环境成熟、估值更为公允等的背景下,红筹企业转变策略转向境内上市的情形已经越来越常见。红筹架构的拆除过程既需符合当地法律制度,又要符合A股IPO要求的标准。因此,以下几个问题需注意:

(1)资金出入境需符合外汇管理法规。实施拆除红筹架构、清退境外投资者、股份回购等措施时,可能涉及大额资金出境。红筹搭建时境外投资程序是否合法、是否违反外汇规定资金出境,以及红筹拆除时境外融资退出、资金汇回和结汇等问题,都是IPO时监管机构十分关注的合规性问题。

(2)筹划税务合规及税务优化。税务筹划是拆红筹过程中需要着重考虑的问题,需要引入专业税务筹划机构。红筹回归中的主要税务问题包括股东在国内层面落地时的纳税问题、中国纳税居民从境外层面退出就其全球所得缴纳的个人所得税问题、外国纳税居民就股权转让或收益履行的所在国纳税义务、非中国居民企业就其境外股权变动涉及的申报义务履行问题、员工期权行权或收益实现时的纳税问题等。

(3)避免实际控制人、主营业务的变化。发行人在主板上市,需满足最近3年内主营业务和董事、高级管理人员均没有发生重大变化,以及实际控制人没有发生变更的条件;在创业板、科创板上市,则需要在最近两年内满足上述要求。

(4)合理安排员工激励计划。对于拟在IPO前进行股权激励的,需要考虑保证上市公司股权的稳定性。一般的解决思路是由公司与激励员工签署限制员工股权的激励股权管理协议,确保在员工离职时公司能够控制或收回激励股权。也有公司建立股权激励持股平台,以此让员工间接持有公司股份,这样如果员工退出公司也只是影响持股平台的股权结构。

(5)避免构成同业竞争。若境内实际经营主体为多家公司,则需考虑通过重组的方式整合资产,避免上市公司同业竞争。通常要选择其中一家公司作为上市主体,并购其他公司或直接收购其他公司资产进行整合后再行上市。

现实案例

下面,就以软通动力为例说明红筹架构的拆除过程。软通动力自2005年9月至2015年11月,历经搭建红筹架构、境外融资、通过软通开曼间接在纽交所上市、私有化退市、红筹架构拆除等一系列过程。2012年12月15日,软通动力与软通科技签署《终止协议书》,确认双方于2005年11月16日所签署的《独家技术咨询和管理服务协议》《商标软件使用许可合同》《专属转包协议》等一系列VIE协议项下的业务项目已执行完毕,该等协议于2012年12月31日自动终止。2016年3月11日,软通科技的主要股东向软通动力质押的软通科技股权解除了股权质押。根据《终止协议书》、工商主管机关出具的股权质押注销登记文件,软通动力的VIE架构已解除。2015年10月18日,软通开曼分别与刘天文、CEL Bravo、FNOF Easynet、晋汇国际、软石智动、软石六号、睿团香港、刘天星、CEL Cherish、Foreign Partners、班诺香港、Venturous签署《软通动力信息技术(集团)有限公司转让协议》,将其所持有的软通动力100%的股权转让至上述12方。2015年11月3日,软通动力取得本次变更完成后的《营业执照》(统一社会信用代码为91110108781703664R),载明软通动力的企业类型由"外资企业"变更为"中外合资企业"。至此,软通动力红筹架构拆除完成。

五 公司终止

187. 公司好几年不分红也不开股东会，小股东可以申请解散公司吗？

根据新《公司法》第 231 条的规定：公司经营管理发生严重困难，继续存续会使股东利益受到重大损失，通过其他途径不能解决的，持有公司百分之十以上表决权的股东，可以请求人民法院解散公司。也就是说公司解散的标准是公司经营管理出现严重困难，继续存续会使股东利益受到巨大损失，且通过其他途径无法解决。“经营管理出现严重困难”包括经营困难和管理困难达到严重程度，不能正常进行经营活动，一般性的经营困难和亏损达不到公司解散的条件。因此，实务工作中，持续不分红不是股东行使公司解散请求权的充分条件。

现实案例

在江苏省高级人民法院发布公司审判典型案例中，某包装公司设立于 2008 年，注册资本 100 万元，发起人为两位自然人，其中朱某持股 65%、王某持股 35%。公司章程规定，股东会会议应对所议事项作出决议，决议由代表 1/2 以上表决权的股东表决通过即生效；但股东会对公司重大事项所作出的决定，必须由代表 2/3 以上表决权的股东表决通过才能生效。经营中，两股东产生矛盾，某包装公司从 2009 年开始未再召开过股东会。2010 年，王某起诉要求解散公司。诉讼中，关于公司解散的条件之一即股东会机制有无失灵的问题，各方产生争议，无法通过其他途径解决。法院生效判决认为：根据《公司法》(2018 年修订版)第 37 条第 2 款规定，只有在股东对股东会所议事项以书面形式一致表示同意的情形下，才可以不召开股东会会议，直接作出决定，并由全体股东在决定文件上签名、盖章。简而言之，只要股东之间对股东会所议事项存在争议,就必须依法召开股东会。不召开股东会会议而直接由股东会对所议事项作出决定,违反法律规定。朱某虽是甲公司的大股东,但其不通过股东会这一平台依法行使股东权,其意志仍无法上升为公司的意志,其直接签署的股东会决议不能成立,对其他股东没有约束力。在此基础上,结合其他事实,法院判决解散某包装公司。

商业实操建议

(1)公司每年都要召开年度股东会,按照我国《公司法》规定和公司章程的规定程序进行通知、开会、表决、作出会议记录和会议决议,由股东会股东签字确认。

(2)如果部分股东对公司决定内容存在不同意见,则必须依照法律和公司章程的规定召开股东会。如果缺失依法召开股东会的程序,会导致股东会决议不成立或者决议无效的可能。

(3)股东要想投资一家公司,就要事先考虑在公司章程中就利润分配问题明确约定具体的方案。如果小股东的利润分配请求权不能得到保障,就要在公司章程中明确退股条件,避免出现公司长期不分红,也不能退股的尴尬局面。

188. 公司破产时,名义股东代持的股权该给谁?

当公司破产时,代持股权协议不能对抗破产债权人,代持的股权应当为债务人财产,可能被纳入破产财产,用于清偿债务。隐名股东选择了隐居幕后的同时,就意味着可能承担在名义股东公司破产时,股权被纳入破产财产的风险。

首先,隐名股东与名义股东所签订的股权代持协议仅可作为一份合同约束合同双方当事人,仅对其内部有效。而在对外关系中,因为隐名股东并不出现在工商登记上，依据《商法》外观主义原则，赋予外部交易相对人信赖利益对抗权，隐名股东不能对抗基于对公司登记事项的信赖而从事交易的第三人。

其次，在破产语境中，为保护债权人利益，会尽可能扩大破产财产范围，以提高清偿比例。根据《企业破产法》第 30 条规定："破产申请受理时属于债务人的全部财产，以及破产申请受理后至破产程序终结前债务人取得的财产，为债务人财产。"代持股权是名义股东依法享有且能够转让的可用货币估价的财产性权益，是经过登记公示的财产权益，会被纳入债务人财产。

最后，当代持股权进入破产程序，隐名股东的利益则与债权人的利益产生冲突，此时无论从法律规定还是司法实践上，都更倾向于优先保护债权人基于股权工商登记产生的合理信赖利益。从法律上说，隐名股东原则上只享有投资收益权。

现实案例

关于此问题，江苏省无锡市中级人民法院曾发布一个典型案例，"王某华诉宜兴申利化工有限公司股东资格确认纠纷案"[（2017）苏 02 民终 3235 号]，在其中明确了股权代持协议有效的情形下，如果名义股东破产，法院应当优先保护名义股东的破产债权人作为善意第三人依据公示内容对此部分股份的信赖利益，代持股协议不能对抗破产债权人。

商业实操建议

（1）在选择是否成为隐名股东的时候，应当充分考虑隐居于背后能带给自己的利益以及相应可能承担的风险，慎重作出决定。

（2）在签订股权代持协议的同时，可以要求名义股东将股权质押给隐名股东，此时隐名股东具有优先权，即使公司破产股权被拍卖，隐名股东也是第一受偿人。

(3)隐名股东对于公司日常经营信息要有所掌握,可以通过控制公司高管,如直接担任总经理、财务总监、人事总监等职务,知晓企业的重要经营情况;也可通过第一时间掌握名义股东的行为,在其经营行为不当时可以及时予以制止或第一时间介入的形式,避免损失扩大。

(4)当名义股东破产且隐名股东未采取任何措施提前保护自己的权益时,隐名股东也可向破产企业主张债权请求权,通过债权申报的方式,主张自己作为实际出资人享有的投资收益权,也可基于其与名义股东签订的股份代持协议主张要求损失赔偿等。

189. 公司陷入僵局时,股东或者投资人如何退出公司?

公司陷入僵局时,退出公司无疑是较好的选择。股东可以选择以下适合的退出方式:

(1)股东内部协议转让股权。新《公司法》第 84 条第 1 款规定,有限责任公司的股东之间可以相互转让其全部或者部分股权。第 3 款规定,公司章程对股权转让另有规定的,从其规定。此种方式充分考虑了有限责任公司的“人合性”,使得股东可以根据自己的意愿相互进行转让,不影响股东间感情,实现双赢。

(2)向外部第三方转让股权。新《公司法》第 84 条第 2 款的相关规定,股东在向第三方转让股权前,应就其他股东是否有意向购买的相关事宜提前书面通知公司其他股东,否则,其他股东有权因优先购买权受侵害而起诉要求赔偿。

(3)异议股东要求公司回购股权。新《公司法》第 89 条第 2 款规定,自股东会决议作出之日起 60 日内,股东与公司不能达成股权收购协议的,股东可以自股东会决议作出之日起 90 日内向人民法院提起诉讼。

(4)股东通过解散公司退出。新《公司法》第231条的规定:公司经营管理发生严重困难,继续存续会使股东利益受到重大损失,通过其他途径不能解决的,持有公司10%以上表决权的股东,可以请求人民法院解散公司。虽然我国《公司法》赋予了股东约定公司解散的事由,但在没有约定或约定的解散事由不满足时,很难采取司法途径来解散公司,从而退出公司。

现实案例

股东起诉要求解散公司的案例

在最高人民法院审理的(2011)民四终字第29号"仕丰科技有限公司与富钧新型复合材料(太仓)有限公司、第三人永利集团有限公司解散纠纷案"中,法院认为,关于富钧公司是否经营管理发生严重困难一事有争议。公司经营管理严重困难包括两种情况:一是公司权力运行发生严重困难。股东会、董事会等权力机构和管理机构无法正常运行,无法对公司的任何事项作出任何决议,即公司僵局情形;二是公司的业务经营发生严重困难,公司经营不善、严重亏损。如公司仅业务经营发生严重困难,不存在权力运行严重困难的,则不符合我国《公司法》规定的解散公司条件。根据富钧公司章程第17条、第21条的规定,富钧公司董事会是公司最高权力机关,仕丰公司和永利公司均以委派董事的形式对富钧公司进行经营管理,即由董事会直接行使董事会和股东会的双重职能。同时,根据富钧公司章程第19条的规定,生产销售计划、财务预算决算方案、财务决算盈利和亏损的处理方法、经理级以上高级职员的任免等公司经营管理事项,均需要全体董事同意才能生效。富钧公司治理结构由股东特别约定而实行的严格一致表决机制,使得"人合性"成为富钧公司最为重要的特征。自2005年4月起,永利公司和仕丰公司因富钧公司的厂房租赁交易、公司治理结构安排、专利权许可使用等问题发生了实质分歧,股东之间逐渐丧失了信任和合作基础。富钧公司董事会不仅长期处于无法召开的状态,而且就连在永利公司和仕丰公司各自律师的协调下召开的唯一一次临时董事会中,也因为双方股东存在重大分歧,而无法按照章程规定的表决权比例要求形成董事会决议。富钧公司权力决策机制长期失灵,无法运行长达7年时间,属于《公司法司法解释(二)》第1款第(一)、(二)项规定的经营管理严重困难的公司僵局情形。因此,公司能否解散取决于公司是否存在僵局以及是否符合我国《公司法》(2018年修订版)第183条规定的实质条件,而不取决于公司僵局产生的原因和责任。即使一方股东对公司僵局的产生具有过错,其仍然有权请求解散公司。

商业实操建议

当公司陷入僵局、股东之间的冲突不能通过协商达成谅解,强制解散公司就成为唯一能够让股东或投资人脱困的措施。但在实践中,强制解散公司也可能难以走通,需要递进式考虑三个层面的法律适用:

(1)公司强制解散:需要注意的是,股东若提起解散公司诉讼,同时又申请人民法院对公司进行清算的,人民法院对其提出的清算申请不予受理。因为公司解散后,清算义务人应当对公司进行清算,即自行清算;只有在自行清算不能的情况下,才可申请法院强制清算。

(2)公司强制清算:在公司强制解散与公司完成注销之间,还存在一个公司清算程序。若公司能自行完成清算,则自行清算即可;若公司不能自行完成清算,则可以申请法院强制清算。除公司股东、董事可以申请外,公司债权人或其他利害关系人也可以申请。

(3)公司无法完成清算的处理:实践中,即使是法院组织的强制清算程序也不是万能的。若公司存在主要财产、账册、重要文件等灭失,或者相关人员下落不明,清算组根本无法开展清算工作,则此时可能存在无法完成清算的情况。此时,根据《关于审理公司强制清算案件工作座谈会纪要》第28条,法院在向公司的股东、董事等直接责任人员释明或采取罚款等民事制裁措施后,仍然无法清算或者无法全面清算的,法院可以裁定确认清算报告,终结清算程序。

190. 总公司不能履行债务时，能否直接强制执行分公司财产？

根据《最高人民法院关于民事执行中变更、追加当事人若干问题的规定》第15条的规定，当法人作为被执行人，不能清偿生效法律文书确定的债务时，执行法院是可以直接执行分支机构的财产。也就是说，债权人无须申请追加分公司为被执行人，而法院可直接依规定执行分公司财产。其原理在于，根据我国《民法典》及《公司法》的规定，总公司是具有独立财产权的法人主体，而分公司则属于总公司的分支机构并不具有独立法人资格，分公司的财产属于公司所有，分公司对外进行民事活动所产生的民事责任由总公司承担。基于此，当被执行人为企业法人时，如果不能执行该企业法人分支机构的财产，有违《公司法》的原理，也有违权利义务对等原则。

现实案例

长春中院判决甲公司给付孟某生钢材款及违约金。长春中院裁定冻结甲公司的分公司即建和分公司的银行存款585万元。孟某生向长春中院申请执行，李某国提出异议，认为法院查封的585万元是李某国承包建和分公司并承建蓝天佳苑二期工程所得收益，请求法院解除对该款项的冻结。长春中院裁定驳回李某国的异议。李某国向长春中院提起诉讼。长春中院认为，建和分公司与甲公司签订《内部承包合同》，约定建和分公司向甲公司缴纳管理费，甲公司不对建和分公司进行统一经营管理。建和分公司与甲公司实质为内部承包关系，李某国又是建和分公司的实际承包人，因此，李某国就本案执行标的享有足以排除强制执行的权利。孟某生不服一审判决，上诉至吉林高院，吉林高院判决驳回上诉，维持原判。孟某生向最高人民法院申请再审。最高人民法院认为，建和分公司作为甲公司的分公司，应当受到《公司法》既有规则的调整。无论甲公司与建和分公司内部如何约定双方之间的权利义务关系及责任划分标准,该约定内容均不足以对抗其在工商行政管理机关依法注册登记的公示效力。最高人民法院判决撤销吉林高院和长春中院的民事判决,驳回异议人李某国要求不予执行分公司财产的诉讼请求。

商业实操建议

相比分公司而言,子公司具有独立法人资格,可独立对外承担责任。实务中,建议投资人可以考虑通过承包子公司而非分公司开展业务,以避免不必要的债务承担。

191. 公司陷入僵局时,法定代表人如何退出公司?

因为各种原因,当公司治理陷入僵局,无法形成股东会决议或董事会决议,在此情形下也就无法产生新的法定代表人,或者即使公司通过决议产生了新的法定代表人,也一直不予办理工商变更登记。如果企业已被列入失信被执行人名单,其法定代表人就会承担因公司失信而被限制高消费等风险,损害其作为普通公民的合法权益,许多担任法定代表人的企业家确实会面临这样的现实困扰。

此外,实践中还经常会有现任法定代表人因任期届满、辞去职务、登记系挂名、身份被冒用等原因,实际已与公司没有任何实质关联,却仍然承担着公司法人的法律责任风险。这样名实不符的情况也需要改变,需要有途径让现任法定代表人可以选择退出公司,或根据事实情况变更工商登记。

现实案例

对于法定代表人变更工商登记、退出公司的诉请，此前大部分法院都不予受理或直接驳回，主要理由为“属于公司自治事项、未形成决议”等。但在最高人民法院审理的(2020)最高法民再88号案件中，法院认为：王某廷该项诉讼请求系基于其已离职之事实，请求终止其与赛瑞公司之间法定代表人的委任关系并办理法定代表人变更登记，该纠纷属平等主体之间的民事争议。根据王某廷所称其自2011年5月30日即已从赛瑞公司离职，至今已近9年，足见赛瑞公司并无自行办理法定代表人变更登记的意愿。因王某廷并非赛瑞公司股东，其亦无法通过召集股东会等公司自治途径，就法定代表人的变更事项进行协商后作出决议。若人民法院不予受理王某廷的起诉，则王某廷因此所承受的法律风险将持续存在，而无任何救济途径。因此，本院认为，王某廷对赛瑞公司办理法定代表人变更登记的诉讼请求具有诉的利益，该纠纷系平等主体之间的民事争议，属于人民法院受理民事诉讼的范围。

商业实操建议

公司陷入僵局时，法定代表人难以通过正常程序完成变更改选和工商登记，此时可以在专业律师帮助下通过诉讼等途径实现退出、避免被长期限制高消费或承担其他法律后果。

192. 被执行人变更法定代表人后，能否对其原法定代表人解除限制高消费措施？

视情形而定。

根据《最高人民法院关于限制被执行人高消费及有关消费的若干规定》

第 3 条第 2 款的规定，在执行过程中，被执行人的法定代表人发生变化时，要判断原法定代表人是否为被执行人的主要负责人或者影响债务履行的直接责任人员。申请执行人没有证据证明存在上述情形的，执行法院应当解除对原法定代表人的限制高消费措施。能够认定原法定代表人属于实际控制人、影响债务履行的直接责任人员，或者变更法定代表人系为规避执行的，对原法定代表人的限制消费措施不予解除。能够认定原法定代表人不属于实际控制人、影响债务履行的直接责任人员的，对原法定代表人的限制消费措施应予解除。根据《人民法院办理执行案件规范》（第二版）规定，“单位被执行人被限制消费后，其法定代表人、主要负责人确因经营管理需要发生变更，原法定代表人、主要负责人申请解除对其本人的限制消费措施的，应举证证明其并非单位的实际控制人、影响债务履行的直接责任人员。人民法院经审查属实的，应予准许，并对变更后的法定代表人、主要负责人依法采取限制消费措施”。

现实案例

在最高人民法院审理的（2020）最高法执监 102 号案件中，2015 年，因甲公司未履行生效法律文书所确定的义务，乙公司向唐山市中级人民法院申请强制执行。在执行过程中，法院作出限高令，禁止甲公司及其法定代表人徐某支付高消费的行为。2018 年 9 月 5 日，徐某将其所持有的甲公司 62% 的股份全部转让给王某，公司法定代表人变更为王某，执行机构因此撤销了对徐某的“限高令”。乙公司认为撤销徐某的限高措施有失公平，先后向唐山市中级人民法院、河北省高级人民法院提出执行异议和复议，要求恢复对徐某的限制消费措施，均被驳回。2019 年 9 月 13 日，徐某与王某签订的股权转让合同经法院判决确认无效，乙公司据此向最高人民法院申诉，请求撤销执行异议及复议裁定，继续对徐某采取限制消费措施。最高人民法院经审查认为，乙公司的申诉请求成立，裁定撤销唐山市中级人民法院、河北省高级人民法院的执行裁定。

本案中，徐某系被执行人的原法定代表人，在被执行人法定代表人已变更为王某且徐某已将62%的股权进行转让的情况下,执行法院解除对徐某的限制消费措施本无不当。但根据乙公司提交的新证据即唐山市中级人民法院作出的(2019)冀02民终6365号民事判决,确认徐某与王某于2018年10月26日签订的甲公司股权转让合同系双方恶意串通,应为无效合同。故唐山市中级人民法院执行异议、河北省高级人民法院复议裁定书中认定的"徐某已不是甲公司的法定代表人,且其持有的股份已全部转让给现法定代表人王某"的裁定依据已发生变化。因此,关于驳回乙公司的异议、复议请求的执行异议及复议裁定确有不当,应予撤销。执行法院应根据案件执行情况,决定对徐某是否继续采取限制高消费措施。

商业实操建议

在实务中,为防止被执行人原法定代表人变更对执行的不利影响,申请人可在诉前、诉中或执行程序中申请法院禁止被申请人/执行人变更法定代表人。一旦法院解除对被执行人公司原法定代表人的限高措施,申请人应及时提出异议,对所有可能的异议理由一并提出,并提供相关证据,以维护自己的合法权益。

193. 公司营业执照被吊销后,股东对公司债务需要承担连带赔偿责任吗?

公司营业执照被吊销后,因公司股东原因导致无法清算的,不履行清算业务的公司股东对公司债务应承担连带清偿责任。

现实案例

广东省深圳市中级人民法院审理的(2010)深中法民二字终字第1498

号案件中,2009 年,王某以生效判决为据确认其对贸易公司的债权。因贸易公司 1998 年被吊销营业执照后,贸易公司及其全资控股股东房产公司一直未对贸易公司进行清算,且均下落不明,亦未能提供公司财产、会计账册、重要文件等,故诉请房产公司应对贸易公司所欠王某债务承担连带清偿责任。法院认为:(1)《公司法司法解释(二)》第 18 条第 2 款规定:"有限责任公司的股东、股份有限公司的董事和控股股东因怠于履行义务,导致公司主要财产、账册、重要文件等灭失,无法进行清算,债权人主张其对公司债务承担连带清偿责任的,人民法院应依法予以支持。"(2)贸易公司早在 1998 年即被吊销营业执照,其全资控股股东房产公司长期未对贸易公司进行清算,故判决房产公司应对贸易公司所欠王某债务承担连带清偿责任。

商业实操建议

实务中,若公司已经被吊销营业执照但未依法进行清算,股东需要收集证据证明其已经为履行清算义务采取了积极措施。持股低于 10% 的小股东,可以通过举证证明自己并未怠于履行清算义务,即不是公司董事会或者监事会成员,也没有选派人员担任该机关成员,从未参与公司经营管理,且积极推进了清算工作,尽可能避免自己被认定为怠于履行清算义务而承担连带清偿责任。在公司人去楼空、股东下落不明的情况下,应认定无法清算,而不宜让债权人承担证明公司主要财产、账册、重要文件等灭失的具体举证责任。

194. 公司营业执照被吊销后,股权转让还可以正常进行吗?

现行法律并未规定被吊销营业执照的公司不能进行股权变更,公司被吊销营业执照的事实不构成股权变动的法律障碍。根据我国《公司法》规定,公司被吊销营业执照后,禁止从事一切经营活动。被吊销营业执照是工商机关根据行政法规对违法的企业法人作出的一种行政处罚措施,企业被吊销营业执照后主体资格仍在,只有经过注销之后,公司法律人格才归于消灭。公司被吊销营业执照后虽然不能从事经营活动,但股权转让的行为,并非前述意义上的经营活动。我国现行法律也并未规定被吊销营业执照的公司不能进行股权变更。根据"法无禁止即允许"之法理,公司被吊销营业执照后仍可进行股权转让行为,亦有权以自己的名义进行诉讼活动。

现实案例

在最高人民法院审理的(2015)民申字第3135号案件中,2005年A信托公司、B公司、C公司签订《合作协议》,约定A信托公司采用股权信托方式受让B公司所持C公司100%股权;合同到期后,A信托可采取向B公司转让信托受益权、转让持有股权、处分C公司财产或清算三种方式之一实现信托资金的退出。A信托公司履行了上述合同的义务。2010年10月21日,C公司的股东由B公司变更为A信托公司。2011年9月,信托期限届满,A信托公司要求B公司按照合同约定的信托资金退出方式,支付价款,完成股权转让。B公司未按照约定回购该股权、返还融资款项及收益。后C公司因2010年、2011年连续两年未参加企业法人年度检验,于2012年12月24日被吊销营业执照。A信托公司提起诉讼,请求判令B公司按照合同约定的信托资金退出方式,给付投融资款及收益共计12,173万元。重庆市高级人民法院一审支持了A信托公司的诉讼请求。B公司不服一审判决,上诉称C公司已被吊销营业执照,不能进行股权转让等行为。最高人民法院二审、再审均认为,现行法律并未规定被吊销营业执照的公司不能进行股权变更,C公司的股权变更登记并无任何法律障碍,驳回其上诉,维持原判。

商业实操建议

建议在拟受让被吊销营业执照的公司股权时,提前向公司所在地公司登记机关咨询股权变更登记事宜,从而谨慎作出决策。

195. 什么是“人格否认制度”？能否要求股东对公司债务承担连带责任？

我国公司“人格否认制度”主要见于新《公司法》第 21 条，“公司股东应当遵守法律、行政法规和公司章程，依法行使股东权利，不得滥用股东权利损害公司或者其他股东的利益。公司股东滥用股东权利给公司或者其他股东造成损失的，应当承担赔偿责任”，以及第 23 条，“公司股东滥用公司法人独立地位和股东有限责任，逃避债务，严重损害公司债权人利益的，应当对公司债务承担连带责任。股东利用其控制的两个以上公司实施前款规定行为的，各公司应当对任一公司的债务承担连带责任。只有一个股东的公司，股东不能证明公司财产独立于股东自己的财产的，应当对公司债务承担连带责任”。结合公司“人格否认制度”的相关法理，债权人想要公司股东承担连带责任需要满足三个要件：(1) 主体要件，是指实施了滥用公司人格和股东有限责任行为的控制股东，即实际参与公司经营管理，并能对公司的主要决策活动施加影响的股东。(2) 行为要件，是指控制股东实施了滥用公司法人人格的行为，主要表现为公司的人格混同，即公司与股东不分或者合一，指股东与公司之间资产不分、人事交叉、业务相同，与其交易的第三人无法分清是与股东还是公司进行交易。(3) 结果要件，是指滥用公司人格的行为对债权人利益或者社会公共利益造成了严重损害。

现实案例

金顺公司由廖某琴、洪某博夫妻二人设立，注册资本 1088 万元，廖某琴担任法定代表人，公司的日常管理和经营决策主要由二人负责，公司的经营场所为廖某琴名下的个人房产。2012 年 11 月 27 日，桂族公司与金顺公司签订委托贷款协议，由金顺公司委托桂族公司向银行贷款 1800 万元；桂族公司在贷出该笔款项后即汇入金顺公司账户。2013 年 3 月 15 日，金顺公司向廖某琴账户转款 450 万元，廖某琴将该笔款项用于增资扩股；2013 年 4 月 7 日，金顺公司又向廖某琴账户转款 435 万元，至此，金顺公司合计向廖某琴账户转款 885 万元，占公司注册资本的 80%以上。因金顺公司未按时还款，桂族公司代为向银行偿还借款本息 8,638,888.85 元。后因金顺公司仍未能向桂族公司还款，桂族公司要求其还款，并要求廖某琴、洪某博承担连带清偿责任。本案经昆明中院一审，云南高院二审，两审均认定廖某琴、洪某博滥用公司人格，需和金顺公司共同承担连带清偿责任。

商业实操建议

实务中，一些公司由于实际控制人一家独大，在运作上非常不规范，实际控制人将自己控制的两家或者多家公司当成了个人的部门进行运作，导致公司丧失了独立性，最终导致公司之间承担连带责任。2023 年《公司法》的修订，扩大穿透公司的面纱，进一步明确股东利用其控制的两个以上公司实施逃避债务行为的，各公司应当对任一公司的债务承担连带责任。

想要避免公司的“人格混同”与“人格否认”，消除公司未来发展的隐患，应当做到三点：即保证公司财务独立，保证公司经营独立，以及关联公司之间的交易应当规范管理。建议股东尤其是控股股东，应当避免将公司业务与个人业务混同，包括财产混同、人员混同、机构混同等；避免在经营过程中产生矛盾的票据、单证等材料，尽量避免股东个人账户和公司账户混同；对外交易时，应明确区分是以公司身份还是以股东个人身份进行的。

196. 章程或合同约定的优先清算权与法定的财产清算顺序是什么关系?

我国新《公司法》第 236 条第 2 款规定：“公司财产在分别支付清算费

用、职工的工资、社会保险费用和法定补偿金,缴纳所欠税款,清偿公司债务后的剩余财产,有限责任公司按照股东的出资比例分配,股份有限公司按照股东持有的股份比例分配。”该条规定虽然没有明确授权公司章程可以设置优先清算权,但也没有禁止设置优先清算权。因此可以认为,公司在清算时只要按照法律规定优先支付了清算费用、职工的工资、社会保险费用和法定补偿金,缴纳所欠税款及偿付公司债务后,就剩余财产公司章程可以自行规定清算时哪一方享有优先受偿权。换言之,如果公司章程中特别规定且不违反法律、行政法规强制性规定的,如对发起人或优先股股东有优先分配剩余财产约定的,应按照章程的规定进行。

现实案例

在浙江省嘉兴市中级人民法院审理的(2020)浙04民终2163号国广传媒发展有限公司、浙江华策影视股份有限公司合同纠纷案件中,2012年11月,华策公司、国广公司签订《合作协议》,约定共同设立华策海宁公司。协议第6.2条约定,华策海宁公司解散或清算时,在清偿全部债务后,应优先保障华策公司取得其投资额(含华策公司历年累计股权分配在内),剩余部分由华策公司、国广公司根据股权比例享有。2020年3月,华策公司、国广公司决定对华策海宁公司进行清算并成立清算组,但双方对《合作协议》第6.2条的内容是否有效产生重大分歧,华策公司遂起诉请求确认涉案协议中的优先清算权条款有效。一审法院判决确认该条款有效,国广公司不服提起上诉,请求撤销一审判决。

一审法院认为,有限公司清偿债务后的剩余财产性质上属于公司全体股东的共有财产,《公司法》(2018年修订版)第186条第2款规定的有限公司清算剩余财产分配方式不属于《全国法院民商事审判工作会议纪要》第30条规定的情形,所以该法第186条第2款规定的“剩余财产”分配方式不属于强制性规定。再者,根据法律规定,“法人清算后的剩余财产,根据法人章程的规定或者法人权力机构的决议处理。法律另有规定的,依照其规定。”这是对公司清算“剩余财产”分配还可以依据公司章程的规定处理的补充规定。在本案中，案涉合作协议约定的股东优先清算权为公司全部股东之间的约定，且国广公司也未举证该约定与公司章程的规定相悖。所以，就华策海宁公司股东内部关系而言，《合作协议》约定与公司章程规定有同等法律效力。确认优先清算权的约定有效。二审法院也持相同观点，维持原判。

商业实操建议

(1)章程或投资协议中约定的优先清算权相关条款有效，但应当理解为按照法律规定优先支付了清算费用、职工的工资、社会保险费用和法定补偿金等之后，允许自行约定优先清算受偿权。

(2)建议在投资协议或章程中事先约定实际控制人、控股股东等相关人士违反优先清算权条款的违约责任，明确因任何原因导致投资者无法实现优先清算权时，应由实际控制人、控股股东等相关人士向投资者作出补偿。

197. 什么是投资回赎权？

投资回赎权，是指投资人在一定条件下可以要求被投资企业或其控股股东，按照事先约定的价格回购投资人所持有的全部股权（股份）的权利。不仅投资人享有回赎权，创始股东有时也可要求回购投资人所持有的股权。赎回权条款的意义主要有两个方面：一是使投资者可以在特殊情况下自由退出；二是在回购的压力之下，创始股东和管理层在一定程度上受制于投资者，从而使得投资者的意见能够被听取。要求公司回购股份，其实质法律效果等同于公司股东的退股，将影响公司债权人的合法权益，因此，其适用条件相当严格。根据新《公司法》第 53 条第 1 款“公司成立后，股东不得抽逃出资”及第 162 条“（通常情况下）公司不得收购本公司股份”等规定，股东原则上不得要求公司回购其股权，只有在符合新《公司法》第 89 条、第 161 条、162 条规定的情形之一时才可要求公司回购其股权（股份）。因此，约定回赎权条款必须符合我国《公司法》的规定，否则会被认定为无效。

现实案例

当投资回赎权的行权条件被触发时，投资者必须面对所投资企业和实际控制人履约能力和意愿的问题，即“交易对手风险”。如果公司和实际控制人没有履约能力或意愿，投资回赎权条款就形同虚设。恒大为我们提供了一个鲜活案例。中国恒大在 2018 年和 2019 年的年报中均披露，与战略投资者签署的投资协议中设置了投资回赎条款。从恒大 2020 年的公告来看，按照协议约定赎回的投资额只有 43 亿元，其余 1257 亿元的投资者均没有收回投资款，也没有得到额外 50%的股权补偿，投资协议中的回赎条款基本没有得到执行。

商业实操建议

投资回赎权条款是把“双刃剑”，用不到对于投融资双方而言才是最好的。对于投资者而言，即使有效设定了回赎权条款，还需要关注所投资企业和实际控制人的履约能力和意愿问题，而不是设定了回赎权条款就不用关心企业成长。对于被投资企业或其实际控制人而言，需要尽可能设定回购的责任上限，例如，以当前持有的股权为限度，还可以设置回购的期限，约定在回购的权利期限届满以后，投资人要求回购的权利失效，使得公司的责任承担有限度，公司股权也相对较为稳定。

198. 什么是共同售卖权？

共同出售权，又称依托权，是指投融资双方在投资协议中规定，当创始股东或其他股东在向第三方转让股权时，投资人股东有权按照拟出售股权的股东与第三方达成的协议，按照其在公司中的持股比例向第三方转让股份。共同出售权条款与优先购买权条款，都是针对创始人出售股权时所使用的条款。如果创始人满足出售股权的前提条件，投资人可以选择行使优先购买权，也可以选择行使共同出售权，以确保与创始人同比例出售或者购买的权利。

共同出售权的意义在于：(1)为投资人创造退出机会，保障投资人的投资利益。当创始股东想要出售部分股权以获得高额收益时，投资人利用共同出售权就可以与创始股东共享该收益。当公司的经营状况不佳时，创始股东因无法改变局面而寻求股权转让以退出项目，那么，共同出售权可以降低投资人的投资风险，保护其合法权益。(2)防止创始股东退出。投资人既然选择该目标公司，不仅是看中了目标公司的良好发展前景，同时也是对创始团队的充分认可，一定程度上，投资人在风险投资交易中的本质是投"人"。此外，创始股东同意共同出售条款也打消了投资人对公司股权和经营稳定性的担忧，利于引入新的投资人和资金，进一步稳定公司的发展。

共同出售权并非法定的权利，而是一种约定的权利，它是股东之间就股权处置行为进行的一种特别约定。在中国法律框架下，除非《公司法》明文禁止，公司股东之间做的任何约定，包括共同出售权都不受法律约束。一般来说，共同出售权会约定在投资协议或股东协议中，但当公司章程对股权转让作出规定时，按照章程处理。

现实案例

在北京市怀柔区人民法院审理的(2016)京0116民初4228号北京富汇天使高技术创业投资有限公司等与深圳市瑞合鑫业创业投资有限公司增资纠纷案中，创始股东是否违反《增资协议》中关于共同出售权(案中称为"优先出售权")的约定被法院列为争议焦点之一。但案涉各方以及法院对该条款的效力均未提出异议。从司法判例角度审查，在涉及共同出售权条款的《投资协议》或者《股东协议》有效的情况下，共同出售权条款应认定为有效，具有约束力。

商业实操建议

(1)创始股东应重点关注因其他股东出让股权触发共同出售权条款后,对公司股权比例和控制权的影响。

(2)从创始股东角度也可以考虑对投资人的共同出售权加以限制:a.如果投资交割完成后的12个月内,创始股东出售标的公司10%以内的股权,且出售后其持有的公司股权不低于60%,不影响其管理公司的,则不触发共同出售权条款;b.投资人在约定时间内没有通知其欲行使共同出售权的,应视为放弃行使该权利;c.创始股东因不可抗力、继承、司法执行等原因向第三方转让股权的,不触发共同出售权条款。

199. 未履行清算程序注销公司,清算义务人需要对公司债务负责吗?

需要。

清算义务人是指基于其与法人之间存在的特定法律关系,在法人解散时,对法人负有依法组织清算的义务,并在法人因未及时清算或存在恶意清算等行为时给债权造成损害的,依法承担相应责任的民事主体。根据我国《公司法》及司法解释相关规定,清算义务人具体指:有限责任公司的清算义务人是“股东”;股份有限公司的清算义务人是“董事和控股股东”;其他类型法人的清算义务人为“董事、理事等执行机构或者决策机构的成员”。

根据我国《公司法》规定,公司清算必须履行必要通知和公告义务,未经依法清算不能编制虚假的清算报告以骗取公司登记机关办理法人注销登记。但在实践中,存在有些公司因经营不善逃避债务,清算义务人设法通过蒙蔽债权人制作虚假申报债权公告和通知内容,甚至向市场监督部门提交虚假的清算报告办理公司注销手续,达到逃避公司债务之目的。根据《公司法司法解释(二)》第 11 条规定,清算组负有通知和公告解散清算事宜的义务,清算组在清算过程中存在故意或重大过失,未依法履行法定的忠实义务和勤勉义务给债权人造成损失,如未依法保障债权人的知情权,将公司解散清算事宜书面通知全体债权人,并根据公司规模和营业地域范围在全国或者公司注册登记地有影响的报纸上进行公告,导致债权人未能申报债权并参与清偿,应对债权人未能及时申报债权而遭受的损失承担赔偿责任。

现实案例

甲公司股东为张某、李某。2014 年 5 月,甲公司、张某与乙公司签订《借款协议》一份,约定甲公司向乙公司借款 1500 万元,借款期限从 2014 年 5 月 10 日至 2015 年 5 月 10 日,为期 12 个月;张某同意为甲公司在本协议项下的所有义务承担不可撤销的连带担保责任。随后,乙公司向甲公司账户汇付 1500 万元借款。借款到期后,甲公司、张某未还款,乙公司分别于 2016 年 12 月 30 日、2018 年 12 月 30 日向甲公司、张某发送《催款函》,但未有结果。2017 年 5 月 18 日,甲公司清算组成员张某、李某出具清算报告,书面承诺清算成员愿意履行清算义务,如有违反,愿承担连带清偿责任;清算组于 2017 年 11 月 28 日前书面通知所有债权人,并于 2017 年 11 月 30 日在当地报纸刊登清算公告;截至 2017 年 11 月 30 日止,甲公司共有总资产 92.9 万元,公司债务全部已清偿。甲公司股东会决议通过上述清算报告,并同意由清算组向公司登记机关申请注销登记。2018 年 2 月,甲公司向市场监督管理局申请注销公司登记并予以获准。

乙公司查询工商登记资料知晓甲公司注销事实后,提起赔偿诉讼,要求甲公司股东张某、李某共同赔偿 1500 万元。法院认为:原告与被告签订的《借款协议》合法有效,借款本息应该保护。甲公司在清算中,张某和李某作为清算义务人,对乙公司 1500 万元借款债权并未向其履行通知义务,造成乙公司未申报债权而未获清偿,并且被告作为甲公司股东未依法清算,提交虚假清算报告骗取登记机关办理注销登记,依法应当共同向原告承担赔偿 1500 万元本息的责任。

商业实操建议

在实务中，经常出现损害债权人的违法清算行为，有些公司因经营不善逃避债务，清算义务人设法通过蒙蔽债权人制作虚假申报债权公告和通知内容，甚至向市场监督部门提交虚假的清算报告办理公司注销手续，达到逃避公司债务之目的。建议清算义务人在履行清算和注销公司活动中应当严格遵循法律规定，严格履行法定程序。

200. 创始人"跑路"了，小股东是否还要替公司还债？

如今，有越来越多的人开始创业，期待自己能够成为下一个马云或马化腾。然而，现实十分残酷，有一些创业公司在资本的支持下得以生存并发展壮大，但大多数创业公司由于在发展过程中因商业模式不清晰、资金匮乏或其他原因而失败，甚至背负巨额债务，导致公司创始人或实际控制人无法面对现实选择了"跑路"。在创始人或实际控制人"跑路"后，此类公司因长期无法正常营业，且没有走正常的解散和注销流程，往往会被工商主管机构吊销营业执照。又或是，公司已经满足了我国《公司法》及相关法律法规中规定的公司法定清算事由，但由于创始人或者实际控制人怠于履行清算义务，导致公司主要资产、账册、重要文件等遗失或损毁。在这种情况下，《公司法司法解释（二）》根据不同的情况做了不同的规定，以求最大限度地保护债权人的合法权益。而对于不参与日常经营管理的投资机构的责任承担问题，《公司法司法解释（二）》第 18 条第 2 款中给出了明确的答案，其约定"有限责任公司的股东、股份有限公司的董事和控股股东因怠于履行义务，导致公司主要财产、账册、重要文件等灭失，无法进行清算，债权人主张其对公司债务承担连带清偿责任的，人民法院应依法予以支持"。然而，这一条规定用于约束创始人或公司实际控制人是没有任何问题的，但对于并不参与公司日常经营管理且客观上无法控制公司主要资产、账册及重要文件的小股东或者投资机构，其是否应该承担连带赔偿责任,目前司法实践中存在比较大的争议。

现实案例

有限责任公司的股东、股份有限公司的董事和控股股东,应当依法在公司被吊销营业执照后履行清算义务,不能以其不是实际控制人或者未实际参加公司经营管理为由,免除清算义务。

如最高人民法院发布的指导性案例:上海存亮贸易有限公司诉蒋某东、王某明等买卖合同纠纷案(指导案例 9 号)。原告上海存亮贸易有限公司向被告常州拓恒机械设备有限公司供应钢材,拓恒公司尚欠货款 1,395,228.6 元。拓恒公司因未年检,被工商部门吊销营业执照,至今未组织清算。因其怠于履行清算义务,导致公司财产流失、灭失,存亮公司的债权得不到清偿,遂要求拓恒公司股东房某福、蒋某东和王某明对拓恒公司的债务承担连带责任。法院认为,我国《公司法》及其相关司法解释并未规定蒋某东、王某明所辩称的例外条款,因此,无论蒋某东、王某明在拓恒公司中所占的股份为多少,是否实际参与了公司的经营管理,两人在拓恒公司被吊销营业执照后,都有义务在法定期限内依法对拓恒公司进行清算。该公司股东怠于履行清算义务,导致公司主要财产、账册、重要文件等灭失,无法进行清算的,所有股东均应承担连带赔偿责任。

商业实操建议

作为公司小股东,在加入标的公司前,要对大股东及标的公司进行充分了解。加入后,应积极关注公司的运营情况,在公司经营发生严重困难,继续存续会使股东利益受到重大损失,通过其他途径不能解决时,持有公司全部股东表决权 10%以上的股东,可以请求人民法院解散公司并进行清算。通过及时、主动地行使法律上的清算权利,小股东能最大限度地防止公司财产贬值、流失、毁损或者灭失,也为自身后续的免责留下证据。除此之外,小股东在公司运营过程中要注重公司的合规性,督促大股东及管理层保护好公司的主要财产、账册及重要文件,以免出现无法清算的法律后果。

附 1

股权类合同

一、股权融资类合同

增资协议(私募股权投资-首轮融资)|19588

增资协议(引入新股东)|19556

二、股权转让类合同

股权转让合同 | 19517(转移控制权)

股权转让合同 | 19524(不转移控制权)

合伙企业财产份额转让协议 | 19281

合伙企业财产份额转让协议 | 19269

三、股权激励类合同

股权激励协议(持股平台)| 19117

股权激励协议(股权转让)| 19597

股权激励协议(虚拟股权)| 19501

使用提示

1. 以上推荐合同文本来自法天使-中国合同库,登录法天使官方网站www.fatianshi.cn,输入对应编号或关键词,可查看对应的在线文本,但下载该文本可能需要付费或购买法天使会员。推荐文本均为额外提供,不能查看电子版不影响本书内容的完整性,如不能查看使用,作者和出版机构不承担相应义务和责任。

2. 由于中国合同库中的文本不断更新、优化,不排除个别情况下,本书中所列文本、审查点、条款已经修订、更名或者下架删除。如被删除,请查找使用类似的文本或条款。

3. 本书中推荐所有合同文本、条款,均需由读者根据具体情况修订使用,本书不对读者使用书中合同文本、条款文本所导致的任何问题承担责任。

4. 相较于中国合同库中2000多类、上万个合同范本,本书内容只是推荐了部分股权类合同文本,很难兼顾到每个读者,有更多文本需求,可登录法天使官网,通过合同分类或关键词进行查询。

附 2

新《公司法》及司法解释

中华人民共和国公司法(2023 年 12 月 29 日修订)

最高人民法院关于适用《中华人民共和国公司法》若干问题的规定(一)(2014 年 2 月 20 日修正)

最高人民法院关于适用《中华人民共和国公司法》若干问题的规定(二)(2020 年 12 月 29 日修正)

最高人民法院关于适用《中华人民共和国公司法》若干问题的规定(三)(2020 年 12 月 23 日修正)

最高人民法院关于适用《中华人民共和国公司法》若干问题的规定(四)(2020 年 12 月 23 日修正)

最高人民法院关于适用《中华人民共和国公司法》若干问题的规定(五)(2020 年 12 月 23 日修正)

参考书目

一、中文著作

1. 孙在辰、董冬冬、周晓林:《股权架构设计与股权激励》,人民邮电出版社2023年版。

2. 周晓林、董冬冬:《股权控制战略:如何实现公司控制和有效激励》,人民邮电出版社2019年版。

3. 蒋勇、陈枝辉:《中国商事诉讼裁判规则-5-公司卷》,法律出版社2016年版。

4. 施志广等:《创业,你需要的合同》(第2版),法律出版社2023年版。

5. 蔡立东:《公司自治论》,北京大学出版社2006年版。

6. 叶林:《公司治理制度:理念、规则与实践》,中国人民大学出版社2021年版。

7. 段昫薇:《企业股权架构设计与风险防控》,清华大学出版社2021年版。

8. 豆大帏、席建鹏:《股权架构操作全案》,经济出版社2021年版。

9. 汪青松:《股份公司股东权利配置的多元模式研究》,中国政法大学出版社2015年版。

10. 朱崇坤、谢心乐:《股权激励法律实务》,中国法制出版社2019年版。

11. 李建伟:《公司法学》(第5版),中国人民大学出版社2022年版。

12. 沈志群、关键主编:《中国股权和创业投资法律实务指引》,中国经济出版社2013年版。

13. 李建阳:《公司股权运作实务详解与案例剖析》,中国法制出版社2017年版。

14. 堪振华、高丽敏等:《股权设计与股权激励》,中国经济出版社 2019 年版。

15. 姚宇峰:《股权资本》,中国经济出版社 2019 年版。

二、中文译著

1. [加]布莱恩·R·柴芬斯:《所有权与控制权:英国公司演变史》,林少伟、李磊译,法律出版社 2019 年版。

2. [美]弗兰克·伊斯特布鲁克、丹尼尔·费希尔:《公司法的经济结构》(中译第 2 版),罗培新、张建伟译,北京大学出版社 2014 年版。

3. [美]阿道夫·A. 伯利、加德纳·C. 米恩斯:《现代公司与私有财产》,甘华鸣、罗锐韧、蔡如海译,商务印书馆 2005 年版。

4. [葡]席尔瓦等:《股利政策与公司治理》,罗培新译,北京大学出版社 2008 年版。